湛庐 CHEERS

与最聪明的人共同进化

HERE COMES EVERYBODY

CHEERS
湛庐

真高管
Leading Teams

[美] 理查德·哈克曼 J. Richard Hackman 著
关苏哲 庄理昂 译

浙江教育出版社·杭州

你知道如何让团队更高效吗?

扫码加入书架
领取阅读激励

- 一个富有感召力的团队目标首先应该是（ ）
  A. 清晰的
  B. 完整的
  C. 容易的
  D. 宏大的

扫码获取全部测试题及答案，
一起学习让团队更高效的
方法和秘诀

- 对一个具备明确目标、结构合理的团队来说，缺少哪种支持会让团队必定失败？（ ）
  A. 奖励支持
  B. 信息支持
  C. 教育支持
  D. 物质支持

- 当领导者想要变革团队时，最好的做法是：（ ）
  A. 即刻行动
  B. 等待团队动荡期到来再行动

扫描左侧二维码查看本书更多测试题

组织进化大师
哈佛大学社会和组织心理学教授

理查德·哈克曼
J. Richard Hackman

1 突破科学管理的桎梏 为工作设计领域带来革新

1940年，理查德·哈克曼出生于美国伊利诺伊州的乔利埃特市，他在麦克默里学院获得了数学学士学位，并辅修心理学和物理学，随后在伊利诺伊大学获得了心理学博士学位。哈克曼攻读博士学位期间，伊利诺伊大学是团队研究领域的领先院校，这为哈克曼成为伊利诺伊大学团队流程学派的领军人物奠定了基础。毕业后，哈克曼在耶鲁大学行政科学和心理学系（后发展为耶鲁大学组织与管理学院）任教长达20年。1986年，他加入了哈佛大学心理学系和哈佛商学院，后来也成为哈佛大学肯尼迪政府学院的一员。

当哈克曼开始研究工作设计对激励的影响时，"科学管理思想"正广泛影响工作领域，该思想将工作简化为几个最

低限度的可重复步骤，忽视知识和技能的重要性，而且认为从事重复性工作的人是愚蠢和没有价值的。然而，哈克曼并未像其他学者那样将注意力集中在薪酬和其他外在奖励上，而是转向了工作本身如何具有内在吸引力的问题。他与格雷格·奥尔德汉姆（Greg Oldham）共同提出了工作特征理论，这一理论在岗位描述和员工绩效评估中得到了广泛应用。该理论认为，良好的工作设计应使员工不仅表现出色，还能通过工作实现个人发展并做出有意义的贡献。从服务业、制造业到教育、医疗保健和表演艺术行业，哈克曼的研究为众多行业的工作设计带来了革新。

2 利用丰富的实践智慧给予团队领导者以指导

长期以来，人们普遍认为，团队是面对具有挑战性的新任务时最具创造力和生产力的方式，并且人数越多越有效。然而，哈克曼打破了这种对团队的错误观念和其他谬论，他将团队研究领域从停滞状态中拯救了出来，使团队研究领域重新焕发活力。

哈克曼对各种不同类型的团队进行了研究：他分析了医疗团队在成功挽救生命和没能挽救生命两种情况下的表现，记录了飞机驾驶舱内机组人员之间沟通时的矛盾，聆听了奥菲斯室内乐团在没有指挥的情况下完成的精彩演奏；他还深入研究了情报团队这一特殊群体所存在的问题。此外，他还是哈佛大学女子篮球队最喜爱的学术教练，几代球员都邀请他成为团队的一员。这些独特的经历给予他巨大的帮助，使他能够创造性地提出评估团队有效性的方法和提升团队有效性的条件，这些方法在全球范围内的不同领域、不同级别的1 000多个团队中被验证有效。

在他的整个职业生涯中，哈克曼常常奔走于实验室与现场之间。一方面，他从事关于团队问题的实验室研究；另一方面，他深入那些充满挑战的组织环境中，进行大量实地研究，探索身处其中的团队如何工作。他一生加入了许多表演音乐团体和合奏团，并担任过各种工作小组的领导者。例如，他曾是哈佛大学机构审查委员会主席，并在哈佛大学文理学院信息技术常设委员会任职。他还曾在美国创新领导力中心、美国国家情报局和麦克默里学院等组织的董事会任职。这些经历为他的研究提供了坚实的助力。

3 团队研究领域不可动摇的权威

哈克曼观察、评价、分析团队长达50年，他在这一领域所构建的概念和取得的实证研究成果影响深远，在团队研究领域具有不可动摇的权威地位。

在耶鲁大学和哈佛大学任教和任职期间，哈克曼指导了38篇博士论文。凭借在团队研究领域获得的教学和学术成果，他获得了诸多荣誉，包括美国心理学会工业和组织心理学部颁发的杰出科学贡献奖、哈佛大学研究生院颁发的门德尔松优异导师奖、美国管理学会颁发的杰出教育者奖和杰出学者奖等，他早年撰写的著作《真高管》曾获得美国管理学会2004年杰出管理图书奖。

哈克曼教授去世后，许多组织行为学领域的研究者和团队领导者自发地纪念他。他在团队研究领域所做的基础性研究，一直是该领域过去30多年来所做的一切研究的支柱，他给我们留下了丰富的实践智慧。哈克曼在团队研究领域的贡献将被铭记，并继续指导未来的研究和实践。

各方赞誉
LEADING TEAMS

面对前所未有的严峻挑战,个人智慧和能力早已捉襟见肘,真正的高效团队也许就是破局之道。但可惜的是,我们缺乏对高效团队力量的认知,也缺乏构建高效团队的方法。很多破碎的家庭原本可以挽救,不少失败的团队原本可以逆转,任何团队都有机会成功!团队的成功运作有规律可循。在《真高管》《真团队》中,组织进化大师理查德·哈克曼将长期理论研究和实践融会贯通,提供了如何组建、塑造、经营高效领导团队的系统方法。这是一套各级领导团队必读的经典好书!

陈 玮

北大汇丰商学院管理实践教授

CGL 集团副董事长,CGL 咨询业务 CEO

个体和团队的区别是什么?真正的高管、有效的团队是什么样?如何让团队既充满斗志与活力又不走向失控?面对管理实践中的诸多真问题,《真高管》《真团队》给出了角度独特、富有理据的答案,相信会给企业家带来诸多启示与灵感。

陈 为

正和岛总编辑

当年我空降到一个团队之初，团队中的一位成员跟我说，他喜欢独自完成工作，和同事合作总是让他的工作十分低效、耽误进度，他请求我尽量分配给他能单独完成的工作。一年之后，我们的团队是整个事业部里最紧密协作的部门，这位同事也在项目中和同事们合作愉快，工作得心应手。我想说的是，那些声称自己喜欢独立工作的人，都是没有体验过真正的好团队的人。希望《真高管》和《真团队》能让更多职场人相信并找到好团队和好老板，切身体验身处伟大战队和"神队友"并肩的美妙和荣耀。

程明霞

《哈佛商业评论》中文版执行主编

2021年4月，当我在搭建零食有鸣团队的时候，团队成员虽然干劲十足，但是性格各异。高管团队个个手握重兵，缺乏全局观，各部门各自为政，成员间互相抱怨、指责，沟通不畅。运用哈克曼教授的团队有效性模型，关苏哲教练为零食有鸣做了一次团队诊断调研（TDS），为我们厘清了各种表现不佳的团队背后的本质问题，为我们高管团队日后的精诚协作以及事业的高速发展奠定了基础。《真高管》《真团队》正是对这一模型的系统化讲解。期待每个企业都能拥有真高管和真团队！

何劲鹏

零食有鸣集团董事长

和绝大多数企业家一样，我一直困惑该如何寻找真高管、打造真团队。在企业家私董会会议中，关苏哲教练经常引用组织进化大师理查德·哈克曼博士的团队有效性模型，这次他参与翻译的哈克曼教授的著作《真高管》《真团队》为如何寻找真高管、打造真团队这两个顶级企业难题给出了系统化的解决方案，为我们指点了迷津，重塑了我们对团队管理的新认知，可以说是醍醐灌顶！

卢永臣
Tims 咖啡（中国）CEO

两年前，在未接受关教练辅导时，我们更习惯从绩效结果和工作流程质量两方面去构建团队和组织、评估它们的有效性。从结果上看，这样做并不能真正解决企业经营增长难题，因为这两项只占团队有效性的 40% 要素，真正有用的 60% 要素取决于书中描述的团队有效性模型中的条件，从输入端就着手解决团队的关键问题，比后期修修补补要有效得多，《真高管》《真团队》为我提供了充足的方法论。

吴大星
诸老大董事长

现在，越来越多的员工是在团队中工作，尤其是知识型员工更需要高效、创造性地协作，但遗憾的是很多团队领导者没有深刻意识到团队和群体的区别，未能充分发挥团队威力！哈克曼教授基于大量实践研究提出的提升团队有效性的条件对此极具指导意义。

徐　中
智学明德国际领导力中心创始人
《领导梯队》《成为领导者》等书译者

拥有一个能征善战、一呼百应的团队，是很多领导者的期望。但很多时候，团队往往成为领导者心中的痛。市面上有很多团队课程和书籍，但真正能经得起考验的方法论却不多。哈克曼提出的团队有效性模型值得学习！没有好团队，也没有坏团队，只有是不是走在正确路上的团队。希望每一个团队都能在正确方法论的引导下，走在正确的路上。

张建财

深圳市博商管理科学研究院股份有限公司产品中心负责人

沙滩体系多年前深耕东南亚市场，帮助极兔速递和OPPO手机的业务近年来在东南亚取得高速成长。一家公司发展得好不好，很大程度上是由这家公司的文化决定的，而衡量企业文化的有效性，就是看员工行为。不同于其他团队管理大师，哈克曼教授提出的团队有效性模型让每个企业的领导者可以更加体系化地从源头做好团队设计。他让我们坚信，一个有明确文化价值观和行为准则的团队，远比只有精英组成的团队更能提升企业绩效。

张 彭

沙滩体系合伙人

新加坡沙滩博商管理有限公司CEO

本书译者关苏哲老师对经营管理和团队塑造有非常丰富的经验，因而能够真正深入理解并表达哈克曼教授的思想精髓。《真高管》《真团队》展现了关于团队塑造的新视角和深刻洞察，全面阐释了提升团队有效性的条件，为希望打造高效团队的领导者呈现了新视角、提供了实用策略，并勾勒了一幅建设高效团队的蓝图，非常值得推荐！

曾任伟

博商管理科学研究院院长

译者序
LEADING TEAMS

成为真高管，打造真团队

关苏哲
新关点创始人
私董会总裁教练
标杆企业高管团队教练
拥有 6 个条件团队诊断 TDS 实践认证资格

有幸和庄理昂、高北分别合作翻译组织进化大师理查德·哈克曼博士的两本著作《真高管》和《真团队》。哈克曼的作品广泛适用于商业、学术和国家安全领域，使其在团队管理领域独树一帜。这两本书正是以深入的研究基础和实证方法有别于其他团队管理类书籍，在团队动态和有效领导方面提供了全面而深刻的见解。

塑造团队，从团队设计开始

我们之所以要翻译这两本著作，主要原因是平日里在与企业家和高管团队沟通的过程中，我们发现不少人对团队管理存在认知盲区，他们没有从源头出发去体系化地打造团队，而是更多地纠结于团队是否努力、成员所拥有的技能是否合适、方法能否落地等，或者仅从过程层面关注团队建设。而哈克曼的这两本著作告诉我们，一个团队是否努力，是否拥有相匹配的技能，所运用的方法是否合理，取决于企业的高层领导者是否有足够的认知——要先去做团队设计。

正是因为对团队的总体设计缺乏认知，所以在团队塑造方面，我见过国内的一些高层领导者会存在以下常见的错误观点和做法：

- 遇到业绩不佳的情况，领导者首先感觉是人员不匹配，并且认为出现这种情况是由于员工缺乏内驱力或能力不足。

- 还没有建立起真正的团队，因为领导者对团队成员的角色界定和期望都还很含糊，仅希望通过使命、愿景培训就能塑造出一个强大的团队。

- 团队成员对绩效目标还未达成共识，领导者就盲目引入了 KPI 考核或股权设计，导致考核机制和绩效激励制度无法落地。

- 领导者并未明确团队共同目标，导致团队成员只知道财务目标，但对团队真正的共同目标缺乏共识，对目标如何落地更是含糊不清。

- 选拔的团队成员都是一类人，没有差异化，无法取长补短。每个成员单独看或许还不错，但是协作起来，就会发现团队缺乏某些重要的能力。

- 领导者一直在寻找人才。但事实上，当团队只由精英组成而缺乏团队行为规范时，团队绩效反而是最糟糕的。优秀的企业家更关心团队而非个别人才。二流人才有可能组成一流团队，而一流人才却可能组成二流团队。

- 领导者认为团队成员多多益善。有些企业不断增加人员数量，分工越来越细，但结果是组织越来越官僚化。

- 领导者盲目推出各种团队建设主题的培训和请专家做咨询，但如果企业目标错误，没有合适的员工，绩效考核没有跟上，团队还缺乏行为规范标准，即使立即组织培训，也无济于事。

- 领导者迷信知名大企业的团队管理成功故事个案，但没有深度思考如何找到适合自己团队的塑造方法。

- 个别领导者过于强调个性或迷信性格测试，容易受血型、星座、演讲魅力等因素的干扰。

理查德·哈克曼是哈佛大学社会和组织心理学教授，在工商管理学科全球前 2% 顶尖学者排名榜上，哈克曼排名第 149 名，国内管理者熟知的彼得·德鲁克排名第 431 名[①]，由此可以了解他在世界范围内的影响力。凭借在团队研究领域的杰出工作成果，哈克曼获得了诸多荣誉，包括美国心理学会工业和组织心理学部颁发的杰出科学贡献奖、哈佛大学研究生院颁发的门德尔松优异导师奖、美国管理学会颁发的杰出教育者奖和杰出学者奖等，他早年撰写的著作《真高管》曾获得美国管理学会 2004 年杰出管理图书奖，而《真团队》被认为是探索将团队打造成智慧型组织的方法和团队激励方面的最佳作品之一，填补了个人决策与管理大型组织之间文献的重要空白。我们很难再找到能对包括多

---

① 数据来源：斯坦福大学全球顶尖学者排名数据库。——译者注

样性人才的团队所做的决策进行如此严谨、细致分析的著作了。

哈克曼观察、评价、审视、分析团队长达50年，他在团队塑造领域构建的概念和实证研究成果影响深远，具有不可动摇的权威地位。与其他团队管理专家相比，哈克曼的工作在理论深度、研究广度和实际应用性方面都具有显著特点，他的研究方法和结论不仅为理解团队动态提供了新的视角，也为团队建设和管理实践提供了宝贵的指导。哈克曼的研究成果被视为团队研究方面的基础，许多团队塑造领域的后续研究都是在他的工作基础上展开的。

6个条件，理清塑造团队的脉络

哈克曼的突出研究成果之一，是为世界贡献了团队有效性的Input-Process-Output模型（如图0-1所示），这个模型为如何塑造高效团队提供了科学的理论方向。因为这个模型的首字母简称是IPO，所以，有时候我和一些企业家开玩笑说，如果你用了这个模型，以后就可以上市（IPO）了。

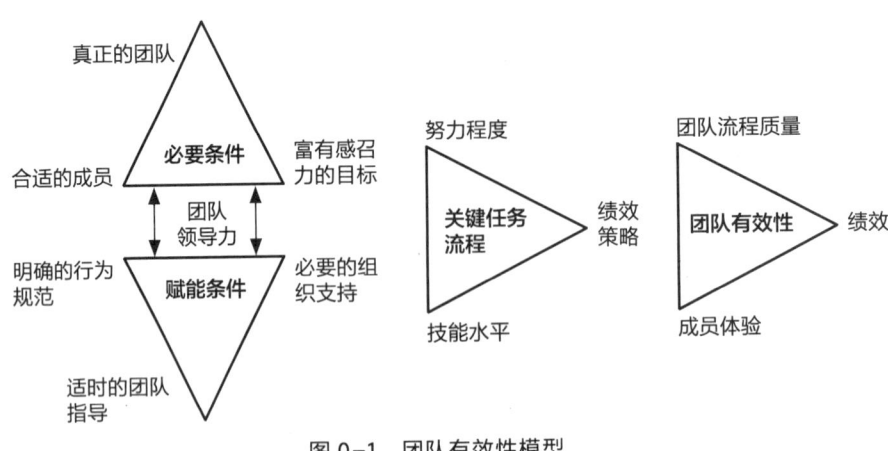

图0-1 团队有效性模型

在分享这个模型前，先要解决一个关键问题，即什么是真正的团队？哈克曼和罗杰·施瓦茨（Roger Schwarz）为我们明确了真正的团队的定义：

团队是由一群人组成的，他们拥有明确的角色且互相依赖，为产生某些结果（产品、服务或决定）而共同担责，并且这些结果可以被评估。团队需要管理他们与团队之外的关系，必须知道工作团队需要处理、维护与哪些部门之间的关系。 如果你的企业的团队出现问题，就可以按照这个定义去评估团队现状。

现在我来系统介绍下哈克曼的团队有效性模型。首先，模型的输出端（Output）指出，判断一个团队的有效性的标准是绩效、团队流程质量和成员体验。绩效不是指完成业绩，而是站在客户角度看团队在提供产品服务时的质量、数量和速度；流程是指团队在完成工作的过程中，团队领导者让团队成员完成工作的能力；员工体验是指团队的经历对个体成员的学习和职业发展是不是有积极贡献。

其次，模型的过程（Process）指的是团队领导者需要把握好过程监控，这需要监控3个方面，包括团队成员完成目标任务的努力程度、技能水平和绩效策略，从而为最终输出端的绩效打下坚实基础。

最后，模型的起点是输入端（Input），哈克曼教授为全世界研究团队有效性的研究者奉献了其毕生的研究成果：提升团队有效性的6个条件。对任何类型的团队而言，这6个条件都可以增加团队在有效性标准上表现良好的机会。这6个条件分别是：1.真正的团队；2.富有感召力的团队目标；3.合适的成员；4.明确的行为规范；5.必要的组织支持；6.适时的团队指导。

在这6个条件中，前3个条件是必要条件，只要缺少1个，团队就不可能成功。后3个条件是赋能条件，赋能条件的作用是为高管团队提供支持，帮助他们发挥效能。企业应首先梳理必要条件，然后才能完成赋能条件。

感谢哈克曼教授为我们理清了塑造团队的"轻重缓急脉络"，对团队中存在的问题先做了问题界定，让我们可以避免仅凭感觉随意地对如何塑造团队这一问题提出自己的想法。举例来说，哈克曼指出，如果在团队成员的角色边界尚且模糊、团队尚未对目标达成共识时，直接先做赋能条件中的绩效考核，就违背了团队塑造的先后次序，那么即使你请再好的咨询专家帮助你制订绩效考核方案，最终该方案都将无法落地。

综上所述，与其他管理书籍或课程相比，我认为哈克曼的著作在以下5个方面独树一帜。

特征1，体系化

团队塑造是个复杂的话题，因为团队本身就是一个复杂的系统。目前不少企业家抱有一种不好的心态，就是奢望用一个超级解决方案，就把公司所有的团队问题都解决了。但事实上，仅靠"一招鲜"，如仅仅靠树立使命和价值观，仅仅重塑组织结构和KPI考核系统，或者仅仅制定人才选育、留用制度，抑或是仅仅靠请个老师来上课，这些做法是远远不够的。

目前，国内市场上很多团队塑造方面的方法，仅仅是陷入单点思维的产物，或只是提供一些零散的知识点，而哈克曼的团队有效性模型则与它们不同。最大的不同之处在于，这一模型用体系化、量化的方式来设计和评估团队的现状与进步，哈克曼站在了一个更宏观的维度，将团队视作一个整体，观测团队的整个生命周期，然后考察影响团队绩效的所有因素，提出了一个影响团队绩效的框架，从而避免陷入单点思维。

特征2，普适性

组织发展和社会心理学先驱库尔特·勒温（Kurt Lewin）曾说："没有什么比好的理论更能指导实践了。"很多企业家喜欢听干货和故事，所以现在不少团队管理专家在培训时会分享某个大型企业的团队成功管理的故事。殊不知，故事往往是特定的，可能只在某一特定企业或特定情境下适用。因为不同的企业处于不同的行业或发展阶段，别人的成功故事非但可能帮不了你，如果你盲从，甚至还会给你带来伤害。

在哈克曼的整个职业生涯中，他一方面从事关于团队问题的实验室研究，另一方面对充满挑战性的组织环境中的真实团队进行了大量的现场研究。哈克曼的方法论适用于不同的情景和环境，在世界上不同行业，不同级别的组织、团队以及超过1 000个团队研究中被证实有效，他的研究成果被广泛采用：不仅包括《财富》500强企业、初创企业、国际和政府性组织、非营利性机构、高等教育机构等，还包括产品开发团队、客机机组、手术团队、项目团队、销售团队、运营团队、金融团队、专业服务团队等。许多团队的领导者、引导师、咨询顾问和教练在内部培训和推动发展时会采用他的研究成果。

特征3，实用性

现在，不少企业提供了团队塑造主题的培训和咨询，效果可谓不尽如人意。究其原因，有的团队没有根据特定组织的独特需求和文化对培训进行定制，导致培训内容和实际工作环境脱节；有的团队在培训时忽略了团队多样性，没有考虑团队成员的不同背景，所以无法有针对性地解决团队中存在的各种挑战。当然，缺乏持续的支持也是一个重要原因，因为仅仅进行一次培训往往不足以实现长期改变。

而哈克曼的研究是基于广泛的实地工作，涵盖了各种类型的团队，这种实证方法为其理论提供了坚实的基础。同时，哈克曼深入探索了团队动态和有效领导的多个方面，包括团队设计、成员多样性等，并为这些方面提供了切实可行的策略和框架。他的提升团队有效性的6个条件对企业搭建和管理团队具有直接的实用价值，他的团队设计研究成果，可以提升80%的团队的绩效。研究表明，在提高团队自我管理水平方面，做好团队设计比辅导员工要有效4倍；而在团队绩效方面，做好团队设计要比辅导员工产生的影响大40倍。

特征4，抓本质

这些年来，我去过很多不同类型的企业做调研，说到如何塑造团队，很多领导者吐苦水，他们的痛点主要包括：

团队成员缺乏内驱力、能力不行、协作性差、对工作推诿不担责。各部门各自为政、存在"部门墙"，部门之间沟通不畅、相互缺乏信任和团队精神。还有的老员工排挤新人，有些企业内部存在背后说闲话、搞小帮派、相互勾心斗角等现象。但可惜，这些都不是本质问题，而是表面现象，当我问他们这些现象背后的本质原因是什么时，很多人很茫然，所以平日里不少企业领导者在团队塑造方面的做法是头痛医头、脚痛医脚，不断推倒重来，这是不对的。

哈克曼在《真团队》中提出了团队塑造的"60-30-10"法则，就是说判断团队是否有效、最终表现好坏时，60%取决于领导者在团队创建前期所做的团队设计准备工作的质量，30%取决于团队如何启动，最后只有10%取决于领导者在团队执行任务的过程中对团队直接进行的指导工作。

要想提升团队有效性，就要从根源上发现本质问题，这个根源就是团队设计。任何成员在协同工作中遇到的问题都直接源于拙劣的团队设计。例如，团队为什么缺乏内驱力，有以下原因，包括：领导者没有用6个条件去设计团队；团队成员角色不清；团队目标过高或过低；虽然完成了公司目标，但团队成员个人却没有好处；领导者在招募人才时缺乏人才画像，只重视专业技能而忽视候选人本身没有内驱力的问题；公司空有价值观但没有行为准则考核，导致有些员工违反做事底线，但公司并不处理此类问题；公司没有科学的工作任务设计，导致员工的工作本身很枯燥；公司缺乏培训体系、奖惩机制不合理、员工有困惑时无人倾诉等。这些原因都会直接导致员工缺乏内驱力，而哈克曼提出的提升团队有效性的6个条件，是在团队设计阶段针对这些问题的解决方法。这也说明，一个优秀的领导者，应该能深入思考，透过表面现象抓本质。

特征5，针对性

如前所述，在哈克曼的整个职业生涯中，他一方面从事关于团队问题的实验室研究，另一方面对充满挑战性的组织环境中的真实团队进行了大量现场研究，并综合考虑了团队结构、设计和动态的多个方面，提出了挑战传统团队管理观念的新理论和实用的应用策略。这些举措让他的方法论更具针对性。

先问诊，再开处方，哈格曼教授和团队伙伴鲁思·韦格曼（Ruth Wageman）等哈佛顶尖学者，为了给客户提供更有针对性的落地服务，基于数十年研究，研发出了"6个条件团队诊断TDS"测评工具。这是目前为止最有效的预测团队绩效的测评工具，测评后团队领导者将收到一份27页的综合量化评估报告，包含团队当前优势和需要改进的领域，以便领导者提高团队绩效。这个测评工具可以预测80%的团队的有效性，随着逐步完善团队的每个条件，一个高效团队就可以逐渐建立起来。

前些年我花了些时间向韦格曼教授学习团队有效性的诊断方法，并获得了6个条件团队诊断TDS实践认证资格。过去对企业服务是缘木求鱼，老板需要什么，我就提供什么服务，现在我是先对高管团队进行TDS测评，然后按照实际测评结果，和企业领导者及培训负责人沟通，根据每个企业的实际特点，按照轻重缓急次序，对症下药。

创设条件，引领团队步入正轨

介绍完《真高管》和《真团队》这两本书的特点后，我想谈谈它们的共性和区别。

这两本书都是关于团队合作和组织行为的权威著作，皆侧重于研究如何增强团队合作和提升团队效率，强调团队合作在组织成功过程中的关键作用。哈克曼在两本书中都提供了实用的策略和框架，以帮助读者理解打造真团队的秘诀。

这两本书之间的主要区别在于它们研究的范围、重点和背景有所不同。《真高管》研究的范围更广，讨论跨不同组织环境的高效团队领导和管理的一般原则，更多关注团队领导者和管理者所扮演的角色。相比之下，《真团队》更加具体，侧重于研究团队成员之间如何协作，深入探讨了如何利用团队协作来解决复杂且具有挑战性的问题，也更侧重于探索如何创建支持团队成功的环境，特别是在那些复杂的组织环境下如何打造高效团队。

具体而言，在《真高管》一书中，哈克曼借鉴了20年来涉及组织、团队的研究、教学和咨询经验。这本书侧重于团队领导和管理领域，哈克曼探讨了领导者如何有效建立和领导团队以达到最佳表现，内容包括团队建立的各个阶段，如何选择和培养团队成员，以及如何通过结构和支持来促使团队成功。《真高管》更注重于探讨团队领导者的角色和责任，以及他们如何影响团队的表现和成效。在《真高管》中，哈克曼挑战了关于团队效率的传统观念，他强

译者序 成为真高管，打造真团队

调，团队领导者应该专注于建立提升团队有效性的前提条件，而非仅仅抱有"团队和谐就有助于绩效提升"或"团队需要不断引进新成员以保持新鲜感"等普遍观点。他还强调，领导者需要深入了解团队动态，具备为提升有效性创造适当条件的技能和相应的情感成熟度及政治敏锐性。

而在《真团队》中，哈克曼利用自己作为情报组织顾问的经验，提出创建支持团队成功的环境所需的策略。哈克曼在本书中深入探讨了协作的概念，以及如何利用团队来解决复杂且具有挑战性的问题。在内容上，哈克曼定义了6个帮助和支持团队有效实现其任务和目标的有利条件，强调团队成员需要多样性，一个好的团队成员需要具备不同的观点和技能。在方法上，《真团队》并未局限于单一领导者的角色，而是更多地关注团队成员之间的互动和合作，以及这种合作如何促进创新和问题的解决。《真团队》为不同专业领域的团队如何组建和管理提供了更细致的见解，强调了团队领导者在持续评估团队有效性方面的关键作用。

综上所述，我认为，想要塑造高效团队，领导者应该花更多时间在团队设计上，而非管理过程细节。

此外，我还注意到，目前市场上仍有不少领导力课程或书籍强调先找到人才，但找到人才后，人才未必能发挥作用。比找人才更重要的是，领导者应该花更多时间去打造一流团队。哈克曼的"60-30-10"法则告诉我们，团队领导者应该从一开始就帮助团队步入良好的轨道，而非出轨后纠偏。

团队领导者的最大贡献之一应是像园丁，人才是苗，苗要成长，园丁必须施肥、灌溉和引入阳光。 优秀的领导者不会亲力亲为关注每个细节，而是会营造好土壤环境，创造条件来培养团队，让团队自然成长！相比这一点，领导者的个人领导风格、性格特点对团队结果的影响并非普适性的决定性因素。

因此，对于那些创建或者领导团队的人来说，他们的核心工作不是劝导团队成员一起好好工作，也不是亲自、实时地管理团队层面的协同工作，当然也不是通过一系列所谓的"团队建设"活动，在团队中培养和谐的气氛。相反，团队领导者的工作是创设提升团队有效性的6个条件，较好地启动团队工作，为团队提供良好的工作环境，然后再帮助团队成员充分利用好工作环境。

另外，我还想在团队塑造方面纠偏两个市面上比较流行的说法：

第一个说法是，我经常听到有些专家说，一个好的团队是"胜则举杯相庆，败则拼死相救"，或者说团队成员需要志同道合、心心相印。但其实这是一种理想化的说辞，在现实环境中，领导者难以保证可以打造出这样的团队，而明智的做法就是创造条件让团队成长。

第二个说法是，不少专家提出，领导者要成为具有完美形象的"超级英雄"，类似乔布斯、马斯克、任正非这样英雄式的CEO。但事实上，绝大部分的国内CEO是无法学习他们的管理魅力的。与其临渊羡鱼，不如扎实地做好团队设计，体系化地了解一个高效团队是如何一步步塑造出来的。再者，无论一位CEO多有天赋，如今复杂的环境和组织对他的要求已经远远超过一个人的能力所能达到的水平，英雄般单打独斗的时代已经过去，这就是为什么越来越多的CEO需要依赖他们的高管团队，帮助团队和组织应对所面临的领导力挑战和重大决策。

在翻译大师的著作时，我深感其用词造句的严谨和深奥。如有翻译的不当之处，敬请读者指正，期待此书能为你和你的高管团队在高效团队的塑造上指点迷津，让你们少走弯路。

前言
LEADING TEAMS

重新认识高效团队

让我们用一个测试来开场,以下三题出自美国俄亥俄州所有小学四年级学生都需要参加的公民知识考试。

1. 俄亥俄州政府的哪个部门负责制定法律?
   a. 司法部门　　　　　　b. 行政部门　　　　　　c. 立法部门

2. 以下3个人中哪个正在消费?
   a. 正在遛狗的卡门　　　b. 正在买一件新衬衫的贾利尔
   c. 正在整理棒球卡的戴尔

3. 如果人们一起完成一项工作,比如盖房子,那么这项工作可能会:
   a. 更快地完成　　　　　b. 需要更长时间完成　　　c. 无法完成

我对第一个问题(答案:c)和第二个问题(答案:b)的答案相当确定,这意味着我对政府和经济的了解至少已经达到小学四年级水平。但是第三题的答案呢？那个来自俄亥俄州、把这套测试题带给我的哈佛大学学生告诉我，正确答案是选项 a（更快地完成）。但当她和我一起回顾在各种团队中的经历时，我们对这个答案深感疑惑。我们参与过的很多团队几乎无法有效地推进工作，这令人费解。

一方面，选项 a 确实应该是正确答案。与个人相比，团队拥有的资源更多也更多样，在如何分配和使用资源方面也具有很大的灵活性。团队给成员创造了相互学习的环境，进而使成员有了更多的知识和技能储备。团队总是有可能创造奇迹，比如创造一些非凡的、以前无法想象的具有高品质或美感的东西。这些都是团队的显著优势，也是团队在当今以结果为导向的组织化工作环境中如此受欢迎的原因。

另一方面，尽管团队具有神奇的魔力，但我们却很少见证其发挥作用。现实中更常见的是，一项工作通过团队合作需要更长时间才能完成（选项 b），甚至无法完成（选项 c）。每当我在为本科生授课的第一天宣布课程中将会有团队项目时，总会有一些经历过其他课程的团队项目的学生低声抱怨。如果将团队的整体绩效和与团队人数同等、独自工作的个人的绩效进行比较研究，那么我们几乎总能发现个人的表现优于团队。

本书的目标就是解决这个难题，指导团队领导者与成员采取有效的行动，帮助团队提升有效性，取得更好的绩效，甚至创造奇迹。

创造条件，让团队表现更出色

如果团队领导者在设计团队或为团队提供支持时将注意力集中在错误的事情上，团队就会表现不佳。本书明确了团队领导者应关注的正确的事情，即创造有助于提升团队表现的 5 个条件，并指出了创造这 5 个条件的正确时机。虽然条件的数量不多，但它们的作用巨大。如果团队领导者专注于创造和维系这些条件，团队就可以表现得极为出色。

领导者的主要任务就是让团队建立在良好的轨道上，然后在团队运行的过程中做出微调，从而帮助成员取得成功。领导者无须对团队的行为进行实时管理。没有哪位领导者能凭一己之力让团队表现良好，但所有领导者都可以创造条件，增加团队表现良好的可能性。

干预团队的时机很有讲究，不同的选择产生的结果甚至会大相径庭。有些领导行为最好是在团队刚起步时实施，有些领导行为适合在工作周期过半时实施，还有一些领导行为适合在团队已经完成某项重要工作时实施。在错误的时间采取错误的行为很难产生建设性影响，有时还会适得其反。

如果有人能成功创造或始终维系提升团队有效性的 5 个条件，他实质上就是在发挥团队领导力，并且肯定可以被指定为"团队领导者"。团队的内部成员、外部管理者，甚至是外部顾问或客户都有可能成为领导者。不管是谁创造了这些条件，无论他们如何采取行动、有什么样的个性特征，都不重要，真正重要的是，提升团队有效性的条件必须得到落实与维系。

提升团队有效性的 5 个条件是：真正的团队、富有感召力的团队目标、赋能的团队结构、支持性组织环境，以及专家指导。记住这些条件并不困难，真正的挑战是如何深入、细致地理解它们，并在理解的基础上指导行动，甚至在要求苛刻或对团队不友好的组织环境中也能制定行动策略，以创造上述条件。那些天生是团队领导者的人似乎本能地知道该怎样做。在本书中，我尝试通过捕捉天生领导者的本能才能，并结合有关团队行为的社会科学研究成果，来总结出一套系统性的方法，领导者可以借助这套方法为出色的团队绩效奠定基础。

团队的设计和领导力必不可少

本书提供的方法将为以下4类读者提供有效帮助。

- 第一类是希望尽可能研究帮助其领导或服务的团队提升绩效的人；

- 第二类是研究团队行为和绩效方面的学者，他们希望从影响团队有效性的因素的角度寻求全新的思考方式；

- 第三类是企业顾问，通过阅读本书他们可能会发现，以非常规的视角来审视和分析团队有效性是有用的；

- 第四类是有好奇心的普通读者，他们可能想了解为什么有些团队可以步入正轨，而有些团队要么陷入痛苦的挣扎，无法得到令人满意的结果，要么在组建不久后就分崩离析。

虽然本书中的判断和结论都基于与团队行为和绩效有关的研究和理论，但我会尽可能避免使用学术用语和管理术语，尽量使用通俗易懂的语言、概念和案例，让本书的内容更有吸引力、更具象和实用。

对团队领导者所能取得的成就，本书持乐观态度。对任何个人和组织而言，打造卓越的团队领导力无疑都是一个巨大的挑战，但卓越的团队领导力确实会产生不同的结果。部分学者认为，领导者所做的主要是一系列不产生真正成果的象征性活动：领导者充其量不过是由团队外部力量驱动的所谓"更大的棋局"中的一枚棋子而已；高管最需要做的事情就是把团队组织、搭建好，然后与之保持距离，避免过度影响团队成员的想法。对于上述观点，我表示反对，我希望提出一套思考团队领导力的方法，以增强领导者的影响力，帮助团队表现出色。与此同时，在整个过程中，作为执行单位的团队会越来越强大，团队成员也会有更快的个人成长和更大的益处。

关于团队的 4 个错误论断

本书将在第 1 章详细描述两家航空公司的高管是如何构建和支持空乘团队的，一家航空公司加强了对空乘人员行为的控制，却严重降低了他们的积极性和创造性；另一家航空公司则得到了几乎相反的结果。这两家航空公司的经验有助于我们反思究竟什么样的团队才是有效的，并且着重反映出在构建、支持和领导团队方面，领导者必须自始至终权衡利弊。在本书中，我会多次提到空乘团队的案例。

第 2 章至第 5 章将分别探讨提升团队有效性的 5 个条件：真正的团队、富有感召力的团队目标、赋能的团队结构、支持性组织环境，以及专家指导。在第 6 章和第 7 章中，将讨论针对团队领导力和组织变革过程，本书的方法带来的新思路和新机遇。

书中大部分内容都基于我和我的合作研究者进行的相关研究及成果。我们研究的团队非常多元，包括乐团、经济分析师团队、制造业团队、航空公司机组人员等。事实证明，这些团队在一个重要方面是相通的，那就是团队工作要求成员能"实时"产生绩效。如果事情进展不顺，那么团队通常没有机会从头再来。团队的设计和领导力对上述团队非常重要，这些团队为本书中的观点提供了严谨且翔实的论据。如果这 5 个条件能够帮助上述容错空间微小的团队提升绩效，那么它们当然也能帮助其他拥有更大容错空间的团队提升绩效。

以下 4 条关于团队的论断看上去几乎毫无争议：

- 与那些成员就如何更好地完成工作发生很多冲突的团队相比，成员总能一起和谐工作的团队表现得更好。

- 决定团队动力的一个主要因素是团队领导者的行为风格，特别是他专断或民主的程度。

- 大型团队比小型团队表现得更好，因为前者有基数更大、更多样化的人力资源来开展工作。

- 当团队的成员构成长时间保持不变时，团队的绩效会逐渐变差，因为团队成员会变得粗心大意，逐渐忽视环境变化，并且对彼此的错误和疏忽过于宽容。

尽管上述论断看起来没有争议，但它们都是错误的。令人惊讶的是，一些事情在团队中的运作方式往往会不切实际。根据从社会科学研究和组织实践中获取的证据，我力求为读者提供全新的视角来分析团队动态。这些视角将聚焦于一般观察者无法看到的团队运作的各个方面，并且会纠正关于团队的普遍观点，这些观点往往是虚幻而非真实的。

目录

LEADING TEAMS

译者序　成为真高管，打造真团队

前　言　重新认识高效团队

第一部分　什么是高效团队

第 1 章　团队高效的秘诀　003

第一种团队：注重管理和控制，但无法兼顾创造力　006

第二种团队：拥有创造力，却容易失控　015

高效团队：创造力和管理控制可以兼得　024

准确评估团队有效性的 3 大标准　031

提升团队有效性的 5 个条件　033

第二部分　搭建高效团队的 5 个条件

第 2 章　条件 1，真正的团队　039

真正的团队必须是一个整体　042

	真正的团队必须具备 4 大基本特征	045
	为提升团队有效性奠定基础	063

第 3 章　条件 2，富有感召力的团队目标　　065

	富有感召力的团队目标具有 3 大作用	069
	明确目标后，要不要规定实现的方法	079
	设定团队目标必须权衡 3 大要素	089
	在行使权力和释放能量之间取得平衡	096

第 4 章　条件 3，赋能的团队结构　　099

	重塑结构，让团队工作激发内在工作动机	103
	构建核心规范，助力团体目标的实现	112
	组建团队必须考虑的 3 大要素	121
	为团队结构注入生命力	135
	无论何时，团队结构都至关重要	136

第 5 章　条件 4，支持性组织环境　　139

	奖励支持，增强成员的共同动力	142
	信息支持，为绩效策略奠定基础	153
	教育支持，提升团队合作技能	162
	物质资源和环境支持，保障团队实现目标	166

第 6 章　条件 5，专家指导　　171

	聚焦过程，充分发挥团队教练的魔力	174

　　　　　避免过程损失，创造过程收益　　　　　177
　　　　　在不同的生命周期对症下药　　　　　　184
　　　　　关注任务而非人际关系　　　　　　　　198
　　　　　协作互助，发挥共享教练的力量　　　　200

第三部分　探索高效团队的最佳实践

第 7 章　成为高效团队领导者　　　　　　　207
　　　　　高效领导者的特征和风格　　　　　　　210
　　　　　提升团队有效性的首要关注点　　　　　214
　　　　　为提升有效性创造条件　　　　　　　　219
　　　　　高效团队领导者必备的 4 个素质　　　　230
　　　　　专注职能而非个人风格　　　　　　　　238

第 8 章　多视角思考如何让团队更高效　　　243
　　　　　影响团队有效性的两大障碍　　　　　　249
　　　　　支持性条件形成的 3 种方法　　　　　　256
　　　　　勇于承担变革的代价　　　　　　　　　260
　　　　　重新思考与团队有关的一切　　　　　　262

致　谢　　　　　　　　　　　　　　　　　269

第一部分

什么是高效团队

LEADING TEAMS

LEADING TEAMS

第 1 章

团队高效的秘诀

LEADING TEAMS

卓越的领导力
可以使团队兼具
创造性和控制性。

第 1 章　团队高效的秘诀

假设你是一家大型航空公司的空中服务主管，负责管理约 2 000 名空乘人员，这些空乘人员为航班上的乘客提供服务并保障客舱安全。

你所在公司深耕的大部分市场都竞争激烈，公司在一些市场占主导地位，但在另一些市场排在第二或第三名。最近在一些关键市场中，你所在公司的客座率下滑了几个百分点。你的上司、营销副总裁委托你进行研究，以找出数据下滑的原因。研究结果印证了之前所做的市场调查的结论，那就是除了票价和航班时刻表两个因素外，影响复购率的最重要因素是服务质量。

你的工作与票价和航班时刻表并没有直接的相关性，这两个因素可能不是引发本次数据下滑的原因，因为现在相互竞争的航空公司的票价和航班时刻表几乎没什么不同。你能控制的是空乘人员的工作。鉴于目前的竞争环境，你相信，只要最终能带来稳定、高质量的客舱服务，帮助公司超越竞争对手，营销副总裁就会允许你采取所有你认为必要的措施。

机会就在你眼前，但你的挑战在于空乘人员和乘客之间的互动发生在万米高空之上，在以每小时 800 多千米的速度穿梭于大气层的飞机客舱内。更糟的是，飞机上没有专门的管理者来确保空乘人员的表现。在公司里，客舱服务经理负责一线管理工作，他们分别负责管理一部分空乘人员。根据你的安排，客舱服务经理还负责空乘人员的选聘、培训和调度。但所有客舱服务经理都不在航班上工作，而是在地面总部工作。他们甚至很少见到空乘人员，除非有某空乘人员遇到个人问题，或者航班上发生了需要总部讨论的事故或投诉问题。因此，客舱服务经理实际上无法监督和管理对航空公司而言真正重要的事情，那就是空乘人员与乘客的接触会直接影响乘客能否再次惠顾。

现在，是时候对客舱服务的设计、人员配备和管理进行全新的思考了。你有相当大的权力和影响力，而且没有任何约束，任何方法都可以考虑，但问题是：你将如何确保空乘团队能够始终如一地为乘客提供高质量的服务？

每天，世界各地的航空公司管理者都在为这个问题的答案冥思苦想，不同的航空公司会以不同的方式应对。我和同事研究了两家航空公司，它们使用的策略体现了两种完全不同的构建和领导团队的模式。两家航空公司的管理者都意识到，无论如何，从登上飞机的那一刻起，空乘人员就组成了一支自我管理的团队。下面介绍的一家国际航空公司尝试将团队自我管理的风险降到最低，而另一家国内航空公司则尝试充分发挥团队自我管理的好处。然而，这两种策略都没有取得航空公司管理者希望达到的效果。通过分析这两家航空公司的失败之处，我们将发现团队需要具备哪些要素来为高绩效奠定基础。

第一种团队：注重管理和控制，但无法兼顾创造力

几年前，当我们研究这家国际航空公司时，它雇用了超过 2 500 名空乘人员，他们被安排在包括波音 747 在内的各种飞机上。波音 747 通常飞洲际航线，可搭载 350 名以上的乘客。航空公司还安排了 7 名乘务主管，每名主管要管理约 400 名空乘人员，这样的管理层级保证了一线空乘人员能够真正做到自我管理。

这家航空公司的客舱服务是其市场营销的一部分，管理层为所有员工印发了营销手册，其中陈述了公司的服务目标："每位乘客从登机的那一刻到下飞机的那一刻，都应得到一定的服务、关心、照顾、礼遇和关怀。在旅程结束时，他们能承诺下次旅行还会选择我们航空公司。"

为了实现这一宏伟目标，管理层精心设计了一套客舱服务产品和机上交付程序。分析师通过研究竞品和乘客偏好，为食物、饮料和舱内娱乐服务制定了详细的标准。工作流程专家制定了空乘团队在提供服务时需遵循的精确流程，并在航空公司总部通过全尺寸机舱模型来对上述流程进行了微调。客舱服务管理部门执行了严格的培训计划，确保每名空乘人员都能熟知公司的服务目标和实现这些目标所需的具体流程。

整个流程中的细节让人叹服。团队任务被分解成详细的岗位任务，由特定的空乘人员在特定的时间完成。每个岗位都有指定的字母代号，空乘人员需要接受培训，了解他们可能会被分配到的所有岗位及职责。多数岗位任务是在厨房工作，或为乘客提供食物、饮料，特殊岗位任务也有详细的规定。例如，分配到A、B和D岗位的空乘人员需负责照料有特殊需求的乘客，比如无人陪伴的儿童、带婴儿的母亲、生病或高龄的乘客；在C岗位上的空乘人员负责清理厨房区域，并负责保管机组人员带入客舱的设备……

这家航空公司的想法是成就一场精心编排的团队表演：虽然所有服务都预先经过精心安排，但乘客不会看出来，他们看到的将是天衣无缝、始终如一的高品质客舱服务。因此，他们会在下次旅行时还预订这家航空公司的机票。整个客舱服务的设计很完美，而且关键在于，即使客舱里不设置管理人员，也能实现。空乘人员所要做的就是履行各自的岗位职责，"表演"好这场精心编排的"芭蕾舞"，展现各自的专业能力和独特风格。

空乘人员需要拥有工作所需的知识和技能。国际航班的乘务工作自带的多样性和优质性吸引了远多于职位数的应聘者，所以航空公司能非常挑剔地选择录用谁。新入职的空乘人员在经过严格的初训后，会获得一级空乘的头衔。在合格服务满一年后，他们会有资格晋升为二级空乘。三年后，他们可以申请高级空乘的职位。晋升二级空乘属于常规操作，晋升为高级空乘却是更大的挑战。并不是所有合格的候选人都会选择接受严格评审、获得职位晋升，因为工资上的小幅增长似乎不足以让他们接受高级空乘职位带来的心理压力和责任。

在我们研究期间，这家航空公司的波音747航班上有14名空乘人员，其中至少有3名是高级空乘。一名高级空乘是乘务长，他负责做空乘人员的飞行前简报、处理各种行政事务，并主要负责与地勤人员和飞行员沟通协调。另外两名高级空乘分别负责头等舱和经济舱。

空乘人员基本是随机组队的。每天，航空公司的调度人员都会列出未来28天的航班计划，然后逐条排列能在这些航班上工作的空乘人员，直到每架次航班的空乘满员。这些航班的航行时间短则三天，比如跨大西洋往返航班；长则三周，比如在全球各地多个城市有中途停留的超长航班。

精心编排团队工作流程

假设你是一名在这家国际航空公司工作超过两年的二级空乘，要执行一次为期5天的欧亚洲际航班的工作任务。首日清晨，你在航班出发前一个半小时到达机组人员基地报到，那里离机场约1.6千米。报到截止时间是航班出发前75分钟，所以你还有些时间。你首先在登记台签到，然后收到了工作分配卡，这张卡片给你带来了一些好消息，也让你有一点小小的失望。好消息是在接下来的5天里，你的任务是在经济舱里提供餐食服务。你的岗位职责没有附带额外的工作要求，所以如果这次航班上的乘客少，并且天气情况良好，可能就是一段常规的轻松旅程。但在浏览空乘人员名单时，你发现自己不认识其他人。

第1章 团队高效的秘诀

如果有几名与你共事过的空乘也在这次航班上，你会更加欣喜。同一团队的空乘人员互不相识的情况并不罕见。我请这家航空公司的一名运营研究员估算过，如果我和他一起服务过某次航班，要过多久我们才能再次被安排在一起，他的答案是5.4年。

接下来，你查看邮箱，发现里面只有一封例行的管理通知，内容是关于某些城市费用补贴的变化。然后，你瞥了一眼工会布告栏，没发现什么特别新鲜的事。你经过机组休息室时，在里面没有看到任何相识的人，所以你直接去了简报室。这时，大约一半的空乘人员已经在那里了，包括乘务长，她正在查看与这次航班有关的文件。你走进简报室，那些坐着的同事抬起头看了你一眼，你向他们点点头打了招呼，然后坐到椅子上，等待其他同事的到来。

还有几分钟就截止报到时，乘务长抬起头，看了看在场的所有人，然后开始做简报。她先做了自我介绍，并快速介绍了这次航班的行程，以及当天两段航线的乘客人数。然后，她开始了航班起飞前必须进行的安全简报环节。她询问空乘人员"如果……你会怎么做"之类的问题，她有权要求更换任何回答时让她不满意的人员。"好吧，"她总结说，"现在，我们中有谁懂医疗护理？"没有人回答。"那我们中有人会外语吗？"陆陆续续有人举起了手，你发现这次航班上有两名空乘人员会法语，一名会德语，还有一名会意大利语。她接着说："我们将为航班的亚洲航段安排一名亚裔空乘。"她之所以提到这一点，是因为公司要求在长途航线中，为空乘团队增加一名了解经停地文化和语言的空乘人员。"大家还有什么问题或特殊要求吗？"下面没有人作声，乘务长就此结束简报，并提议大家立即前往接驳车。提前几分钟登机可以让你从容不迫地做好准备工作，如果有必要，你也有时间整理一下客舱，被分配到厨房的空乘人员也能有时间检查餐饮的准备情况。这让你觉得很欣慰，因为没有什么比在飞行中才发现冰块、饮料或食物不够更糟心的事了。

做简报用了大约10分钟，你在提起行李箱朝登机口走去时发现：空乘人员与往常一样，大部分时间都在各忙各的，每个人都想着自己的事情。此时此刻，整个团队只是个体的集合。无论这次航班任务是有趣的还是索然无味的，只有在今晚到达酒店之后，你才会知道这群空乘人员是什么样的人。

登机后的头几分钟过得很快，你把行李箱收好，并向舱内的同事做自我介绍，然后环顾四周，确保一切正常。紧接着，公共广播里传来乘务长的声音："登机口的工作人员说，他们已经准备好了，我们随时可以开始让乘客登机。还有人没准备好吗？"没有人作声，于是她马上告诉登机口的工作人员让乘客开始登机。几分钟后，一群乘客开始通过两条廊桥陆续走入机舱。此时，机舱里人头攒动，乘客都在找自己的座位。一些经验丰富的乘客只要扫一眼，就能瞬间找到座位，看上去驾轻就熟。

经过一段时间后，所有乘客都已登机入座。乘客随身携带的行李鼓鼓囊囊，已经把座位上方的行李架塞得满满的。有些乘客携带的大件行李也已经贴上标签，被送到行李舱去了。乘务长沿着舷梯走进驾驶舱，并通知机长客舱已经准备好了。此时，你坐到了出口处那个后向逃生座椅上并系好了安全带。几分钟后，飞机开始驶离登机口。这是你最喜欢的时刻，因为此时是你今早离家后第一次休息，你可以休息到机长发出安全信号，客舱服务启动的时候。你决定不与对面的乘客进行眼神交流，在这段时间里放松一下。你几乎没有注意到飞机已经起飞了。

不久之后，你听到一阵铃声，"禁止吸烟"的标识陆续亮起。你向对面的乘客微笑一下就开始工作了，这位乘客从你系安全带起就一直看着你。乘务长介绍了今天的服务，厨房里有已经加热的食物，空乘人员推着装满饮料的推车走了出来，沿着过道缓慢前行。在这趟洲际航班上，像芭蕾舞演出一样的客舱服务就这样开始了。

第 1 章　团队高效的秘诀

关于客舱服务本身，我们几乎没有什么好说的，它基本就是长途航班乘客所期望的那样。今天的飞行任务对空乘团队来说没有挑战性，一切都编排得很好。飞机到达第一个目的地后，大部分乘客离开了，你整理好自己负责的客舱，迎接新一批乘客登机，"芭蕾舞"将再次开演。在到达第二个目的地时，你和其他空乘人员一起与乘客道别，然后取回各自的行李，通过工作人员专用的海关入境通道离开机场。

今天没有任何意外延误，两辆去酒店的车正等着你们从机场出来。其中一辆车是为空乘人员准备的，另一辆是为飞行员准备的，去往另一家稍高级的酒店，看来飞行员工会的谈判还算得上成功。你认为飞行员的讨价还价与其说是为了维护驾驶舱里的和谐氛围，不如说是为了保持飞行员与空乘人员之间的地位差异。但关于这些，你很久以前就不再自寻烦恼了。上车后，你就只有感激这辆车能等在这里，准时且温暖。

在前往酒店的途中，一名空乘人员宣布：他在自己的行李箱里"意外"发现了一些小包装烈酒。他说，如果谁有兴趣和他一起去酒店的空乘人员休息室，他将很高兴分享这些"意外"。你默默感叹：几乎每次航程的第一天晚上，都会有人想办法绕开航空公司严格的酒类管控规定。当然，你是一定会参加的。甚至那些每天晚上到酒店就"关门上锁，明天再见"的空乘人员，也很少错过这第一个晚上的派对。

在一小时内，你和几乎所有队友，包括那位担任乘务长的高级空乘，被安排下榻到公司规定的酒店套房。大家着装随意，开始讨论共同认识的人，谈论起以前航班上发生的奇怪事件。用过晚餐后，非正式的等级体系逐渐形成。空乘人员在一起待了近 10 小时后，终于形成了一个团队。

第二天，芭蕾舞表演般的服务流程又重复了一遍。第三天，空乘人员休息一天，等待当晚到达的另一趟航班，与那趟航班上的空乘人员换班。你和其他几名空乘一起去观光，还看了一些书，大部分时间你都很放松。然后，一切又回到常规流程。在航程的最后一晚，一些空乘人员，主要是年轻人，交换了联系方式。他们小心翼翼地记录下新朋友的电话号码，并发誓回家后会很快约着共进晚餐。但这很少实现，到最后大多数有经验的空乘人员就不再逢场作戏了。

回家之后，你做的第一件事就是查看堆积如山的邮件。你在一堆账单邮件中发现了一张航程安排表，上面通知你下个月将有三次往返航班。这是个好消息，因为这意味着离家的天数少了。你和伴侣聊了会儿天，然后随便吃了点东西。你现在最想做的事就是睡觉。在过去 5 天里，你经历了太多的时区变化，你甚至怀疑自己可能永远无法很好地应对这个挑战。

程序化服务流程的代价

这家国际航空公司的客舱服务是一种精心设计的服务。公司根据市场调查的结果精心定制这种服务，目的是满足乘客的需求。负责提供服务的是聪明且有魅力的空乘人员。通过大规模培训，每个人都确切地知道自己应该在服务流程的各个节点做哪些事情。团队内有指定的领导者负责协调工作和处理突发问题。这是一套让人觉得要求很高，但不会疲于奔命的工作流程。

对这家国际航空公司而言，大多数时候这套工作流程都很有效。几乎没人听说过它的客舱服务引发了意外情况，意外情况都是由外部事件引起的，比如天气不好导致航班延迟、机械故障等。而且市场调查显示，乘客对这家航空公司的服务总体上很满意。在公司总部，管理者虽然承担着繁重的案头工作，但总体上都很冷静和自信。因为管理者知道，只要航班上的每个员工都做好自己应该做的事，乘客就能在整个航程中享受到他们应得的服务。

这家航空公司构建和支持自我管理的空乘团队的模式，带来了可预见的、优质的客舱服务质量，降低了团队自主行动对公司或乘客造成损害的风险。这些优势显而易见，但是，航空公司也为此付出了代价。

营销部门设计的这套流程落实起来需要付出的一项代价是，公司经常发现自己在服务创新方面落后于竞争对手。当竞争对手在客舱服务上推出新花样时，这家国际航空公司可能要过几个月才能赶上或超越竞争对手。因为公司的服务流程非常细致，任何变动都需要重新设计服务流程，如果变动很大，就必须等所有空乘人员完成半年一次的常规培训后，才能引进新的服务。

另一项代价是，空乘人员不愿意根据特定航班的特殊情况调整他们的服务。要想确定完成一项任务的"最佳方式"，就必须对完成这项任务的条件做出一些假设。对客舱服务工作而言，这些假设包括飞行时间、乘客人数等。那些满员的短途航班上令人满意的服务，对乘客寥寥的长途航班来说，效果是完全不同的。

这家国际航空公司的工作系统设计师就像工程师那样，优化了"典型"航班的服务流程，因此，这套流程最适合航程 5 小时左右、搭载乘客 275 人左右的航班。同样的流程在航程 8 小时、乘客 100 人的航班上就效果不佳了，在这样的航班上，空乘人员往往会很快完成工作。我不止一次看到他们回到厨房拉上布帘，然后吐槽这家航空公司的管理有多糟糕。同样，这套服务流程在满员的短途航班上效果也不好，因为空乘人员必须不断走动，没有时间和乘客互动。

空乘人员认为，他们无权改变服务流程，即使在某次航班遇到特殊情况，服务流程并不合适的时候也是如此。空乘团队通常只是按照指示和训练流程去行动。在我们的研究项目接近尾声时，一些客舱服务经理开始担心，空乘人员往往只是"念台词"，他们对乘客的需求不够关注，也不会对特殊的客舱环境做出恰当的反应。管理层采取了一些措施来解决这个问题，他们发布了一份修订版的客舱服务标准声明。声明的开头是这样说的:"我们常常需要遵循客舱服务(尤其是与食物和饮料相关)的服务流程和程序的标准。即使制定了标准,也是以空乘人员的活动为中心,而不是以乘客为中心的。"

声明还强调,空乘人员的工作重点应该是实现客舱服务的终极目标,即提供令乘客满意的客舱服务,从而使乘客复购机票,所以即使服务偶尔偏离常规流程也能够接受。公司向高级空乘人员发出了特别指示:"公司制定的规则、指南适用于客舱服务的各个方面,如果人人都遵循,就能为乘客提供最高标准的专业服务。但是,如果能提高乘客的满意度,高级空乘人员完全可以自主改变常规流程和职责分配。"

虽然航空公司管理层说到做到,但新指令并没有让日常航班工作产生太大的变化。可能标准流程的节奏过于紧密了,也可能随着时间的推移,空乘人员对流程已经熟得不能再熟了,他们对流程的重视程度就像曾经的管理层那样。

管理层劝告空乘人员改变现有的服务方式,并指出了曾受推崇的"程序化"服务流程可能带来的主要损失,即无法充分发挥空乘人员的智慧、主动性和创造性。我的同事维克托·弗鲁姆(Victor Vroom)曾乘坐这家航空公司的航班,他的经历让我真切地体会到上述损失有多严重。

弗鲁姆说:"那家航空公司的空乘人员太棒了。"他接着讲述了航班上发生的紧急情况。当时有迹象表明,飞机的一台发动机着火了,机长对这台发动机启动了灭火系统,接着在最近的一座能够起降大型喷气式飞机的机场紧急降落。尽管后来证实着火警告是误报,但此时飞机必须等替换好已经用完的灭火器后才能再次起飞,而且还不确定新器材何时会送达。更糟糕的是,飞机降落的城市不在这个公司的航线上,这意味着没有地勤人员可以帮助解决问题。此时此刻,空乘人员发现自己身处一个陌生的城市,而飞机上挤满了乘客。"接下来的一切就太神奇了,"弗鲁姆继续说,"我们一下飞机,空乘人员就立即组织起来开始打电话，与当地旅店协商，在几小时内，他们就为航班上的所有人安排好了食宿。"

我同意弗鲁姆的看法，这架飞机的空乘人员在应对紧急情况上做得非常好。但我还有一个问题，我问他，在紧急情况发生之前，客舱服务怎么样？弗鲁姆努力思考着这个问题。我可以理解他，因为他对这段航程的记忆都被后来的紧急事件占据了。"我觉得那都是例行公事，"他最后回答道，"没什么令人印象深刻的。"

"例行公事""没什么令人印象深刻的"，这些话捕捉到了团队管理程序化的缺点。即使是那些才能过人、希望充分发挥自己的才能来帮助团队取得成功的人，最终也会觉得这只是"一份工作"罢了。一旦这种情况发生，团队成员就会发现自己很难再付出额外的努力，也难以再即兴发挥创造力，而这恰恰是决定团队表现是否出色和令人难忘的关键。

这家国际航空公司的空乘人员几乎总是表现优秀，而且根据我们的数据，他们之间不存在根深蒂固的焦虑、敌意或疏离。许多人刚加入这家航空公司时会感到兴奋，并认为这是一个机会，但那种感觉会逐渐消失。空乘已经成为一份仅需一点点思考、计划和团队决策的工作。弗鲁姆的故事告诉我们，这些空乘团队可以为航空公司和乘客贡献比公司要求的（更确切地说是公司允许的）更多的价值。

第二种团队：拥有创造力，却容易失控

我们研究这家美国国内航空公司的时候，它正处于发展阶段，规模还不大。它配备的波音737飞机的航程很少超过两小时。波音737是双引擎喷气式

飞机，按照这家国内航空公司的配置，最大载客量是118人。

这家国内航空公司与我们之前介绍的国际航空公司一样，也力求提供一流的服务，它希望乘客只要有机会出行，就会始终选择自己；并且，两家航空公司的团队中都拥有聪明且有魅力的成员，他们渴望投身于有意义的工作。不同的是，在这家国内航空公司，空乘人员除了在航班上履行职责外，还必须在地勤岗位和公司总部执行与服务有关的工作任务。该航空公司的招聘广告着重强调了这份工作在服务层面具有的挑战性。而且，招聘广告中很少提及"服务范围在客舱内"之类的内容，因为公司担心这样会吸引那些主要受空乘岗位诱惑的求职者。这家公司的招聘经理对公司的挑剔感到非常自豪，甚至有一段时间，他们会在制服翻领上都佩戴印有"百里挑一"的徽章。

这家公司的空乘人员被称为客户服务经理，他们在加入公司后会参加为期两周的初级培训课程。在这个课程中，他们会学习从三个字母构成的机场代码到使用紧急滑梯撤离波音737的一切知识。第二周课程进行到一半时就到了"组队日"，每名学员都既期待又恐惧，因为当天，24个人会被分成6个4人小组。

如果一位组织发展顾问看到这一天的设计，内心应该会感到欣慰。在这一天，培训导师会提这样的问题："是什么造就了一个好团队""你能为团队带来什么优势""你希望队友身上具备哪方面的优势"。学员们会交换意见，参与为他们设计的练习，以便测试各自的想法。最终，在培训导师的帮助下，全班将得出什么能提升团队有效性的结论。接下来，学员们会继续进行更多的练习和讨论。到当天结束时，团队就成型了。

从那时起，这家公司的客舱服务单位就是客户服务经理团队而非个人了，甚至工作流程的构建也由团队完成。曾经有一段时间，这家公司采用抽奖制度来决定每个月如何分配航班任务。运气好的话，团队就会拥有更大的任务选择空间。但是，抽到好签并不一定是好事。团队会面临选择：是选择一个可以前往有趣的目的地，但有好几个晚上必须在外过夜的任务，还是选择可以让成员多数时间待在家中休息的任务？如果团队中有一些人喜欢冒险，而另一些人喜欢尽可能待在家中，那这个时候就得协商了。解决问题是团队的责任，管理层很少帮助它们权衡这些艰难的选择。

团队还必须决定自己的领导者和成员。根据美国航空法规的要求，波音737飞机上至少要配备3名空乘人员，而且其中一人应被指定为乘务长。这家公司的客户服务经理团队有4名成员，而且没有固定的领导者。在查看天气和航班乘客人数后，团队有权决定是所有4名成员都参加这次航行，还是留1人在公司办公室里做其他工作，其他3名成员负责客舱服务。而且，团队还有权决定哪名成员将是此趟航班的乘务长。

团队也有权决定如何开展客舱服务工作。与之前的国际航空公司的做法形成鲜明对比的是，这家航空公司的管理层没有具体说明并强制要求执行任何所谓的提供舱内服务的"最佳方式"。这家航空公司的空乘人员在公司目标和工作目标方面接受了重点培训，他们很清楚限制自己行为的外部条件是什么。空乘人员得到了一套多样化的组合工具，可以用来支持他们实现公司的服务目标。除了这些资源，各个客户服务经理团队都只能靠自己。

团队的指导原则

这家国内航空公司的服务目标直接来自6大指导原则，公司管理层将这些原则定义为公司的核心价值观。它们分别是：为员工的个人成长服务，成为最好的空运服务供应商，实施最高质量的管理，成为行业典范，简单化，以及利润最大化。尽管这些原则对整个公司的决策很有用，但公司董事长认为，需要对第二条原则进行更详细的阐述。他最终总结出公司对如何交付服务的期望，并称之为"3C"体系，即完整（Complete）、干净（Clean）和沟通（Communication）。公司高管会抓住每个机会强调 3C 体系的重要性。

关于 3C 体系，董事长解释说，最重要的是完成每位乘客的航程，即"完整"。这一点毫无疑问，安全完成飞行任务是良好服务的终极标志，该航空公司对其出色的安全记录深感自豪。然而，"完整"的定义中还包含其他内容，即尽量不取消预定的航班、航班准时起飞和到达，以及确保每个行李箱都与托运行李的乘客在同一时间到达同一机场。

关于"干净"，可以说这是公司董事长的执念。他坚持要让这家航空公司及其员工的形象都"闪闪发光"，也愿意付出成本来实现这一点。例如，飞机喷漆工作的成本远远超出了实际需要。并且无论是否需要，都要定期且频繁地清洗飞机。多数时间，小桌板都折叠于客舱座椅背上，这成了干净的象征。董事长会提出问题："如果我们航班上的小桌板脏了，乘客会怎么想？"这个问题的答案显而易见，人们会这样回答："如果他们连自己的小桌板都不能保持干净，那他们在飞机引擎的保养上又能做到什么水平呢？""好极了！"董事长大声说，"那些小桌板必须一尘不染！""干净"也适用于公司员工及其着装。如果有人没有达到最高的仪表标准，那么他们的同事会及时发现，并会悄悄地帮他们矫正。

任何经历过航班延误的人都知道，航空公司的工作人员与乘客进行沟通是多么重要。尽管航班延误令人沮丧，但这绝不是航空公司有意要给乘客带来不便。绝大多数情况下，航空公司的工作人员无法确切知道需要多长时间才能修复损坏的设备、雷暴何时会消散，或者空中交通管制何时会解除，但乘客还是希望得知事情的原委。因此，在这家国内航空公司，客户服务经理团队工作的关键部分也包括以下方面，即如果他们自己没有相关信息，那么他们就要主动寻找并传递信息。

成为最好的空运服务供应商,"完整、干净、沟通"——这家航空公司的客户服务经理团队目标明确,他们有权自主决定需要做的所有工作以实现这个目标。有时,这意味着他们要做一些额外的工作;有时,他们必须说服其他人采取必要的行动;有时,他们不得不帮忙做一些职权范围外的事情来推进工作。这些全部由他们自己决定。

团队所处的环境:既限制又开放

虽然这家航空公司的空乘人员在实现公司服务目标方面有很大的自主权,但他们的行动并不是无限自由的。首先,他们使用的技术毫无疑问限制了他们的行为。例如,空乘人员使用机载设备时需要许多特定的技术。其次,在具体开展工作方面,公司董事长对空乘人员的自由范畴设置了两条明确的规定。一条规定是,所有空乘人员都必须遵守美国联邦航空管理局(Federal Aviation Administration)的所有规定。这些规定非常详细,涉及各种各样的问题,比如安全通告的内容、机舱行李的存放,甚至是航班在地面上和在空中时空乘人员坐和站的位置。在特定情况下,美国政府的要求看上去似乎并无必要或无关紧要,但在安全相关的问题上,空乘人员仍然不能掉以轻心。

另一条规定是,航班上的空乘人员绝对不能提供酒水。因为分发免费酒水会带来成本问题,让成本很快增加。除此之外,董事长还担心空乘人员会倾向于用酒水来解决服务上的难题。"我不管是不是我们的错,"他解释道,"当问题出现时,你们应该看着乘客的眼睛,与他们面对面解决问题,诚实地向乘客解释问题出在哪里,以及你正在做些什么来解决它。别想着用免费的酒水来取得他们的好感。"

虽然有上述限制,但空乘人员的工作环境是开放的。他们得到许可,实际上更多的是得到鼓励,可以去做所有必要的事情以提供令乘客满意的服务。这样，乘客如需再次出行，就还会选择乘坐该航空公司的航班。

为团队提供充足的工作资源

这家国内航空公司的管理层为了支持空乘人员达到公司服务目标，提供了各种资源，包括常见服务问题的解决方法。同时，公司还制定了开放交流的规定，以便空乘人员向公司管理者寻求建议。另外，空乘人员可以获取市场营销和绩效数据，而这些信息在许多航空公司都属于保密信息，不会向一线员工公开。

客舱广播讲稿就是一个很好的例子。许多航空公司都会为空乘人员提供应对各种突发事件的讲稿，包括安全通告、公司新服务的宣传稿等，并要求他们记住或阅读讲稿内容。曾经有另一家航空公司的管理者对此表达了自己的担忧："如果我们不能准确地告诉他们应该说什么，他们就会出错。"每名空乘人员的飞行包里都有公司批准的讲稿文本，虽然这可能会让管理者放心，但这些文本实际上并不能防止空乘人员出错。例如，让空乘人员死记硬背讲稿，反而更容易出错，乘客会感觉空乘人员的言意之下是"我告诉你这件事只是因为我必须这么做，但它其实并不重要"。让空乘人员逐字逐句读讲稿也是一样，他们可能会在不熟悉的段落停顿，读起来结结巴巴。

我经历过一次相当有"创意"的出错方式，当时我乘坐的另外一家航空公司的航班出现了机械故障，我们登机三次都未能成功起飞，因为故障是在飞机滑行的时候发现的，最后当我们第三次返回登机口时，机长通过公共广播系统宣布该航班将被取消。就在飞机停下来，登机通道靠近舱门时，一名空乘人员拿起麦克风朗读道："欢迎来到圣路易斯（事实上我们并没有到达这个城市），我们知道你们有很多航空公司可以选择，感谢你们决定搭乘我们的航班，希望下次旅行时，您会再次选择我们。祝你们在圣路易斯度过愉快的一天。"这是标准的航班到达目的地机场时的讲稿，这名空乘人员传达得很得体。但唯一的问题在于，在过去一个小时里，我们一直尝试从出发地的登机口出发，但都没有成功。

事实上，无论是否使用公司提供的讲稿，总有各种因素会导致航班出错。在这家国内航空公司，客舱服务经理团队也的确在飞行包中放着讲稿，但公司鼓励他们在必要时即兴发挥。与公司提供的其他工具一样，讲稿是空乘人员的工作资源，而非工作要求。

团队自主面临的风险

这家国内航空公司的客舱服务经理团队运作良好时，表现得非常出色。团队成员完全投入工作，表现出独特的创造力和良好的判断力，会让乘客得到一流的服务。

在实地观察航班工作时，我碰巧在两周内于不同场合观察到了同一个客舱服务经理团队。第一次是在从纽约飞往佛罗里达的航班上，当时正值冬末，天气很好，航班座位的预订量只有一半。机长做完简报后，空乘人员向登机口走去。他们很快注意到，登机区有很多乘客穿着度假的服装、带着网球拍，还有很多儿童。客舱服务经理团队的乘务长说："看来今天这群人是去度假的，我们要不要来一次有趣的飞行？"其他空乘人员很喜欢这个主意，当乘务长告诉机长这个主意时，机长也很喜欢。"我去把《机长地图》拿来，"他补充说，"我们可以举行几轮比赛。"《机长地图》是一份标准的空域地图册，上面印着航线，并标注了从飞机上可以看到的地方。实际上，对那些喜欢取悦乘客，或许还想给乘客留下好印象的飞行员来说，这是一份夹带的小抄。

空乘人员在欢迎乘客登机时，偶尔会抽出一点时间与乘客聊天，或者特别关照一下小孩。所有人都就座后，乘务长拿起麦克风开始广播安全须知。"我们为大家准备了一个惊喜,"她说,"在这个被我们公司授予'特别安全奖'的航班上,有一个安全须知的文件夹里塞了一张20美元的钞票。当我说开始后,请看一看你前面椅背上的文件夹,看谁最后获得了安全奖!"然后她开始从"5"倒数,当数到"0"时,大多数乘客都取出并查看了自己的安全须知文件。乘务长期待地环顾四周,好像在等着找出那位幸运乘客。然后,她表现出夸张的失望表情,并举起麦克风说道:"好吧,看来我们今天还是没有赢家……但既然您都已经打开安全须知文件了,那就花点时间来看一下其中的重要信息吧!"整个过程诙谐幽默,乘客似乎都乐在其中,并没有因被"捉弄"而生气。

起飞大约半小时后,机长通过公共广播系统宣布,区什摩尔山(Mount Trashmore)很快就会出现在飞机的右侧。他解释说,这座山曾是弗吉尼亚海滩的一个垃圾填埋场,后来变成了一个游乐场。坐在舱内右侧的一位乘客先发现了它,于是按下呼叫空乘人员的按钮,领取了一份小奖品。当空乘人员以隆重的方式向获奖乘客送去一杯软饮时,机长再次向坐在舱内左侧的乘客保证,当飞机接近佛罗里达海岸线时,他们也有机会参加比赛。

整个飞行过程中贯穿着友好热情的服务。当飞机最终停在登机口时,乘客们不由自主地同时鼓掌。根据我的经验,一般只有当乘客经历过危险返回地面,并庆幸自己还活着而备感宽慰时,才会鼓掌。但是在这趟航班上,乘客并不是因此而鼓掌,他们是因自己的假期比预期时间提前了两个半小时到来而鼓掌。

两周后的傍晚,同一批空乘人员在从纽瓦克飞往波士顿的航班上为乘客服务,这趟航班几乎满员。由于暴风雪,航班已经延迟了一个多小时。空乘人员在简报区等待登机。随着登机时间的临近,他们一起走到登机口,并观察乘客。这群乘客大都是不耐烦的商人和学生,急着想到达目的地。这次没有网球拍,没有孩子,也没有度假服,人们大都在来回踱步,紧张地看时间。"公事公办模式？"一名空乘人员问她的同事。其他人点了点头，他们完全明白她的意思，毕竟，他们已经在一起工作好几个月了。

"公事公办模式"就是空乘人员向登机乘客说欢迎语，并面带职业微笑，但不会向乘客搭话，以免耽误时间。乘务长简明扼要地发布了安全须知，然后空乘人员等待飞机起飞。此时，他们才会在客舱内巡视，检查行李是否放好、乘客的安全带是否系好、座椅靠背是否靠前、小桌板是否收起，并确保维持这样的状态，以保证乘客的安全。

飞机起飞后不久，机长打出了"禁止吸烟"的标识，这标志着客舱服务开始了。空乘人员立即行动起来，推着饮料车和餐车从客舱中部同时向两个方向移动。他们希望能尽快通过机舱，以保证在进入波士顿空域前能提供第二轮饮料。整个航程没有笑话，机长也没有请乘客在"黑暗中寻找光明"，更没有提供免费软饮。当航班最终着陆时，客舱里也没有掌声。

这群空乘人员又一次出色地完成了工作。我观察到，在两趟航班上，机组人员会根据当天的情况，对客舱服务量体裁衣。他们的行为正是航空公司管理层所希望的，因此他们被赋予了很大的发挥空间。

当然，这家公司所有的空乘人员并非都能这样开展工作。事实上，当这家国内航空公司的空乘人员松懈下来，或者因一些或真或假的误解报复公司时，就可能会造成损失。例如，我们采访过的一名空乘表示，他的工作没有得到足够的支持，他对公司的贡献也没有得到相应的认可。在这样的情况下，空乘人员就会尽可能完成尽量少的工作量。由于空乘人员团队是自我管理、无人监督的，所以他们"轻松"的工作方式在数月内都没有被谁察觉，当然乘客除外。有一名在我们研究范围之外的空乘人员利用"聪明才智"，把航班上的部分机票和餐饮服务收入中饱私囊。这种盗窃行为在数月后才被发现。

因为每名空乘人员都发展并微调出了属于自己的工作方式,所以这家航空公司人力资源的利用效率很低。某名空乘人员设计了一项服务计划并打算测试,但是同样的计划其他空乘人员已经尝试过,并且认为这不是个好主意,所以他放弃了,这样的情况很常见。有时,与乘客接触的空乘人员的面孔总是不同,空乘人员的表现也因人而异。在这家国内航空公司中,有时会爆发之前那家国际航空公司中几乎不存在的创造力,但这种创造力有时只会造福空乘团队本身,而不会造福航空公司和乘客。

高效团队:创造力和管理控制可以兼得

现在,让我们回到本章开始时提出的问题。根据这两家航空公司的经验,你将如何确保空乘团队能够始终如一地为乘客提供尽可能高质量的服务呢?

国际航空公司对这个问题的回答是:将客舱服务尽可能设计、规划到极致。这种做法可以确保服务质量的可控性,避免服务质量下降的风险,但是代价巨大,无论是空乘人员个人还是空乘团队,都明显未得到充分利用,这家航空公司浪费了大量的人力资源。而那家国内航空公司的问题却正好相反,它的空乘团队充满活力和创新精神,一有机会就会发挥优势解决问题,但公司内部普遍担忧某个空乘团队可能会失控。相较于那家国际航空公司,这家国内航空公司的管理层更容易夜不能寐。

鱼与熊掌有可能兼得吗?一个人或团队能否既保持一定的稳定性、有自控力、与集体目标保持一致,又实现创造力、敏捷性和学习力?本书希望告诉你的是,如果拥有团队领导力,上述情况的确可能实现。这绝不是小心翼翼地在创造性和控制性两个极端之间探索。卓越的领导力可以使团队在日常工作中既能像国内航空公司的空乘团队那样,在不同航班上果断采取不同的服务策略,也能像国际航空公司的空乘团队那样，在航班紧急着陆后快速进入超常状态，很好地服务乘客。

高效的团队总能很好地服务客户。随着经验的逐渐积累，团队成员会发现更好的配合方式，他们也会成为越来越高效的执行单位。随着时间的推移，团队最终会形成一个场域，每名成员都可以在其中发现衡量个人学习和成就的最佳方法。高效团队能达到以上三个标准。本书的主要目的就是研究领导者如何帮助团队达到这三个标准，并且始终保持在高水平。接下来，我们将深入讨论这部分内容。

团队工作的标准以客户为中心

团队的产出就是产品、服务和决策，这些产出需要达到甚至超越客户在数量、质量和及时性方面的要求标准。客户就是接收、审核或使用这些产出的人。那些在实验室里研究团队绩效的研究人员往往能巧妙地辨别出"有效性"的含义。他们可以构建一个具有清晰可靠的衡量标准的任务，比如一个团队在一定时间内解决了多少问题，或者是否对研究人员要求解决的问题给出了唯一正确的答案。然后，研究人员可以继续实验，研究影响团队有效性的因素。

对于那些在组织层面执行任务的团队，判断其有效性的标准就不那么明确了。例如，组织层面的任务很少有清晰的"对或错"的答案，人们无法用简单、线性的数字来有效判断一个团队的工作表现。即使是那些可以通过计时或计件方式体现绩效的团队，这类所谓"客观"的评价方法也很难说明他们是如何做的局，而且在很多情况下，这往往是最重要的部分。

几年前，我和同事做过一个项目，名为"有效群体"。在这个项目中，玛丽·洛乌·戴维斯-萨克斯（Mary Lou Davis-Sacks）和我一起研究了美国行政管理和预算局的财务分析团队。这些团队的职能是为局长及其他工作人员提供经济分析报告。那么，如何评估这些团队提交的报告呢？

有一种评估办法采用通用的经济研究标准，即经济类期刊编辑在决定一篇文章能否发表时采用的标准，从而对报告的"客观"质量做出判断。但财务分析团队的成员都是公务员，其中许多人拥有经济学硕士或博士学位，他们都知道并会遵守这些标准。如果用这些标准来评估他们的成果，那他们就会觉得很容易达标。

然而，最终团队报告的评估情况如何，以及团队本身会受到什么影响，主要取决于美国行政管理和预算局官员的看法，因为报告是为他们提供的。这些官员希望得到无懈可击的分析报告，因为这些调查结果肯定会受到政治对手的仔细审查。更重要的是，这些官员更在意报告的及时性及对美国总统政策议程的促进作用。如果报告在美国行政管理和预算局局长参与国会听证会后才送达，或主要专注于团队自身感兴趣的问题，那么即便质量很高，这样的报告都会被忽略。更糟糕的是，如果团队报告被认为无用或以自身利益为出发点，这些官员可能就会安排他人做分析报告，这样财务分析团队实际上就被排除在决策过程之外了。

对如何评估团队有效性而言，最重要的是客户的标准和评估。团队本身的标准和评估并不重要，除非在少数情况下，团队是自己工作成果的用户。外部研究人员的标准和评估也不重要，除非具有合理审核身份的人委托他们做评估。甚至团队领导者的标准和评估也不重要，因为他们不太可能接收、使用自己团队的工作成果。团队领导者的工作不是充当代理客户，而是帮助团队确定真正的客户所持的标准，然后尽一切可能助力团队达到这些标准。

针对以上观点，人们或许会提出许多假设性的反对意见，例如，如果客户判断错误怎么办；如果客户的标准太低或太高怎么办；如果客户想要一些不合适甚至不合法的东西怎么办；如果客户连自己想要什么都不知道怎么办；如果同时存在多家客户，而他们想要的互不兼容怎么办。在这些问题中，我们能发现属于团队及其领导者的真正机遇，但如果团队主要专注于自身或领导者定义的绩效标准，那么这些机遇可能永远也不会出现。正确的做法是，明确指出不同客户对"好"的不同定义，以及这些定义与团队自身观点的不同之处，这有助于团队打破常规，实施创新的绩效策略。

专业交响乐团可以算得上大型团队，他们的客户是观众。乐团的音乐家喜欢演奏挑战自身水平的音乐，但很多观众更喜欢旋律优美和熟悉的音乐。20世纪90年代，许多乐团的经济状况逐渐恶化，团队成员和观众之间对什么是一场"好"音乐会的分歧越来越明显。当时若要维持良好的经济状况，大多数音乐厅都需满席，并且票价需定得很高。

在一项针对专业交响乐团和室内乐团的研究中，尤塔·奥尔门丁格（Jutta Allmendinger）、埃琳·莱曼（Erin Lehman）和我发现各个乐团会以不同的方式应对以上挑战。有一个管弦乐团顺应观众的意愿，把自己彻底变成了一个流行乐团。他们的音乐厅里挤满了观众，观众欣赏着最流行的经典音乐。无论是乐团还是观众，都无法跨出各自的舒适区。另一个管弦乐团采取了几乎相反的策略，乐团成员为了在音乐上挑战自我，自主决定了演奏曲目。观众无法欣赏那些充斥着陌生和奇怪音乐的演奏会，捧场的越来越少。这个乐团只关注成员的意愿，几乎不考虑客户的意愿，最后差点倒闭。

还有一个管弦乐团兼顾了音乐家和观众对"精彩演出"的标准，同时采取了一些方法，使观众的标准与乐团的标准趋同。这个管弦乐团的曲目安排是"三明治"式的，在引人入胜的开场曲目和重要的结尾演奏之间，乐团会演奏一些内涵丰富的新式音乐。人们受到开场和结尾的两片"面包"的吸引而步入音乐厅，同时会受到严肃的新式音乐的熏陶，从而可能逐渐开始喜欢这种音乐。

这个管弦乐团通过艺术策划，辅以其他培育举措，如在音乐会前进行相关讨论，改变了客户对"精彩表演"的看法。但是，如果客户故意要求团队做些错误或不恰当的事情呢？在美国行政管理和预算局编制预算最忙的时候，其财务分析团队从他们的政府官员客户那里得到暗示，如果团队报告能更直接地支持政府的立场，那就更好了。例如，关于政府在国债方面的提议可能带来的影响，或许可以省略某些预测，毕竟这些都是推断，几乎全部不可靠。此外，如果报告中包含上述预测，人们对报告里提及的众多积极特征和短期利益的注意力可能就会被分散。团队是否愿意将分析报告向对总统有利的方向微调呢？

当时，财务分析团队的负责人戴维·马赛亚森（David Mathiasen）发现，是时候非正式地拜访白宫的政治部门了，他希望这样能减轻团队的部分压力。马赛亚森向官员解释，为什么只有分析人员尽可能做出完整可信的报告，官员才能得到最大价值。马赛亚森还去见了自己的上级领导，即预算审查部门负责人，并建议负责人向局长重申公务员不被政治化的重要性。

在一段时间内，这些举措确实减少了针对财务分析团队的不当要求，但塑造客户如何判断良好绩效的过程永远不会结束，也永远不够。因此，马赛亚森也同他的分析团队一起直接和广泛地展开工作，确保成员能深刻理解他们的最终使命及相应的行为规范。这些领导力实践加强了团队在遇到政治压力时的应对能力，同时保证了团队能持续地为预算编制做出独特贡献。

有些团队是幸运的，因为包括团队、领导者和客户在内的所有利益相关方对评估团队工作的标准都达成了一致。有些团队没那么幸运，但仍然有很多选择。他们可以培养客户，可以施加压力，可以尝试将更欣赏其产出的客户代替那些冥顽不灵的客户，也可以选择屈服，完全按照客户的要求去做。在不同情况下，这些方法或许都是恰当的。

当客户发现团队工作不尽如人意时，团队最不应该说的是"我们团队做得很好，只是那个客户不懂"。例如，团队制作了一个很棒的新软件包，但客户目光短浅，没有购买；医疗团队制定了一个很有效的治疗方案，但病人不愿意配合；工作人员提出了一个巧妙的运输计划，但局长不同意。这些失败都是团队导致的，都是因为团队没有认真面对一个事实，即良好的绩效指的是团队能做到"急客户所急，想客户所想"。

优秀的团队深知这一点，他们会满足客户的期望；而卓越的团队会主动塑造客户期望，然后超越之。

增强协作，让团队成员共同成长

团队工作中的交流过程会逐渐增强成员合作时相互依靠的能力。在哈佛广场附近，一个留着胡子、看上去像教授的人穿着一件T恤，正面印着"我年纪越大……"，背面印着"……我做得越好"。这句话对这位"教授"来说可能是正确的，也可能不是，但在下一章我们将看到，这句话对很多团队来说都是正确的。随着时间的推移，团队成员会逐渐了解彼此的特殊优势和劣势，从而能熟练地协调各自的活动、预测彼此的下一步行动，并采用适当的应变方式。

有一些团队无法表现出上述状态，比如我观察过的一架波音737飞机上的两名飞行员。这个机组在前一天航程开始时就出师不利，之后情况越来越糟。到了航程的最后一站，机组的气氛越来越紧张。机长在操控飞机，而副机长负责操作无线电设备并操控起落架和襟翼操纵杆，还要密切注意可能有突发状况的空域。当飞机离开跑道时，机长瞥了一眼副机长，几乎觉察不到地点了点头，这是他给副机长的信号，意思是可以收起起落架了。但是，副机长没有回应，他一直盯着驾驶舱外面，查看周围是否有其他飞机。几秒钟后，机长的右手从控制杆上挪开，朝副机长的方向竖起大拇指，副机长仍然没有回应。最后，机长爆发了："收起起落架，该死的！"副机长慢吞吞地转向机长，说："机长，我认为正确的措辞是'飞机加速爬升，收起起落架'。"话音刚落，机长一把抓住变速杆，猛地推上档位。在接下来的那段飞行时间里，机舱内几乎鸦雀无声。

我全程屏住呼吸，希望两名飞行员像真正的团队成员那样协作起来，确保这次飞行不出任何差错。当时，我想起了一次自己的类似经历，当然那次经历没有这么戏剧性。几年前，我所在大学的校长邀请我加入一个委员会，这个委员会的任务是为一个学院物色系主任。如果只从高效团队的3大标准中的第一个来看，委员会算是成功的。校长喜欢我们推荐的候选人，并任命他为系主任。然而，当这一切结束时，我发誓无论如何，都不会与这个委员会的任何成员再合作了。如果校长还有类似的工作任务，他将不得不组建一个新的委员会。我们原来的那个委员会在工作中自我毁灭了。

高效团队的运作方式是创建共同的承诺、培养集体技能、落实与任务相匹配的协调策略，而不是相互对抗和经历失败，那是毫无价值的。高效团队善于在发生严重损害之前及时发现和纠正错误，也善于发现和利用新机会。高效团队会定期回顾自身的运作方式，从失误中吸取教训。高效团队完成工作时比在工作开始前具有更强的能力。

创造意义，促进成员的个人提升

总体而言，团队经验对每个成员的学习和幸福感都有积极作用。团队对成员有多重意义。团队为个人提供了学习的环境，可以让个人在团队中扩展知识面，获得新技能，探索不同的世界观。团队合作能让个人产生归属感，并且在社交环境中，成员会获得自己所属地位的安全感。当然，与他人一起完成任务还可以培养出良好的人际关系，这样的人际关系可能会发展成友谊，亲密程度远超团队刚组建时的成员关系。

如果团队带来的都是积极作用，那么当我在第一天的课程中要求学生们做团队项目，并宣布每名团队成员都将得到一样的成绩时，为什么教室里充斥着他们几乎无法抑制的抱怨声？以前做过团队项目的学生都知道，当一个团队不能有效工作时，一切会变得多么糟糕。作为一位具有同理心的教授，我认为，一些项目团队确实会让人感到沮丧，成员们得到的不是满足感和个人学习机会，而是焦虑。但我向他们保证，参加我的课题小组将有所不同。

事实上，学生们的经历也反映了我自己的遭遇。曾经作为系主任选拔委员会成员的经历，让我非常反感在团队中工作，只要有可能，我更喜欢独立工作。我和我的学生一样，在试图打造一个所有成员都能接受的团队产品时，也曾感到挫败。我从研究和经验中发现，团队会给成员带来压力，让他们彼此疏远，削弱他们对自己能力的信心。许多甚至是大多数团队，为其成员提供的个人学习机会和满足感远远低于他们本该获得的程度。

我不否认所有团队在生命周期中都不可避免地会遇到坎坷，但我也并不认为，一个团队若在给予成员个人学习机会和幸福感方面的消极作用大于积极作用，它还能是高效的。如果团队阻挠成员做他们想做和需要做的事情、未支持成员的个人学习，或者成员在团队中感受更多的是沮丧和幻想破灭，那么实现团队产出的代价就太高了。

准确评估团队有效性的 3 大标准

对团队而言，思考"有效的"表现意味着什么可能需要花些精力，但这是值得的。首先，这样的思考可以促使团队明确自己的价值观，明白团队组建时希望达成的目标是什么。其次，这样的思考可以降低团队成员不经思索、随意使用现有绩效指标的可能性。通过思考，任何人都会认识到：团队必须持续管理整体效能，权衡3大标准的关系，而不能只是关注其中之一。最后，针对各种结构和管理层面的干预模式，清晰的绩效指标为我们的测试和选择提供了标准。有人会问："如果我们这么做了，在我们最关键的标准上，团队所处的位置会受到什么影响？为什么我们会那么想？"这类问题可以进一步引发思考，从而降低善意地干预却导致意外和不良后果的可能性。

评估团队有效性的3大标准是：客户可接受的团队产出、团队能力的提升，以及让成员满意且有意义的团队经验。无论团队的任务和所处场景有何不同，这3大标准都可以用来评估团队绩效，但它们的相对权重在不同情况下会有所不同。例如，如果建立一个临时的自我管理的团队来执行一项非常重要的任务，那么第二个和第三个标准与整体有效性的相关性就可能比较小。然而，有时创建团队任务主要是为了帮助成员获得经验、学习知识并成为一个能干的职能单位。例如，在发动机制造厂的开设过程中，管理层创建了特殊的"核心技能"生产团队，这个团队专门培养成员的技能、丰富成员的经验，以便他们能胜任以后在金属加工团队的工作。在这种情况下，团队任务既是团队成立的原因，也是团队的工作产出。评估这类团队的有效性时需要更多地考虑第二和第三个标准，而非第一个标准。

我强调团队产出应被系统评估，而非只由研究者来评估，有效性的定义中包含社会和个人标准，这同样违背团队研究的传统观点，而且，这些标准本身既不需要非凡的成就，也不需要典型的社会进程。如果一个团队具备有效性，那么团队产出就应获得最终接受或使用产出的人的认可，团队完成任务时的能力就应至少与开始时一致，团队成员在任务完成过程中获得的满足感应能够抵消沮丧感。这里的挑战就在于如何创建能理解、设计和管理团队的方法，帮助他们达到或超过上述中庸的评估标准。

提升团队有效性的 5 个条件

本书中将提出并探讨关于提升团队有效性的 5 个条件，领导者可以借助这些条件来支持团队尽可能地在上述 3 大标准的评估中维持高分。具体来说，这 5 个条件是：真正的团队，而不只是名义上的团队；富有感召力的团队目标；赋能的团队结构；支持性组织环境；专家指导（如图 1-1 所示）。

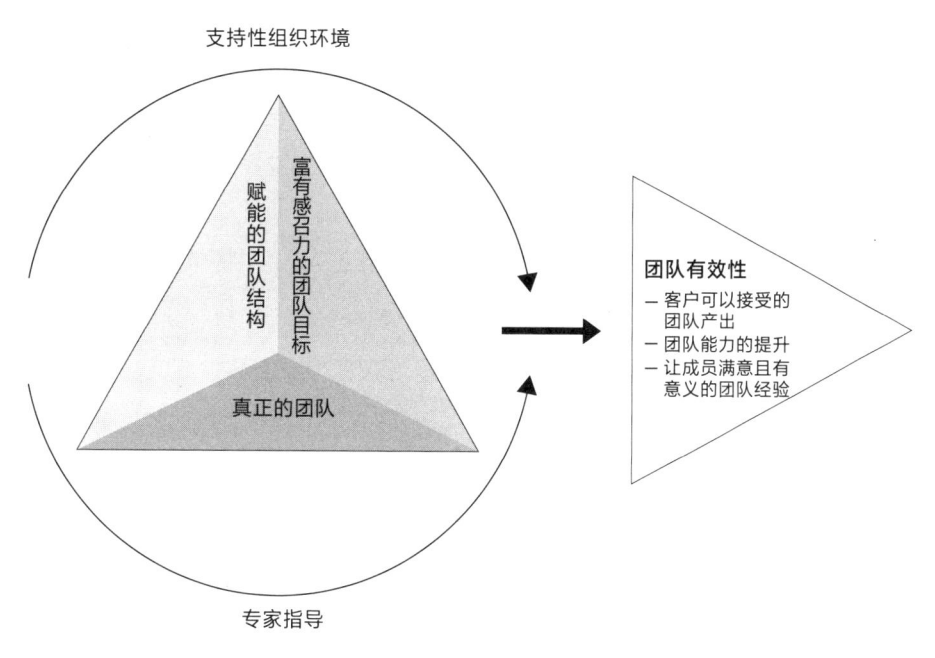

图 1-1 提升团队有效性的 5 个条件

接下来的 5 章中将依次讨论这 5 个条件，第 2 章至第 4 章讨论团队有效性的 3 个核心条件，那就是创建富有感召力的目标和有利结构的真正团队；第 5 章和第 6 章将讨论另两个条件，即支持性组织环境和专家指导，它们能帮助团队在良好的设计基础上获益。第三部分将探讨这种关于团队的思考方式对组织领导力、变革等更大问题的影响。

将发挥团队领导力视为创造条件，从而增加团队成为高效执行单位的机会，这多少有些不合常规。在实际工作中，管理者和管理领域的研究者通常都把领导者的行为视为"原因"，把团队的反应视为"结果"。在这个"因果"模型中，领导者特定的行为和风格被视为决定团队行为和绩效的重要因素。但我认为，领导者的主要责任是创造和维持前文提及的 5 个条件，随着时间的推移，团队在执行工作时，效率会越来越高。

没人能单枪匹马地承担团队领导力的责任。所有参与创造和维持团队有效性提升条件的人，无论是否担任正式的领导角色，都为发挥团队领导力做出了贡献。 对领导者而言，并没有所谓的正确的行为方式。他们需要利用自己拥有的一切专业知识和资源，确保这 5 个条件持续到位。本书中将探讨如何实现这一点、如何才能做得更好，以及那些领导团队的人可以采取何种方法来提升自己的领导能力。

第 1 章　团队高效的秘诀

LEADING 高效团队
TEAMS 搭建法则

> ▶ 一旦团队管理变得程序化，就会抑制团队成员额外的创造力和应变能力，而这正是决定团队表现的关键。
>
> ▶ 有时团队成员过度创新会造成组织内部对团队失控的普遍担忧。
>
> ▶ 高效团队既能保持一定的稳定性、自控力，与集体目标保持一致，又能发挥创造力、敏捷性和学习力。
>
> ▶ 良好的绩效是指团队能做到"急客户所急，想客户所想"。卓越的团队会主动塑造客户期望，然后超越它。
>
> ▶ 高效团队的运作方式是创建共同的承诺、培养集体技能、落实与任务相匹配的协调策略，而不是相互对抗和经历失败，那是毫无价值的。
>
> ▶ 无法在个人学习和幸福感方面给予成员积极意义的团队，不是高效团队。

第二部分

搭建高效团队的 5 个条件

LEADING TEAMS

LEADING TEAMS

第 2 章

条件 1，真正的团队

LEADING TEAMS

一个健康的团队
会让能干的成员更能干。

第 2 章 条件 1，真正的团队

团队如果表现卓越，就会鼓舞人心。人们会想，爵士乐队是如何做到每个成员轮流独奏，却不会弄错任何一个节拍的？在观看一支伟大篮球队的比赛时，人们也会有这种疑问。一名球员朝一个方向做假动作，随即朝另一个方向跨出三步，在他摆脱对方防守的一刹那，他的队友恰好把篮球传到他手上，紧接着投篮也就信手拈来了。这个过程中令人惊奇的一点是，球员和球是如何在同一时间到达同一地点的？

相反，团队如果配合不佳，就会让旁观者都感受到团队的尴尬。球员传球，却没有人来接应，球弹出了球场边线，本该有人接应的配合失败了。传球者觉得他做了自己该做的事情，顿时傻了眼。再举个例子，一支业余爵士乐队完成一段演奏后，鼓手继续打着节拍，但成员们都不知道接下来该谁演奏。乐队成员们相互使眼色，但观众已无法直视这场演出了。

任何在团队中长期工作或观察过团队的人，都经历过上述两种感觉。我们要做的就是采取建设性行动来厘清那些鼓舞人心的团队和令人尴尬的团队之间有什么区别。若要实现这一点，我们就必须避免人类共有的行为倾向，也就是将集体行为的结果轻易归因于个人，特别是在追究责任时。例如，当团队表现出色时，荣誉往往属于领导者，或者某些项目带来的荣誉往往属于某位表现突出的"明星"成员。当团队表现不佳时，人们会不假思索地问："这是谁的错？"最常见的回答是团队领导者，或是在关键时刻掉链子的某个团队成员。

这种将荣誉或过错指定给特定人员的倾向也体现在其他地方，比如在提升团队有效性时对团队成员个人采取的干预措施。此类干预措施大多是为了帮助团队领导者和成员更清楚自己的个性、态度、行为方式等。干预者认为，这些都是影响团队有效性的关键因素，他们假设，如果每个成员都理解自己的个人风格，同时意识到良好的沟通和协调的必要性，那么团队运作将或多或少地自发改善。但我不知道有什么证据能够支持这一假设。

更接近事实的情况可能是：让个人在团队中表现良好的方法是做好团队建设和支持。**一个健康的团队会让能干的成员更能干，一个不健康的团队会引发各种奇怪的个人行为。**具有讽刺意味的是，这些行为竟然可以被用来解释整个团队的问题。因此，要想厘清是什么使团队高效，就要在团队分析这个层面无拘束地自在思考和行动。因为大多数人在日常生活中不会经常这么做，所以我们需要学习和练习。

真正的团队必须是一个整体

下面是一个发给《纽约时报》的"伦理学家"专栏的问题，如果是你，你会怎么回应呢？

> 我儿子所在的曲棍球队乘坐大巴回家时，遇到了竞争对手学校的女子曲棍球队乘坐的大巴，它们停在了一处。我儿子的大巴上，当时坐在后排的两个男孩用非常不雅的动作挑衅了对方。事后，他们的教练命令球队中的所有人在一封道歉信上签名并交给对方。但我劝说儿子不要在上面签名，因为他对这件事没有责任，他当时甚至都不知道发生了什么事情。

该专栏的作者兰迪·科恩（Randy Cohen）的回应如下：

> 你儿子不需要为他没做过的事承认错误。一个人既不应撒谎否认自己的错误，也不应被迫承认自己没犯过的错误。然而，他和他的队友可以在另一封真诚表达遗憾的信上签名，信的内容可以诚实地描述这个不当行为，并提到可能是车上不少人一起哄营造了喧闹的气氛，但只有个别人做了不雅动作。对于体现团队作用和以团队名义所做的事情，团队的所有成员都可以体面地为其负责，但是，你的儿子不需要为两个队友的滑稽行为道歉。

科恩巧妙且恰当地在个人层面和团队层面的解释之间做了平衡。一方面，是两个队员做出了不雅动作，来信者的儿子当然不应该为他没有做过的行为道歉。另一方面，换个角度看，我们可以将这件事理解为球队之间发生的事件，即巴士并排经过时，两支球队之间发生的一种冲突。巴士上的"喧闹气氛"可能催发了那两名最不受约束的球员代表球队采取挑衅行动。

我认为，"伦理学家"专栏的许多读者，以及正在读这本书的读者，或许都不会得出科恩这样的结论。也就是说，大家会认为这件事情至少从一定程度上来说，是一个完整的团队对另一个团队做出的行为。

为了进一步探索团队层面思维的含义，让我们暂停谈论曲棍球队在大巴车上发生的故事，来聊聊发生在商用飞机驾驶舱内的故事。驾驶舱机组成员一般为两到三人，他们担负着安全、高效地驾驶飞机到达目的地的责任。商业航空领域极低的事故率体现了驾驶舱机组人员日复一日的良好表现。然而，一旦事故发生，往往也是因为这个团队崩溃了。通过分析航空事故及其起因可以发现，在绝大多数情况下，即使飞机机械性能良好、足以摆脱险境，机组人员都技能高超、训练有素且健康状况良好，飞机和机组人员也还是有可能陷入险境。在解释事故发生的原因时，无论是那些训练有素的调查人员还是外行，通常都将责任归结于个别机组成员。即使是那些听腻了"飞行员差错"一词的飞行员，也很少使用"团队"一词来谈论工作。

为了说明这个现象，下文引用了一段内容，描述了一次不太顺利的航班着陆情况。

> 在左向22（跑道代号）跑道上，有一群大雁正在飞行，所以当副驾驶查理正在设置仪表着陆系统时，塔台发出指令要求我们降落在31跑道。当时天气情况一团糟，塔台的指令让查理忙作一团，他感到很困惑，操作动作已经跟不上指令了。机长菲尔不得不连续提醒他三次。最后，菲尔也非常沮丧，他干脆自己接管了飞机驾驶工作，亲自驾驶飞机着陆了。

以下是同一故事的另一种讲述方式，看看你能注意到哪些区别。

> 机组在得到自动终端情报服务提供的信息后，想当然地认为这次仪表着陆系统会按照惯例定位在左向22跑道，于是开始闲聊起来。他们没有听到塔台无线电里提到跑道上有一群大雁的信息，所以当塔台在最后一刻要求更换降落跑道时，情况已混乱不堪。查理当时正在操控飞机，糟糕的天气加上不断收到新的指令，让他手忙脚乱。菲尔开始切换无线电通信频率，准备根据最新指令降落，但他没有告诉查理自己在做什么，查理也不太清楚正在发生什么。没人把整件事情梳理清楚，每个人都深感困惑。最终，菲尔也非常沮丧，他干脆自己接管了飞机驾驶工作，亲自驾驶飞机着陆了。

对于当时在那趟航班上发生了什么，这个故事的两个版本提供了完全不同的理解。在第一个版本里，人们听到的是查理出了问题，他搞砸了并非很难的事情，最终不得不由机长菲尔出马解决，这一切都归因于查理个人。

第二个版本是从团队层面来解释的。由于机组没有注意情况的变化，没有预先计划和分配团队任务，成员之间的协作也不顺畅，所以机组人员陷入了困境。这个版本关注机组整体，同时也凸显了机长的团队领导力，这里的领导力与其说是他的行事风格，不如说是他对自己建立和执行的行为的期望。这些内容不太可能在第一个版本里有所体现，第一个版本把机长菲尔置于救世主的角色。第二个版本对航空公司架构，以及机组人员的整体支持战略提出了质疑。机组人员的设置和配备方式、机组管理自己事务的权限、航空公司制定的常规绩效标准等因素，可能是让查理和菲尔有此遭遇的原因吗？

如果要回答这个问题，我们就必须摆脱团队绩效主要依赖于成员的个人特质或行为的观点，转而关注团队本身是如何设计、组建并得到支持的。这样的说法可能听起来很傻，但如果你要很好地领导一个团队，就必须首先确保自己真的有一个团队，然后你要将其作为一个整体而非一群个人来领导。

真正的团队必须具备4大基本特征

真正的团队具备以下4大基本特征：既定的团队任务、明确的团队边界、清晰的自我管理权限范围，以及在合理时期内稳定的成员构成。**要想创建或领导团队，首要的可能也是最重要的任务就是确保这4大基本特征到位。**

真高管 LEADING TEAMS

既定的团队任务

人们都知道弦乐四重奏乐队是一个团队，如果 4 位成员没有同时到场演奏，那这支乐队的工作就不可能完成。人们也知道，一群站在街角等红绿灯的人不能算是一个团队。然而，除了上述极端情况之外，群体（Group）和团队（Team）这两个术语很像投射测试，即人们会出于各自的意愿对它们进行解读。如果人们对团队有不同的理解，那么在谈论团队时可能就会感到失望。①

我在研究生涯中遇到的第一个团队是一家电话公司的核心部门。这家公司的工作人员带着我和我的同事埃德·劳勒（Ed Layler）参观了公司，方便我们为计划中的研究项目做准备。当时我们被安排访问一个名为"主管沙尔巴的团队"的工作组。在我们面前有十几名女性电话接线员，每个人都在各自的控制台工作，与各自的用户交谈，在轮流休息的时候与主管沙尔巴小姐讨价还价。的确，小组成员是在一起工作，但她们唯一真正共享的"要素"只有主管沙尔巴小姐。

这样的团队被称为"共同行动小组"。我们很容易就能判断某人是否在共同行动小组，因为在这样的小组中，成员通常在一起工作，有共同的上级主管，但是每个成员都有一份独立的工作要做，而且这份工作的完成程度并不取决于团队中的其他人。共同行动小组几乎算不上团队，也不是本书所关注的对象，我们关注的是那些成员需要在一起共同完成任务的团队。团队的产出，比如产品、服务或决策，是成员共同担责的结果，且产出被人接受的程度是可评估的。团队产出的形态并不重要，可以是实际产品，也可以是服务、决策、绩效表现以及书面报告。我们不必对工作成果进行实际评估，只需更多关注团队产出能否被认定为其工作成果，且在理论上是否可以量化和评估。如果沙尔巴

---

① 虽然有些研究者会特别谨慎地区分团队和群体这两个术语，但我却不这样做。我交替使用这两个术语，对它们之间不设置任何区别。

小姐的团队被委以集体责任，要处理所有服务请求，比如某家特定客户公司的业务，这个小组的全体成员负责快速处理这些服务请求，那么它就成了一个真正的团队。

现在，很多组织的工作是由那些被称为"团队"但实质上是共同行动小组的群体完成的。在组织中，管理者希望既能够获得团队合作中被广泛称赞的优势，又能够直接管理成员的个人行为。这种想法是不切实际的，因为如果你想得到团队合作的优势，那么你就必须放手让团队去工作。所以在此就要做出选择：要么为团队设计工作，要么为个人设计工作。如果设计得好，上述任一策略都能产生很好的成果。但如果发出了相互混淆的信号，那就糟糕了，可能工作实质由个人完成却顶着团队的"帽子"，或工作的确属于团队责任却在实际操作中变为直接监督个人。

有时，管理者对工作任务设计的选择是受限的，因为有些任务只能由团队来完成，比如弦乐四重奏或多方谈判，而有些任务则不适用于团队合作。但在大部分情况下，很多工作任务既可以由个人也可以通过团队来完成。在这种情况下，明智的管理者不会急于将工作分配给团队，而是会仔细权衡团队执行任务的利弊，避免将由个人实际可以更好完成的任务分配给团队。

创意写作就是一项经常被分配给团队但其实不应该这么安排的工作任务。据我所知，至今没有一部伟大的小说、史诗或交响乐是由团队创作的。同样，这类工作还包括构思、组织和表达想法，或者在某些情况下表达个人潜意识深处的信息，这些任务本质上更适合个人而非团队来完成。即使是准备委员会报告之类的工作，虽然这与创作小说、诗歌或乐曲相比算是非常平凡的工作，但由一个有才华的人编写所呈现的质量，也总是比一群人一起写的要好。

高管领导力的很多方面也是如此。尽管人们目前非常关注高管团队，但我阅读管理文献后得出的结论是，成功的组织几乎总是由一个有才华且勇敢的人来领导的，而不是由一个团队来领导，无论这个团队中有多少出色的成员。正如许多高管所发现的那样，顶尖人才很少停留在团队里。此外，最吸引人、最有力量的企业愿景总是个人智慧的产物，它由一位愿意承担风险的领导者提出，刚好超越他人认定的组织能力极限。

除了创意写作和高管领导力，还有许多其他类型的任务是个人比团队更能胜任的。一个常见且致命的错误是，将一项需要个人最大程度释放能量才能做好的工作分配给团队去完成。管理者在组建团队时的首要职责是确保工作任务适合以团队形式完成，并且完成这个任务需要成员相互依赖，最终共同实现可评估的集体成果。如果上述条件无法满足，事实上很多时候也确实无法满足，那么此时的明智之举就是将工作安排给个人，而非团队。

明确的团队边界

为了更好地合作，团队成员需要明确其他成员是谁。如果成员很难说清谁真正属于这个团队，那他们又怎么能清晰地区分谁对集体目标负责，谁不是团队成员但可以以不同方式在团队中发挥作用？拥有一个界限明确的团队并不意味着成员必须同时在同一地点完成他们所有的工作，也不意味着成员不能随着环境的变化而改变，而仅仅意味着成员们知道谁是团队成员。这点看似简单，但事实上，有数量惊人的团队都在此栽过跟头。

我曾经研究过的一个金融机构工作小组就在这个问题上陷入了麻烦。这个团队的任务是制订工作计划，使多个地区网点的规定和实践方法得以标准化，因为这些地区的网点长久以来已经形成了各自的办事方式。这个团队由一位高级副总裁组建，他曾经是这家金融机构的主要客户。这位副总裁为了保证所有重要观点都能得到充分表达，将公司若干关键职能部门的代表安排到了这个工作小组中，包括一些他认识并信任的与公司有业务往来的其他国家的人士。他进一步要求，只要能够带来有价值的视角，团队可以招募更多来自其他职能部门或其他地区的公司成员。他还鼓励团队与咨询公司的专业顾问密切合作，帮助公司聚焦并优化其产品线。

工作小组的第一次会议在公司总部举行，大多数总部职能部门的代表都出席了会议，但总部以外的代表却无人出席。该小组随后在总部举行的其他会议也由不同部门的成员参加，有时碰巧正好公司的海外代表也会参加。这些会议让工作小组负责人和其他固定参会者感到沮丧，因为总有首次参会的成员提出已经在上次会议中被讨论并驳回的"新想法"。此外，一位不属于该工作小组的高管也曾在会议上提出了一个想法；还有一两位外部顾问偶尔会来参会，他们更多是作为观察员，没有积极参与讨论。工作小组运行了大约一个月后，小组负责人前往欧洲与海外成员交流，此前这些成员主要通过电话或电子邮件发表意见。然而，小组负责人却从他们那里又带回了一套全新的想法和观点，供总部的成员参考。

这个工作小组从未像一个高效团队一样运作。成员们从未明确及形成真正的团队所具备的特定职能和共同行为规范，也没能激发团队能量，提交出令客户满意的高质量提案。最终，小组负责人非常沮丧，在其他几位成员的建议下，他撰写了提案并提交给了高级副总裁，然后就主动请辞了。这个小组从来没有产出共同的团队成果，因为这里从来没有存在过团队。

边界不清晰、任何人都能随意进出、内部成员都无法确定的团队，遇到困难是很正常的。组织心理学家克雷顿·奥尔德弗（Clayton Alderfer）将这些团队称为"无边界"系统（underbounded system）。奥尔德弗指出，无边界系统的主要威胁是：其中的成员"完全陷入了动荡的环境中，失去了团队自身的身份和一致性"。无边界的团队几乎不可能通过开发和实施连贯的策略来执行某项工作。

当然，也可能发生相反的情况。一个具有紧密且无法渗透的边界的团队是奥尔德弗所说的"边界过度"系统（over bounded system）。一个边界过度的团队就像一座孤岛，虽然成员和团队身份完全清晰，但团队相对周遭环境而言是封闭的。团队成员有可能忽视重大的环境变化，甚至即便他们注意到了变化，但对其做出适当反应的能力也很有限，并且他们不会进行对于团队绩效来说至关重要的跨界交流。

边界过度带来的风险是真实存在的，尤其是地理位置非常孤立的团队，比如远离总部的新工厂或长期远程运营的咨询团队。但是，无边界是组织团队工作中更常见的问题。由于边界不明或过度渗透，团队会遭遇功能障碍，这在前文提到的金融机构工作小组这类专业团队和管理团队中尤其普遍。奇怪的是，管理者通常不太重视去明确由其同级或直接下属组成的团队的边界，而更重视为由普通成员组成的一线团队创建清晰的、可适度渗透的边界。

几年前，我受邀与一家大型保险公司的高管团队会面。该团队由大约24名高管组成，每名高管的主要职责是负责各自业务部门或领导由支持人员组成的部门。这家公司的首席执行官告诉我，在尝试让自己的高管团队成员为整个公司的健康发展承担共同责任的过程中，他越来越沮丧。就高管团队成员而言，他们和首席执行官一样对每月一次的会议感到不满。人人都想知道，到底是什么原因让这群才华横溢、高度专注的高管无法组成一个团队。

然而，这群高管在一起组成的真是一个团队吗？从某个角度来看，他们只是共同行动者罢了，因为每名高管的主要职责是对各自部门的绩效负责。虽然对公司高管来说，定期开会肯定是个好主意，但他们谁都不清楚为什么要开会，或者他们作为团队一员应该做些什么。这里有一件事是肯定的，那就是首席执行官不希望他们真正掌管公司。尽管这样会使整个高管团队变成一个真正的任务导向型团队，而管理公司会成为首席执行官个人的工作。

而且，这个高管团队的成员相互之间并不了解。他们人数众多，很难保持相互沟通和联系，尤其当某些成员无法亲自参会时，会指派副手去参加。这个高管团队既没有清晰的定位，也不存在公认的流程和使命。这就是一群界限感不足的人在开会，而非真正能执行工作任务的团队。

企业管理者和专业人员组成的团队尤其会面临无边界的风险，因为他们的主要工作总是涉及与其他林林总总的个人和团队展开广泛、频繁且密集的接触。这种特性不可避免地会模糊核心团队的边界：正如马丁娜·哈斯（Martine Haas）在研究某家大型国际开发公司的知识密集型项目团队时发现的状况。当哈斯向管理者询问她需要研究的团队成员名单时，经常会得到这样的回答："嗯，不太清楚，这取决于你想如何定义'团队'。"即使是经常担任团队领导者角色的人，也无法给她明确的成员名单。每个人都很清楚，有些人是团队的核心成员。但除了核心成员之外，其他成员的身份是模棱两可的，因为有些人勉强算是成员，有些人可能为团队提供信息或资源，但实际上并不是团队成员，还有些人显然不是团队成员，但他们对团队的工作至关重要。这就好像是一个无差别的梯型结构，从团队的核心成员一直延伸到其他团队成员，他们各自不同的参与度对团队绩效都很重要。哈斯最终通过区分核心成员和其他成员来解决她的研究问题，但她无意中发现了一个组织问题，这个问题对她研究的部分团队来说仍是一个潜在的重大障碍。

几乎在每一个有目标的组织中，它们在管理层面和专业领域都有着规模不同、存续时间各异的团队。管理和专业工作本身并不适合组建单一的团队，其中的成员只是在此长期工作。相反，一个人也可能同时在各种不同的团队中服务，这些团队的形成、变化和消失就像多风海滩上的沙丘一样频繁。例如，在某家金融机构中，几乎所有专业人士都同时在多个团队中工作。一些团队的预期寿命似乎能无限延长；一些团队是为了完成特定任务而组建的，所以在任务完成后会解散；还有一些团队是为了解决一个突发的紧急问题而迅速组建的，在不确定或快速变化的环境中只有团队合作才能解决问题。但是即使是临时团队，由于其成员也需要为其他团队服务，所以它的组建也要通过深思熟虑，构建适当的边界。相比于"永久团队"，"沙丘团队"更需要有清晰且可适度渗透的边界。

管理者和专业人士有时候表现得好像她们不需要明确自身所处团队的边界，不需要按照他们对下属的普通团队所要求的标准行事。某位高管曾告诉我："我们在这类事情上很有经验，这是我们每天都在做的，所以不需要纠结于这些细节。"或许从事管理和专业工作的人比其他人更擅长处理模糊和不确定性，当然我对此存疑，但许多类似团队存在无边界的特征，这让他们更难证明自己在团队合作方面到底做得有多好。

具有讽刺意味的是，许多高管团队可以从一线团队身上学到很多关于建立和维持清晰团队边界的知识。让我们回想一下在第 1 章中出现的美国国内航空公司的空乘团队，在培训期间组成的 4 人团队具有明确的边界和稳定的成员。当航班上旅客人数不多，无须所有 4 名成员都参与客舱服务工作时，其中的一名空乘就可以留在公司办公室做其他工作，另外 3 名空乘仍旧负责客舱服务工作。尽管随着情况的变化，空乘人员会被灵活地安排做不同的工作，但整个团队的边界仍然很明确。

相比之下，半导体制造工厂的生产团队必须应对团队成员的不断变化，这种变化是团队完全无法控制的。制造工厂所需的人员数量与该公司收到的团队产品订单数量直接相关，而每月订单数量差别很大。如果订单积压，管理者就会雇用额外的员工；如果产能过剩，少数级别较低的团队成员就会被解雇或勒令休假。生产团队的状态像一个不断膨胀和收缩的球，偶尔才会出现团队成员相对稳定的时期。

当生产经理决定给其所辖区域的团队赋予更多管理自身工作的职责时，形成更清晰的团队边界的机会就出现了。该团队的新职责之一就是管理其团队边界。生产经理评估出当产品需求量处于绝对最低值时完成工作所需人员的数量和组合，并指定这些人为核心团队成员。这样，核心团队成员的工作就得到了保障，除非整个产区关闭，他们都不会被解雇。作为稳定工作的交换，生产经理要求核心团队根据产品需求的变化来管理团队人员的增减。

最初，核心团队遇到了阻力，因为增减人员需付出情感成本，而这原本是管理者的职责，但团队直面挑战，很好地解决了这个问题。这个团队逐渐开发出自己的人才库，当产品需求增加时，人才库中的人选将受邀加入团队。核心团队成员投入时间和精力来提升这些人员的技能，使他们能够迅速参与工作。随着时间的推移，这些临时工也开始认同这个团队，并培养出一定的忠诚度。

半导体生产团队无法消除引发其规模频繁扩大和缩小的产品需求波动，但通过赋予核心团队控制自己成员数量的权力，生产经理明确了这个团队的边界，从而极大降低了团队受到因无边界而引发的不利影响。

音乐演奏和芯片制造非常不同，这点大家都很容易理解。然而，总部设在纽约的管弦乐团奥菲斯室内乐团（Orpheus Chamber Orchestra）与半导体生产团队却面对着同样的问题，而且几乎以相同的方式解决了它。该乐团由26名成员组成，由于室内乐的曲目中很少需要这么多演奏者，所以当演奏作品需要的演奏者较少时，人数不是问题，乐团可以采用与前述空乘团队相同的策略，让不参加演奏的乐团成员做其他事情。当乐团要表演规模更大的作品，需要更多的演奏者时，他们就从纽约地区的自由音乐家中招募人员。当奥菲斯室内乐团的成员无法参加演出时，许多这样的"编外"演奏者也可以作为替补。随着时间的推移，乐团成员已经非常了解"编外"演奏者中哪些是水平较高的。虽然"编外"演奏者既没有得到未来给予工作的保证，也没有参与乐团决策的权力，但事实上他们中的一些人已经成为乐团的准成员。此外，在某些极少数情况下，当管弦乐团的岗位有空缺时，这些"编外"演奏者总能成为主要的候选人之一。管弦乐团同半导体生产团队一样，既保持了明确的团队边界，又在某种程度上保证了其工作所需的灵活性，同时让核心成员熟悉替补人员的储备情况，并且替补人员随时可供调遣。

刚才描述的三个团队，即空乘团队、半导体生产团队和室内管弦乐团，都在各自的组织中负责一线工作。尽管工作的性质不同，但这些团队在建立和维护明确的团队边界方面都曾经面临并克服重大挑战。相比之下，虽然许多管理团队和由专业人士组成的团队也面临着类似的挑战，但他们却不太会接受这些挑战。我建议那些在组织中领导或服务于高层级团队的人士关注并向一线团队学习，既实现明确的团队边界，又能在任务需求发生变化时表现出人力资源部署的灵活性。

清晰的自我管理权限

我们已经明确了团队的工作任务和团队成员，接下来就是明确团队的权限了。明确权限是个好主意，否则，团队成员就会在工作时含蓄地试探。在试探过程中，他们决策时可能会过度胆怯，也可能会大胆越权。避免这种误差的唯一方法是，管理者在团队成立之初就明确团队拥有的权限，同时确保团队成员清楚他们有权和无权决定的事项。虽然在团队合作的许多方面，一些模糊性处理是有价值的，比如我们将在第 3 章中看到的，给团队成员留有余地有利于他们就团队目标提出自己的想法，但团队的权限不在此例。

当管理层将权力授予团队时，团队领导者和成员通常都会产生一定的焦虑、恐惧和矛盾心理。"这是你团队的责任了，你对团队的所有行为负责"，这句话在现实中会让有趣的人际和情感"汁液"开始流淌，不仅流淌于团队及其管理者之间，也流淌于团队成员之间。因此，团队无法保证行使的是被赋予的

第 2 章 条件 1，真正的团队

权限之内的权力。我观察过许多案例，有些团队实际上并未充分行使其被赋予的权力，有些团队则不当行使了自身未被授予的权力。前者在团队的形成早期更为常见，当管理者过于乐观地认为团队成员已准备好接受之前由他人负责的事情时，他就会过早地给予团队成员过多的权力。而后者在团队获得一些经验并取得了一系列成功之后更为常见，此时成员可能会自作主张，尤其是在他们的工作地点远离总部时，他们可以随心所欲地行使权力。因此，领导者需要展示高度的领导力，来帮助团队接受权限并尽可能避免他们感情用事（见第 7 章）。

在决定一个团队的权限时，请认真考虑谁能最好地实现任一组织都必须实现的 4 大功能。第一个功能是最基本的功能，那就是执行工作，即依靠体力或智力来完成任务。第二个功能是监督和管理工作流程，即收集、解释工作如何进行的相关数据，并根据需要采取纠正措施。第三个功能是设计执行单位和安排所需的组织支持，即将任务结构化，决定谁将参与执行，制定工作行为规范，确保团队成员拥有足够的资源和支持来完成工作。第四个功能是为团队设定目标，即制定共同的目标和愿景，将其分解成无数小任务，这些小任务需要所有致力于完成目标的团队或组织的成员付出注意力和精力。

这 4 大功能在团队和组织中有多少是分配给团队成员，有多少掌控在管理者手中，不同的分配方式会带来巨大的差异。在本书中，"管理者"指的是那些主要负责指导和组织他人工作的人。在图 2-1 中，我们可以看到 4 个自治层次逐级增加的团队，这取决于它们拥有的 4 大功能的权限。

管理者领导的团队的成员只有执行实际任务的权力。如图 2-1 所示，管理者负责监督和管理团队工作流程、设计团队结构及团队文化，并设定整体目标。在这样的团队中，管理者负责管理，一线执行负责层执行工作任务，这两个职能需要尽可能分开。

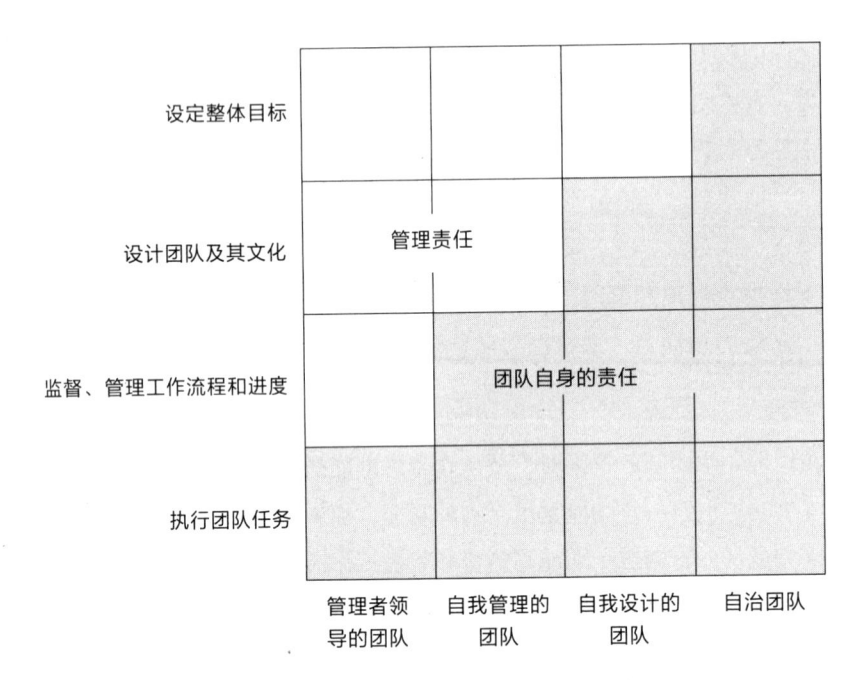

	管理者领导的团队	自我管理的团队	自我设计的团队	自治团队
设定整体目标				
设计团队及其文化	管理责任			
监督、管理工作流程和进度		团队自身的责任		
执行团队任务				

图 2-1 权限矩阵：团队自治的 4 个层次

资料来源：美国心理学会（the American Psychological Association）。

自我管理的团队成员不仅负责执行工作任务，而且负责监督和管理自身工作流程。这种类型的团队经常出现在刚刚投入生产且承诺度高的工厂，也在专业工作中很常见。例如，一家服务提供商的团队拥有共同的责任，即应快速高效地处理来自客户的请求；一支施工队的所有成员都会自觉追踪工作进度，并据此调整自身的工作策略，从而按时按计划完成工作项目。

在自我设计的团队中，成员有权调整所在团队的结构和组织环境。管理者为这些团队设定整体目标，但给予成员在其他工作方面的全部权力。管理工作小组（management task forces）通常是自我设计的团队，比如康妮·格希克（Connie Gersick）曾研究过的由 4 位银行高管组成的团队，他们负责创建一种全新的货币市场账户。新法案允许银行提供这类账户，法案一通过立法程序，这个团队的成员就开始了非正式的交流。在团队咨询了银行首席执行官和工作会受新产品影响的相关部门负责人后，团队完成了自身的组建，并且定义了自己的任务，那就是竭尽全力确保在得到许可的第一天，银行就能够向市场提供此类账户。团队的整体目标是由授权账户产品的法律条款决定的，但成员几乎能够控制除此以外的其他所有事情。此外，格希克的报告还提到，首席执行官亲自授予了这个团队自我设计的权力，他对团队说："这个产品一定要做到最好！"无论是在团队应该如何运转，还是在团队该如何展开工作方面，他都没有向团队下达任何指令。

自治团队负责所有4大功能。团队成员自己决定团队要做什么，组建团队及其文化，管理自己的绩效，并实际执行工作任务。自治团队包括一些立法机构、公司董事会、社区服务机构的咨询委员会、工人合作社和专业合伙人。

第1章所述的国际航空公司的空乘团队位于自我管理类别的下限位置，虽然他们确实负责监督和管理大部分工作，但只是因为这些工作在管理者视线范围之外进行。这家公司针对空乘团队的管理策略很明显，就是让空乘人员执行由总部管理者为他们详细构思、设计和规划的工作。相比之下，国内航空公司的空乘团队则是自我设计的团队。这类团队不仅执行和管理自己的客户服务工作，而且有权对自己的结构做决策。成员们在小组成立之初选择自己的队友，他们决定当天的飞行是否需要4名成员都在场，并选择每天由哪名成员担任组长。只要他们的决定与公司的总体方向一致，并保持在管理层明确的少数"必须要做的行为"和"永远不能做的行为"的约束范围之内，团队就可以自由地按照他们认为合适的方式组织工作。

这两家航空公司的空乘团队所拥有的权限大致构建了本书研究对象的权限。我们不会在管理者领导的团队上花太多的时间，因为这样的团队总会造成人力资源的浪费。对管理者来说，实时指挥和控制这类团队工作的方方面面都只是所谓科学管理的一个版本。对个人和组织来说，这种管理带来的障碍在过去几十年里得到了充分的证明。此外，我们也不会深入分析自治团队的特殊决策状态。

无论是在企业、公共机构，还是在非营利性组织，我们都能看到自我管理和自我设计的团队，即图2-1中的中间两列，这些团队广泛存在，遍及各个部门。当这些团队的设计和领导得当时，它们可以成为自我修正和可再生的集体资源，这个组织的特性会增强而非消耗人力资本。但当它们出现问题时，可能会对组织和个人造成真正的伤害。如果管理者能做到明确界定团队的权限，确保团队成员理解他们职责的范围和限制，团队和组织就更有可能实现价值提升，而不是价值消耗。

在合理时期内稳定的成员构成

我们已经看到，那些边界极不明确且无法真正确定谁是成员的团队几乎肯定会在工作执行时遇到困难。但那些一直以来成员组成都相当明确稳定，但下一刻随时可能发生变化的团队会怎么样呢？这个问题的答案很清楚：成员稳定的团队比那些必须不断处理新老成员交替的团队表现得更好。

正如我曾读到的文件所述，上述论断是无可辩驳的。这就是为什么当我登上航班时，偶尔会有一种冲动，想走进驾驶舱，随意地问机组人员："这是你们第一次一起执行飞行任务吗？"这样的冲动很愚蠢，实际上我从来都没有这样做过。但我之所以会产生这个想法，是因为美国国家运输安全委员会的一些分析，这些分析对航空公司及其乘客都有深远的影响。美国国家运输安全委员会的工作人员梳理了该机构的数据库，统计飞机驾驶舱机组人员最有可能遇到麻烦的情况。他们发现，在数据库中，73%的事故发生在机组人员一起执行飞行任务的第一天，其中44%的事故发生在第一次执行飞行任务的机组人员身上。机组人员在飞行生涯的初期阶段最容易发生误操作,因为他们还没有积累经验,习得如何以团队形式来执行飞行任务。

美国国家运输安全委员会的分析支持了美国国家航空航天局艾姆斯研究中心更早期的发现。当时,该研究中心想评估疲劳对飞行员行为的影响,但却出乎意料地发现了团队成员在一起执行任务的价值。美国国家航空航天局的研究人员招募了一些飞行员,他们刚从连续多日的飞行任务中返回。研究人员让他们与刚刚休假几天的飞行员都在飞机模拟器中模拟飞行,难度相同,并对两组飞行员的表现进行了比较。正如人们所料,从多日的飞行任务中返回的飞行员确实非常疲惫,所以当以个体为单位进行实验时,这些飞行员比休息充分的飞行员犯了更多的错误。但令人惊讶的是,当以机组为单位进行实验时,疲惫的机组犯的错误明显少于休息充分的机组。团队共同工作的经验能够消除个人疲劳的不利影响。

成员基本稳定的团队表现更好的原因有很多。成员之间彼此熟悉,对于共同工作的目标和环境也很熟悉,所以能够适应并专注于一起工作,而不必浪费时间和精力去面对新同事或新环境。他们发展出共同的绩效心理模型,随着时间和经验的积累,他们能表现出比个人刚加入团队时更强的整合能力。他们发展出共同的知识体系,团队所有人都能共享该体系。他们也建立起了社会心理学家丹·韦格纳(Dan Wegner)所说的"交互记忆",即成员们彼此充当辅助记忆者,这可能让他们拥有超过任何个体的记忆。他们了解团队哪位成员对工作的哪些方面特别熟练,进而能将这位成员的知识和能力融入团队整体的能力体系。他们知道该如何恰当地安排那些在团队合作方面或工作层面尚不熟练的成员,从而不过度干扰团队实现目标的进程。渐渐地,成员们很可能形成对团队的共同承诺,并彼此关怀。

以上这些都是功能良好的团队的积极特性,但它们本身都不是确保团队达成卓越绩效的主要或唯一机制。相反，这些特性是相互作用的，每个特性都对其他特性产生建设性影响。领导者无法采取某项具体的行动来确保这些特性的形成。与其他所有人类系统和社会系统一样，团队会以自己独特的方式发展。但确实有研究表明，将团队成员集中在一起而不是以个人为单位进行培训，可以快速提高团队绩效。相比于独自学习，团队成员一起学习如何一起工作，然后再聚在一起进一步培养他们的共同能力，这样几乎肯定会发展出一个更高效的执行团队。

前文总结的研究结果对管理政策的制定和实践具有显著的意义。例如，在民航领域，机组成员应该一同接受培训，然后在相当长的一段时间内保持机组团队完整、稳定，这样他们就有机会发展出拥有最佳绩效的团队。此外，在所有飞行任务中，机组都应该驾驶同一架飞机，并配备相同的空乘人员。机组的领导者就是机长，他应该在每次任务前以团队名义做简报，从而尽可能减少机组受到来自新环境的影响。

然而在大多数航空公司，机组人员单独接受训练，机组的人员构成也在不断变化。航空公司长期以来按照劳动合同的相关条款，基于论资排辈的体系，将飞行员强制分配到各个航线、职位和航班。例如，在我和我的同事曾经研究过的一家航空公司中，一个常规飞行日中可能总共会涉及两三次飞机更换，以及同样频次的机组人员调整。在另一家航空公司，机组人员通常在一到两天的任务时段内会遭遇一到两次的人员变化。我曾观察到一个典型的例子，某趟航班的机组人员在起飞前设置驾驶舱数据时得知，副驾驶鲍勃由于个人原因无法执行飞行任务。在等待预备飞行员时，我问机长他是否对最后一刻机组成员的变化有所担心。"没问题，"他回答说，"这家公司的每个飞行员都熟悉自己的工作，新的副驾驶将接手鲍勃的位置。"因为当时航班已经晚点，机长要求延迟起飞，同时要求在预备飞行员到达后立即进行起飞前清单检查。然后，发动机起动、滑行、起飞……一切运行正常。只是在飞机进行爬升时，机组人员才开始相互自我介绍。

为什么航空公司管理层、飞行员工会和政府监管机构都努力提高飞行安全，却没有根据上述研究结果施策和实践呢？我与这些机构的代表进行交流后，总结了两个原因。第一个原因是，他们不想去相信这些研究成果。他们都认为，如果一个团队长时间保持稳定构成，成员间彼此会相处得过于舒服，在执行清单检查等标准程序方面会变得松懈，并且很容易原谅队友的失误。在团队形成的初期阶段，成员们确实可能会更好地一起工作。这个阶段内，学习完成得很快，然后团队就进入了平稳期，在某种程度上，成员之间过度熟悉的情况开始出现并主导他们以后的互动模式。因此，最好的实践是让新成员不断在团队中流动，使团队成员保持警觉。

每个人都是这么认为的，但事实并非如此。诚如人们所说，精心设计的团队的成员确实能相当快地学会如何在一起工作。但是，除了研发团队这一特殊类型的团队外，我至今还没有找到任何证据来支持这样的观点，即团队成员在长时间待在一起之后的，学习行为会停止，正向趋势会发生逆转，团队表现逐渐变差。组织研究人员拉尔夫·卡茨（Ralph Katz）发现，当研发团队的成员在一起工作大约三年时，这些团队的生产力就达到了顶峰，然后开始衰落。这项研究本身是关于团队合作的，从团队合作角度来说，新成员的适度流动确实有益处，这种益处可能源自新成员带来了新的想法和观点，团队此前无法接触到这些想法。最好的团队能无极限地自我提升，正如一对夫妇的婚姻在50周年时肯定比一开始更坚固，或者像瓜奈利弦乐四重奏乐队（Guarneri String Quartet），这支乐队的成员在一起演奏超过30年，他们不断提升各自的音乐创作水平。

管理者和政策制定者轻视团队成员稳定性的第二个原因是，这样做往往会破坏传统的组织实践，限制成员对日程安排和工作分配的选择，并且会增加大量成本。例如，大多数美国航空公司采用论资排辈体系，它为个别飞行员，尤其是年长的飞行员提供了在选择日程安排方面的高自由度，而航空公司基本没有任何促进机组人员完整性和稳定性的措施。此外，在分配工作任务时，以个人为单位比以整个机组为单位更有效率，特别是在具备其他条件的情况下，如果整个机组都必须在一段时间内待在一架特定的飞机上，这会降低分配效率。这种调度策略的经济成本可以计算出来，数字并不小。一位航空公司分析师为我做过粗略的计算，让固定机组人员在一起工作每年要花费数百万美元。他说，在竞争激烈的行业环境中，这个成本是不可接受的。

事实上，保持团队成员的稳定不一定会增加成本。例如，对隧道挖掘工程而言，使用构成稳定的团队施工已被证明能够产生显著的经济效益。记者弗雷德·哈普古德（Fred Hapgood）就此事采访了美国地下空间协会（the American underground-Space Association）的分析师霍华德·汉德威斯（Howard Handewith），据汉德威斯说，长期构成稳定的团队建造约 1.6 千米超导超级对撞机隧道的造价仅需 500 万美元，约为大型常规隧道建设成本的 1/3。哈普古德在报道中说："隧道施工团队刚完成芝加哥供水系统和达拉斯地铁工地项目，团队成员熟悉彼此及其工具。汉德威斯相信这些事实已经表明，团队的稳定性作为团队的一个特性，其回报未来可期。"

即使保持团队的稳定成本巨大，也必须在这些成本与团队绩效不合格所耗费的实际成本之间进行权衡。如果因为工作安排和各种实践，成员们不可能组成稳定的团队，那就会产生不合格的团队绩效。我们的研究表明，尽管很难量化，但这也是一项巨大的成本。事实上，当团队工作足够重要，同时金钱不是问题时，就会采用完整的团队来进行航空运营。美国战略空军司令部（Strategic Air Command）的战机就以完整的机组为单位实施训练和排班。飞机的维修人员也都是以完整的团队来编制，机组人员和维修人员都被分配到某架固定的飞机上。一位曾帮助培训这些机组的同事在报告中说，除了极少数例外，他们的表现都非常出色。然而惯性的力量是强大的，在民用和军用航空领域，传统做法仍然存在，尽管越来越多的证据表明，那些做法几乎肯定没有充分发挥飞行员的聪明才智和内驱力。

以上这些都只与驾驶飞机的机组有关吗？不！模糊的团队边界和团队成员的不稳定性对许多不同类型的团队都是普遍且有害的问题。这些团队包括项目组、高管团队、销售团队，以及越来越多成员身处异地、团队结构不稳定的虚拟团队。正如我们将在这本书中看到的，领导者可以为其所建团队做出的最重要贡献是，建立和维护一个能够用来培养和支持合格的团队合作的组织条件。但是，要想实现这一点，就需要先有一个相对稳定的团队。相对稳定的团队可以让成员有机会积累共同的经验，并从中学习，这本身就是保持团队团结的充分理由。更重要的是，团队的稳定性使卓越的团队领导力成为可能。

为提升团队有效性奠定基础

创建真正的团队就像为建筑打地基，如果地基设计得合理且坚固，那么建造者就可以继续放心地搭建其余的结构部分；如果地基不稳，那么这个建筑将永远不会具备应有的坚固特性，引人注目的地面设计和优雅的室内装饰都无法弥补基础的缺陷。

组织中的团队也是如此。真正的团队的规模可大可小，权限亦可大可小；其存在可以是临时性的，也可以是长期性的；其成员可以身处一地，也可以身处异地；其工作任务可以是多种多样的。但是，如果团队的规模太大，生命周期太短，或者成员因过度分散而彼此脱节，以致整个团队无法作为一个完整的社会体系来开展工作，那么它的前景就会变得暗淡。

明智的领导者通过创建真正的团队来为团队有效性奠定基础。正如我们在本章中看到的，这个基础的含义是确保任务确实适合团队合作，并且需要成员通过相互支持来完成。构建团队有效性的基础还包括建立清晰的、可适度渗透的边界、明确赋予团队管理自身工作的实际权限，以及确保团队长期保持相对稳定的人员结构。

真正的团队是提升团队有效性的 5 个条件中的第一个，并且真正的团队是实现其他条件的先决条件。建立了真正的团队的管理者会有更多更好的选择，能够为团队设定一个富有感召力的目标（第 3 章），创建赋能的团队结构（第 4 章），为团队工作提供组织支持（第 5 章），以及提供专业的指导实践，帮助成员高效地工作（第 6 章）。轻视真正的团队的基本特征不仅会让团队及其客户处于某种风险中，也会让团队领导者自身的工作变得更困难。

LEADING TEAMS 高效团队搭建法则

▶ 要想领导好团队，就必须将其作为一个整体而非一群个人来对待。

▶ 管理者在组建团队时，首要职责就是确保工作任务适合以团队形式完成，如果无法满足这个条件，那么不如安排给个人。

▶ 真正的团队拥有明确的团队边界，也能在任务需求发生变化时表现出人力资源部署的灵活性。

▶ 如果管理者能明确界定团队的权限，确保成员理解他们的职责范围和限制，团队就更有可能实现价值提升。

▶ 要想建立和维护一种能够用来培养和支持合格的团队合作的组织条件，就需要先有一个相对稳定的团队。

LEADING TEAMS

第 3 章

条件 2，富有感召力的团队目标

LEADING TEAMS

有一半成功机会的目标，
往往能带来最大的团队动力。

第3章 条件2，富有感召力的团队目标

我们到达大霍恩山脉脚下的登山营地，准备挑战前方绵延不绝的某一座山峰。我们一边啜饮咖啡，一边规划登山路线。这时，领队提出了一个关键问题："我们接下来要挑战哪座山？是克劳德峰，还是其他什么山？你们怎么看？"有人大胆提出意见，有人提出异议，还有人提出替代方案。到晚上睡觉的时候，有些人更执着于自己之前的想法，有些人开始沮丧，有些人开始愤怒，包括领队在内。此时，我们还是没有决定明天要去攀登哪座山峰。

你是否有过这样的经历：周末的大部分时间都花在决定一家人该如何度过这个周末上；工作组在临近报告的最后期限时，成员仍在为这份报告的目的而争论；为了找到一种让所有成员都满意的任务构建方法，团队一次又一次地改变问题的解决方法。

很多人都经历过类似的挫折，因此，他们会尽可能避免在团队中工作。但事实并非总是如此，请看以下表述，并想一想，如果是你，你的感受如何。"下周末我要组织一群人去攀登大霍恩山脉。那片山脉里有很多有意思的山峰，我想我们应该去克劳德峰试试。这次攀登极具挑战性，因为那座山一到下午天气就会变得非常糟糕，也许我们只有一半的登顶机会。但有人告诉我，从那个山顶上看到的景色非常棒，我想至少应该尝试一下。你愿意加入吗？"

这样的体验就完全不同了。在这段表述中，团队领导者的目标很明确（这就是我们要攀登的山峰）、吸引人（攀登这座山峰很具挑战性，我们可能做不到，但如果成功，就会令人兴奋），并且团队为个人提供了选择（你愿意加入吗）。相较于那些关于团队应该做什么的开放式讨论，上述场景中的邀请更有可能吸引、激励和引导团队成员。

我的同事们认为，团队赋能的唯一方法是各方充分参与，直到达成共识，但我要冒着冒犯他们的风险，从上面这个小例子中推断出一个关于团队自我管理的结论：高效团队不可能自我管理，除非有权威人士为团队的工作设定目标。

这个论断看上去似乎自相矛盾，毕竟这是向那些本应自我管理的团队的成员发布命令。可难道本应自我管理的团队真的无须在团队目标上做出一致的决策吗？是的，不需要。当然，权威人士确实可以就团队目标与团队成员、其他相关方广泛协商，也可以多次公布、测试和调整草拟的目标说明。协商和调整是很好的实践，因为这能提升团队保持正确目标的概率，而且也确实可以促进团队成员对目标的接受程度。但在某个时候，那些在团队中享有权威的人必须负起责任，为团队指明该"攀登哪座山峰"。

到底谁适合为团队设定目标，要视情况而定。有时是团队领导者，比如我们的登山队就属于这种情形。有时是团队之外的人，比如管理者通过组建委员会来审查组织问题，并提出改进建议。有时是团队本身，比如合伙人、董事会等自治团队。

设定团队目标的关键是，明确谁拥有制定团队目标的权力，然后确保这个人或团队能胜任此项任务，并能令人信服、意志坚定地行使这项权力。团队的绩效在很大程度上取决于这项任务的完成质量。

第 3 章 条件 2，富有感召力的团队目标

富有感召力的团队目标具有 3 大作用

为团队设定富有感召力的目标能带来多重优势。这样做可以激励团队，可以吸引团队成员的注意力并引导他们行动，并能发挥团队成员的才能。概括而言，即 3 大作用：激励团队、定位方向和促进行动。这些都是重要优势，但团队要想获得这些优势会面临重大的挑战，其中对领导力的要求远比做一场鼓舞人心的演讲或在墙上张贴一份共同愿景声明高得多。

激励团队

1961 年，当约翰·肯尼迪提出美国载人登月计划的目标时，他并没有组建委员会和进行投票，而是出席国会会议，行使总统职权，在电视上向美国人民宣布，美国"应该致力于在这个 10 年结束之前，实现将人类送上月球并安全返回地球的目标"。马丁·路德·金也没有通过全民公投来决定非裔美国人在美国争取种族平等斗争的未来目标，而是在 1963 年，站在林肯纪念堂前，从道义出发，发表了《我有一个梦想》的著名演讲，这场演讲阐述的愿景通过影像至今仍激励着无数的观众。

我们都会为自己的行为和生活方式寻找使命和意义。当有人清晰、明确地表达出愿景，提升我们的使命感或者强化我们的生命意义时，我们心中的动力源泉就会汹涌澎湃。约翰·肯尼迪和马丁·路德·金就做到了这一点。即便是那些可能在载人登月计划或民权运动的目标上做出其他选择的人，也会发现这些领导者所表达的愿景激励了自己。伟大的政治和宗教领袖都精于此道，他们擅长创造并传达能团结、激励众人的愿景。然而，当领导者的愿景无法鼓舞人心时，他很快就会被人们放弃。几乎在每一次的美国大选中，都会有竞选人在初选开始时就表现不佳，原因就是竞选人无法为国民描绘出极富吸引力的愿景。

069

真高管 LEADING TEAMS

无论是对于组织和团队的领导者，还是拥有广泛选民的领导人，建立富有感召力的团队目标都很重要。戴维·马赛亚森身为美国行政管理和预算局财务分析团队的负责人，克服了领导力方面的巨大挑战，他的做法充分说明了团队目标的重要性。马赛亚森的部门负责为美国总统的预算主管提供政府预算经济分析。当时，罗纳德·里根刚刚击败吉米·卡特成功竞选美国总统，他任命戴维·斯托克曼（David Stockman）为预算主管。新一届政府就职后不久，斯托克曼就会见了马赛亚森和行政管理和预算局的其他高管。斯托克曼告诉他们，行政管理和预算局应立即着手废除卡特的预算，代之以能够体现新总统政治理念的预算。并说，要实现这个目标，行政管理和预算局的每个人都必须做出非凡的奉献，他把他的高期望说得非常清楚。

马赛亚森也想知道，如何才能让他的财务分析团队做出非凡的奉献，毕竟他们刚刚为卡特的预算付出了巨大的努力。那份预算不久前刚完成，现在却要被毫不留情地舍弃了。他要如何做才能让团队成员重新开始一项他们才刚完成的任务呢，尤其是在里根的预算肯定会让部分成员反感的情况下？财务分析团队不是政治任命的，而是由公务员组成的，他们的政治倾向各不相同，有民主党人，也有共和党人。如果团队成员共同编制一份保守的政府预算，他们之间会产生多少冲突呢？

马赛亚森的解决方案是，他给团队成员提供目标。他并没有把所有人召集到一起，然后发表魅力四射的演讲。相反，在不按特定时间表行事的情况下，他从一位成员到另一位成员，从一个团队到另一个团队，分别进行讲解，确保每个人都明白财务分析团队的真正使命。他在讲解时所传递的主要内容如下：

虽然听上去很老套，但我们在这里的目的是"为民主服务"。我们不制定政策，但我们要确保那些制定政策的人能够得到最优信息。你们中的一些人认同里根和斯托克曼设定的优先事项，另一些人认为他们俩的建议将令国家陷入社会灾难和经济灾难。

作为一个美国公民，我对他们正在做的事情也有一些看法，但我的个人观点在我们的工作中不重要，你们的个人观点也一样。我们是这个星球上唯一有能力为总统和他的主管提供全面、有效的分析报告的人，我们的分析可能会对他们的政策产生影响。行政管理和预算局局长任命的各位副局长做不到这一点，因为他们既没有时间，也没有专业知识。此外，他们必须不断接受政治立场的考验，即使是局长本人，也无法做到。但是如果我们的工作没做好，局长就会找那些能做好的人合作。另外，国会预算办公室为政府的其他部门工作，他们的工作职责与我们完全不同。

因此，这项任务就责无旁贷地落在我们肩上了。你们中崇尚里根所作所为的人会感到高兴，因为你们的分析报告将为里根提供信息，使他可以迅速实施自己的政策。而你们中那些厌恶里根所作所为的人，也可以对一个事实感到欣慰，那就是在拥有完整准确的数据信息后，里根对这个国家造成的伤害可能会比在没有这些数据或得到失真数据时小很多。

无论你们的个人政治观点是什么，归根结底都能得到同一个结论，那就是如果总统和他任命的主管拥有完整可信的数据，美国的民主将运行得更好。坦白来说，我不知道我们能否在现有的时间内完成所有工作，这将是一个耗时耗力的工程，但我们都是专业人士，所以行动起来，让他们看看我们的能耐。

最终，这项工作顺利完成了。即使是那些选举时毫不犹豫为卡特投票的工作人员，也自觉、自愿地同团队一起在夜晚和周末加班，他们为重建国家预算尽了自己的一份力。这就是富有感召力的目标带来的激励团队的力量。

定位方向

我们眼前就是克劳德峰，登山队的所有成员都注视着它。当知道要爬哪座山时，我们立即就拥有了一个共同的关注点，同时也让自己免受那种无序状态的影响，因为如果一个团队或组织的每位成员都只朝着自己最喜欢的方向前进，这种无序状态就会出现。然而，也许最重要的是，我们对目标山峰的选择给团队制定了一个共同的标准，以此来测试其他行动方案。当走到一个岔路口时，我们会问自己哪条路更有可能带我们走向目标。当然，一路上仍然会有些模棱两可的地方。有时，这条小径看起来直通山脚，其实却不然。但即使是在模棱两可的情况下，拥有清晰的共同目标感也能帮助团队成员对各种选择进行排序。正如戴维·坎贝尔（David Campbell）在关于职业决策的书中说，个人行为的不确定性不亚于模棱两可的团队任务，如果你不知道自己将要向哪里去，你很可能最后就去了别的地方。

对职业生涯而言，"别的地方"有时会是个惊喜，任务导向型的团队也会遇到这样的情况。例如，在研发工作中，团队追求某个特定目标，有时却会出人意料地在完全不同的事物上获得重要发现。辉瑞公司的科学家在评估枸橼酸西地那非作为降压药物的可能性时，意外地发现了它有治疗勃起功能障碍的功效。就这样，在没有任何计划的情况下，他们发明了万艾可（Viagra）。

对一些团队来说，清晰的团队目标几乎是自动形成的。体育运动团队的成员不需要在每场比赛开始前通过小组讨论来明确他们应完成的目标，他们参加比赛就是为了获胜或为了力争胜利。当服务器宕机时，计算机系统团队的成员也不会争论他们的目标，他们应当让服务器尽快恢复正常使用。但对许多团队，甚至绝大多数的团队而言，团队成员就攀登哪座山峰之类的问题达成一致

第 3 章　条件 2，富有感召力的团队目标

都远非易事。

这个问题对管理团队的影响尤其致命，因为管理团队的主要工作是组织和监督实际由他人执行的工作。管理团队总是要攀登多个山峰，其中大多数目标不仅是合理的，而且对企业的长期健康发展也很重要；管理团队还经常需要处理服务器宕机之类的问题，也就是需要对必须经过仔细斟酌的严重问题即刻采取行动。这种团队应如何明确并保持一个目标，帮助成员在诸多选项中做出明智的选择呢？

一些管理团队通过只专注一个目标来解决定位问题，比如股东价值最大化。这类做法可以帮助团队成员减少焦虑感，甚至可以引导他们在不确定中找到合理的路径。但要实现任何一个超乎寻常的愿景，总有多种途径可走，而哪条途径的成功概率最大，可能还远远不清楚。此时，团队需要一些对团队日常决策更有用的具体做法。

以上就是美国人民航空公司（People Express Airlines）创始人唐纳德·伯尔（Donald Burr）在公司成立之初所面临的挑战。伯尔希望创建这样一个组织，相较于当时的典型航空公司，他创建的组织能激发和调动成员更多的才能和活力。美国人民航空公司的员工都被称为"管理者"，而且被赋予管理者的职权。他们必须在日常工作中不断做出决策和判断，无论他们的工作是驾驶飞机、接受预订，还是支付账单。伯尔意识到，他的员工需要某种模板来帮助他们决策，而且任何全局层面的愿景描述都太过于笼统，对员工而言没有太大的实际用处。

伯尔的解决之道是在公司开始运营前几个月召集公司高管，要求他们制定一份原则清单，让公司里的每个人，从他自己到新员工，在决定如何开展工作时都考虑这些原则。高管们经过全面的讨论，确定了第 1 章所列的 6 大指导原则（服务员工的个人成长、成为最好的空运服务供应商、实施最高质量的管

理、成为行业典范、简单化，以及利润最大化）。每个人都在这些原则的解释和应用方面接受了密集、反复的训练。当在不确定的情况下做决策时，员工必须对这些原则了然于胸，并且严格遵守。例如，如果某天的最后一趟航班临时取消，该公司的登机口服务团队必须在这些原则下决定如何应对这个航班的乘客。正因为没有单一的愿景可以用来做出公司的所有决策，美国人民航空公司的管理团队不得不持续思考如何在不同的行动方案中做出决定。即使在有些情况下，这些原则之间似乎存在冲突，但经过几分钟的讨论，团队往往能得到正确的处理方法。这些原则合理具体地指导共同实践，为公司团队提供了可行的工具，用来开发或选择适当的任务绩效策略，并且在环境变化时修改该策略。[①]

像美国人民航空公司这样的商业组织受到市场经济规律的制约，这有助于团队明确目标，即使是对那些还没有像一线团队那样将工作界定清晰的管理团队也是如此。在公共机构和非营利性组织中，尤其是在那些目标和价值观崇高且抽象的组织中，设定团队目标可能会更加困难。正如我们所看到的，马赛亚森的高度抽象的价值观（为民主服务）对美国行政管理和预算局的团队是有意义且可行的。但在我曾经访问过的一家小型合作报社中，团队目标设定上的问题要大得多。这家报社有两大主要愿景：一是向读者提供主流媒体无法提供的信息和观点，二是为团队成员提供有意义的工作经验。在这家报社的成员努力实现上述愿景时，问题就出现了。报社成员都推崇民主理念，致力于人人充分参与。该向谁提供什么样的信息和观点？什么才算是有意义的工作？是所有人都平均分配报社经营所涉及的全部工作，还是让某些人的工作比其他人更有趣或更有成就感？尽管报社成员花费了大量时间和精力来讨论这些问题，但都

---

① 虽然有类似工具可供选择，但并不意味着所有的团队都会使用，或者那些使用这个工具的人能很好地发挥它们的作用。例如，尽管美国人民航空公司坚持这些原则，但部分个人和团队仍然认为它们"只是一堆好听的话术"而已，继续我行我素。团队目标本身并不足以确保团队能做出针对工作策略的优异决策。正如第 6 章所述，必要的专家指导通常能帮助团队学习如何发挥有力的、能够清晰传达的团队目标所带来的优势。

没有明确能具体指导他们工作实践的团队目标。而且，在一定程度上，由于团队目标不明确，这家报社从未在圈内成为新闻的可靠来源和人们就业的理想去处。

清晰的团队目标可以引导成员，进而为他们提供一个评估自身该如何继续工作的模板，也就是他们的任务绩效策略。如果工作自身不能明确目标，那么团队中负有领导责任的人就应当做些有助于明确目标的事情。如果团队在没有明确目标的情况下持续前进，团队成员就无法清楚、高效地进行自我管理。这种情况还会引发关于团队主要目标的无休止争论，就像我在那家合作报社看到的情形，这些争论分散了团队成员的精力。而且从长远来看，当善意的人们相互交流的主要目的是为了凸显他们反对的事情时，个人的幻灭感和团队的无力感就会产生。

促进行动

体育运动团队即将参加一场比赛，这是一场冠军争夺赛；今天是审查委员会来审查新课程的日子，课程团队希望自己设计的新课程能通过审查；这次会议是团队争取百万美元合同的最后一搏；这是我们说服美国参议院下属委员会支持我们提案的唯一机会。在上述所有情况下，团队的目标都非常重要。而且毫无疑问，在这些关键时刻，代表团队的成员必须是最有能力的成员，在其他成员的支持下，他们尽其所能实现团队的目标。

如果你去观察职业运动队、大学运动队、少年棒球联盟球队和在工作午休时临时组建的球队是如何发挥队员的才能的，并注意其中的不同之处，就会获得良好的启示。名列前茅的运动队会尽可能地仰仗团队里最好的运动员。如果比赛结果足够重要，那么团队里二流的运动员就会为了团队利益而愿意做替补。临时发起的比赛规则却正好相反，因为比赛的最终结果对任何人都没有影响，并且发起比赛的主要目的是让每个人都得到锻炼和乐趣。少年棒球联盟球队更像后者，而不是前者，它的目标是为孩子们提供学习和锻炼的机会，而且要寓教于乐。不过有时候，小队员在教练或父母的推动下无法理解这一点，所以他们会把本队搞得像一支职业运动队，非常看重比赛的输赢。

当工作任务很重要时，我们会不遗余力，倾尽所有可用的知识、技能和经验来达成目标。当工作任务不那么重要时，我们会将团队的新成员或能力较差的成员放在第一线，支持他们获得经验。所有团队成员都对团队该怎么做拥有相同的发言权，或者团队成员在球场上或讲台上拥有相同的出场时间，我们会暂时搁置所有类似的团队准则。下面这个案例可以说明这两点。

我们都为专题小组报告的分析和解读做出过很大贡献，但是现在我们必须向市长汇报相关看法和建议，而且只有20分钟的时间。我们4个人是每人花5分钟汇报这份报告的不同部分，还是让团队里演讲技巧最佳的那名成员代表团队进行汇报，其他人则准备回答市长可能提出的所有问题呢？如果处理的问题足够重要，那我们就会正视团队中每个人在表达技巧上的差异，让个人表现的欲望服从于我们最重要的目标——让市长认真考虑我们的建议。

团队内部的成员区分会让成员产生强烈的情绪反应。曾经作为一名高中篮球运动员，我的优势是身高。在一场淘汰赛中，我几乎百发百中，基本上怎么投篮都能进筐。这场比赛真是扣人心弦，当时我们落后一分，离比赛结束只剩几秒钟，这时球出界了。希尔曼教练告诉我们接下来该怎么做："把球传进内线，然后抛给底线的大个子。理查德，接到球就立即投篮。"以前从来没有人对我说过这样的话，我觉得自己全身正闪闪发光。几十年后，我在一个社区管弦乐队演奏低音长号。我们准备演奏的一首乐曲开头小节里包括了一段略有难度和有表演风险的独奏乐段。我反复练习那几小节，感觉自己状态很好。后来在一次排练中，指挥转向坐在我左边的优秀的大号演奏者，对他说："萨姆，

第 3 章 条件 2，富有感召力的团队目标

你为什么不在这段上与低音长号演奏者一起演奏呢？"我顿时感觉很尴尬。

这些都是小事，但我却产生了很强烈的情绪。这就是人们直接或间接地从队友那里得到关于他们能力的反馈时所发生的情况。因为团队成员能力参差不齐，所以他们的情绪容易波动，由此团队只能经常求助于领导者，即教练、指挥或主任代表团队处理这些问题。只有最成熟的自我管理的团队，才能做到自始至终且正面有效地管理团队成员之间的能力差异，而不是将责任推给团队领导者，或者将合适的人放到合适的岗位，同时保住那些请求遭到拒绝的成员的面子。

奥菲斯室内乐团是世界上最好的室内乐团之一，它处理成员专业能力差异的水平也属一流，这是我亲眼所见的。在这个乐团，把问题转嫁给乐团指挥是不可能的，因为乐团根本就没有指挥。当乐队排练时，音乐厅里总会弥漫着各种各样的想法和意见，只有乐团成员能权衡它们。由于乐团成员多年来一直在一起演奏，所以他们非常了解彼此的优势和不足，他们不会一言不发，而是会以一种公开务实的方式运用这些信息。无论是排练莫扎特的钢琴协奏曲、罗西尼的序曲，还是演奏当代作曲家的新作品，成员们都会特别认真地倾听其他成员的评论。因为乐团的演奏者都致力于呈现完美的演奏水平，对他们而言，每场音乐会、每张唱片都是至关重要的。另外，他们对乐团成员的音乐品味和优势异常了解，这使整个乐团在合奏时能最大程度发挥其成员的学识、技能和经验。

好的团队目标能充分发挥团队成员的才能。团队成员不仅会在他们做重要事情时更努力，而且会尽可能利用团队的所有学识、技能和经验来实现共同目标。当一个团队拥有意义重大的目标时，就很少会出现这种情况：团队的部分成员幸灾乐祸地旁观，而另一些成员却努力地完成任务。相反，人们会看到，团队的每个成员都致力于将自己那部分的工作做到极致。有时，人们还会看到才能更高或经验丰富的团队成员指导那些仍在学习过程中的同事。

光说不练是不够的

好的团队目标有诸多优势，可以显著提升团队高效执行任务的可能性。富有感召力的团队目标具备挑战性，它能激励团队成员，产生强大的集体动力，使团队表现良好。好的团队目标是清晰的，能指引团队成员朝着共同目标前进，有助于他们制定和使用完全适合实现这一目标的工作策略。好的团队目标意义重大，能调动团队成员的才能，鼓励团队发现并充分利用成员的学识和技能。

从表 3-1 可以看出，好的团队目标的三个特性都有其特殊的功能，使团队在一定程度上获益。每个特性都可以加强另外两个特性带来的益处。一个极富挑战性的团队目标除了提升团队成员的动力之外，还能够激发成员的潜能。清晰的团队目标可以为团队提供更加聚焦于任务的动力，也有助于团队成员制定和执行合适的绩效策略。富有感召力的团队目标集三大特性为一体，为团队带来最大的益处。

表 3-1 好的团队目标的特性、功能和益处

特性	功能	益处
挑战性	激励团队	提升动力
清晰性	定位方向	使绩效策略与团队目标一致
重要性	促进行动	充分发挥成员的知识和技能

为了获得富有感召力的团队目标的益处，团队的目标实际必须具备挑战性、清晰性和重要性。光说不练是不够的，哪怕是一位极富魅力的领导者亲自向团队发表鼓舞人心的讲话也是不够的。人们会倾向于借助修辞手法，试图让团队目标看起来比实际更富有感召力，就像在古老的故事中，建筑队长激励搬砖工人，让他们相信自己正在建造一座大教堂。即使这一手段起作用了，它带

来的影响也只是暂时的，因为工人很快就会知道他们日复一日的工作其实就是搬砖。如果某位团队成员实质上从事着微不足道的工作，那我们就不可能通过清晰描述团队目标来激励、引导和吸引他。

明确目标后，要不要规定实现的方法

富有感召力的团队目标是提升团队有效性的关键条件，但设定目标时，应该具体包括哪些内容呢？团队目标是应该主要或仅仅关于团队的最终目标，还是应该包括团队在实现这个目标过程中的方法说明？或者，在假定团队以正确的方式开展工作，并几乎肯定会获得理想结果的前提下，团队目标是否应该主要与方法有关？

这些问题的答案如图3-1所示。为了促使团队成员自我管理、以目标为导向进行工作，创建团队的人应该持续行使权威，明确团队的最终目标，并且始终不去限定团队追求目标的方法细节，正如图3-1右上象限所呈现的状态。我们还发现，团队无论处于其他三个象限中的哪一个，都将导致严重的团队绩效问题或使大量团队资源无法获得充分利用。

明确目标而非方法

前文中，马赛亚森设定美国行政管理和预算局财务分析团队的目标时，采用的方法是将团队直接置于右上象限。他坚持自己的权威，明确团队的主要目标，但避免详细规定团队成员实现目标时使用的分析方法。毕竟团队成员都是受过训练、高度专业的经济学家，他们对最先进的经济分析技术的理解肯定比马赛亚森本人更丰富。即使不是绝大多数，很多行业中高效的自我管理的团队也处于同一象限。

是否明确说明团队的目标

	否	是
否	无序状态	自我管理、以目标为导向开展工作
是	团队"熄火"（最糟糕的状态）	浪费人力资源

是否明确说明实现目标的方法

图 3-1　为方法和目标设定方向

当目标明确而方法未明确时，团队成员能够充分利用他们的知识、技能和经验，去设计和执行符合团队目标和环境的工作方式。事实上，他们其实是被默许这样做的。而且，当成员共同努力制定良好的绩效策略时，他们就必须重新审视自己的总目标。"不，那样不行，"一位团队成员可能会很肯定地说，"因为这无法给我们提供足够的偏差量。"另一位成员可能会回答："但就这套组件来说，我们真的不需要那么高的精度。"在随后的讨论中，成员们会回顾、完善并深化他们对共同目标的理解。这样可以降低犯错的可能性，使团队成员避免去追逐一开始看上去正确，但事实并非如此的团队目标。

图 3-1 右上象限的团队所施行的只需要专注于方法的模式，几乎所有执行任务的团队都能从中受益，对于工作可靠性要求高的团队尤其重要，比如核电站的运行团队、飞机驾驶舱机组人员和外科手术团队。只需专注于方法的模式也会增加团队想出创造性想法或解决方案的可能性，这类想法是永远无法预先设计的。事实上，对创建团队、设定团队目标的人而言，情况也是如此。

第3章 条件2，富有感召力的团队目标

明确目标而不去细抠方法对于领导力的要求更高，领导者并不是向团队明确说明富有感召力的目标之后便可以一走了之，让团队成员完全依靠自己来实现目标。本书后续章节会分享，领导者可以且应当做很多事情来支持团队，包括为团队提供赋能的团队结构（第4章）、确保组织系统和实践支持团队的工作（第5章），以及提供针对性强、时机恰当的指导干预（第6章）。

全面质量管理项目的跨职能分析团队所做的研究表明，赋能的团队结构、支持性环境和专家指导在增强富有感召力的团队目标上非常重要。在全面质量管理体系中，跨职能分析团队进行项目研究，来开发或确认"最佳"的工作方法，这些方法有助于工作流程尽可能可控。

尽管如何才能更好地完成任务是由团队来决定的，但团队成员都接受了良好的分析技术培训，并得到了各种各样的工具，可以用来开发或确认改良和简化工作流程的合理方法。这些工具以及组织为团队提供的工具使用方法的培训，大幅提高了分析团队的成功概率。

除了提供工具和培训，对管理者来说，明智的做法通常是明确团队目标的外部限制，这可以降低风险，避免团队成员由于过度热衷于实现共同目标而采取团队无法接受的或不道德的行动。在第1章中，我们介绍了美国某航空公司的客舱服务团队的职责就是尽一切可能提供良好的飞行体验，让乘客再次乘坐该航空公司的航班。这个整体目标是通过"3C"体系（完整、干净、沟通）来实现的，每名空乘人员都铭记于心。但是，在决定如何实现这一整体目标时，管理层对空乘人员的自由度进行了明确的限制，要求他们必须遵守预定的安全操作规则，不得为了取悦或安抚乘客而赠送酒水。该航空公司的空乘团队拥有很高的自由发挥空间，而且他们还有许多有用的工具和资源，但这个自由发挥空间具有明显的界限。即便是处于右上象限的团队，即使他们有很大的自由度来决定如何实现既定目标，自由的边界也必须是明确的。

既明确目标也明确方法

当工作特别重要时，例如，如果团队工作失误有可能导致灾难性后果，那么你就该让团队处于右上限。在这个象限里的团队面对预料之外的问题、信息或机会时，能够做出灵活、高效的响应。他们不必严格遵守详细的程序规则，也不会寄希望于既定的程序能够应对所有意外。然而具有讽刺意味的是，执行高度重要工作的团队的管理者经常会将团队置于右下象限，既明确团队的主要目标，也明确实现目标的方法。这样的团队与专业交响乐团有更多的共同点，因为交响乐团的成员的职责不会超越演奏既定的乐谱和指挥的手势。相较而言，善于自我管理的弦乐四重奏的成员在演奏曲目和如何演奏方面具有很高的自由度。交响乐团就像一支足球队，由于教练对球队队长缺乏信心，所以球队在场上的每次变阵都是由教练站在场边指挥的。

处于右下象限的团队当然可以有杰出的表现，但他们交付的成果更多取决于团队领导者制定的战略的质量。团队领导者会激励团队成员去实施他们已被告知的事情，但不会激发团队成员现有的能力或潜能。团队领导者详细界定方法和目标的做法确实可以巩固其对团队的控制，使他的焦虑保持在适度范围内。但领导者个人舒适感的获得是以人力资源的大量浪费为代价的，因为这种做法既无法充分利用成员的才能和经验，也排除了团队临场发挥的可能性，而有时这种临场发挥会决定成败。领导者的舒适感还会带来这样的风险，即领导者会更热衷于确保自己对团队成员活动的控制，而不是思考如何更好地引导团队成员实现主要目标。

全面质量管理项目同样具有启发性。如上文所述，跨职能分析团队会仔细检查工作流程，并推荐改良和简化工作流程的合理方法，这类团队通常都有明确的团队目标，而且也会为其成员提供相当大的空间，以使他们找出进行分析工作的最佳模式。改进后的工作方法一旦获得认可并记录在册，就会被列为标

第3章 条件2，富有感召力的团队目标

准流程，并在整个组织中推广。实际采用这些流程的一线团队的成员对自身工作的自由决定权可能会急剧弱化。全面质量管理过于专注工作流程中的细节，这让人想起了科学管理鼎盛时期的工业化工程，当时工作流程设计者为需要执行的工作设定"一个最好的工作方法"，然后一线工作人员只需依照这个流程准确地完成这项工作。正如第2章所讲，上述方法的代价是很明显的，既包括工作质量方面的缺失，又包括人力资源的浪费。

令人惊讶的是，航空公司驾驶舱的机组人员有时也会处在图3-1的右下象限，成为不良运作机制的牺牲品。以前，商用航班的机组人员能够完全掌控他们的工作，尽其所能地让乘客安全、舒适、愉悦地到达目的地。后来，机组人员的工作得到越来越复杂的技术和信息方面的帮助。然而，随着所谓的"玻璃座舱"的出现，机组人员的角色发生了转变，玻璃座舱指的是机组人员使用的数据通过数字化处理显示在类似显示器的屏幕上。以前，这项技术是服务于飞行员的；现在，在最先进的飞机上，飞行员只是设定技术程序，飞机实际上是由程序驾驶的，飞行员则监控过程，确保一切顺利。在一些现代飞机上，发送给飞行员的指令是通过数字信号而不是液压系统或机械设备传输的，有些指令还可能是通过程序执行的，飞行员实际上无法改动设计者预先设定的参数，比如飞机的倾斜角度。尽管设计者和管理者的初衷是好的，但他们已经严重限制了机组人员管理自己航班的自由。

随着驾驶舱技术的日益成熟，驾驶舱程序也变得越来越标准化，这种变化一方面是由技术需求推动的，另一方面是由航空公司管理者和监管机构为提高飞行安全性而实施的新政策和新实践推动的。尽管标准化毫无疑问地提高了安全性，但我们现在可能开始看到的情况是，一个原本非常好的想法会带来一些意想不到的负面影响。例如，让我们设想一下在发生飞机事故或严重安全事件后将会发生的事情。美国国家运输安全委员会总能找出引起事故的一项或多项直接原因，并建议整改以降低同样的事故再次发生的可能性。通常在这个过程

中会引入技术保障措施，如报警信号或开关保护装置，还会要求机组人员参加单次或多次的新培训，甚至要求机组人员今后必须遵循额外的操作程序。这些行为本身无一例外都是好的，但从来没有人考察过它们对机组人员及其工作产生的共同影响。

所有出于善意增加的程序手册、安装到机舱的自动化设备，以及用来提升效率或乘客服务质量的管理指令，可能正在引发政策分析师所说的"反向效果"。例如，旨在减少贫困的公共项目有时会无意中令穷人深陷于贫困状态，而不是帮助他们走出贫困。当然，如果赋予驾驶舱机组人员太多的自由发挥空间，就会导致驾驶舱内纪律松散，成员无法预测其他成员下一步将采取的行动。然而，即使是出于安全考虑，过度标准化的程序有时也会导致飞行员在监督系统和执行程序的过程中缺少理想状态下的专注和细致，这种情况尤其发生在航班例行飞行，看上去一切正常的时候。

如果所有驾驶舱机组人员在程序标准化和自主性两方面达到良好的平衡，那么人人都会保持警惕，积极主动地管理飞机及其系统。而且当情况需要出色的团队合作时，也就是在标准程序不够用的情况下，机组人员就会随时准备好克服困难，取得理想结果。一边是可能引发混乱的自由放任式管理，一边是无休止的标准化管理侵蚀了领导者发展和领导团队的能力，在这两者之间取得平衡无疑是一个巨大的领导力挑战。无论团队是在万米高空，还是在办公室或工厂，团队领导者都需要从管理层获得清晰且有吸引力的团队目标，也需要足够的行动空间来满足目标期望，并对自己权力的外部限制有足够的认识。

既不明确目标也不明确方法

20世纪60年代末，美国正处于青年学生运动时期，当时甚至连教授的权威都会遭到怀疑。比尔·托伯特（Bill Torbert）当时还是一名博士生（后来成为波士顿学院的教授），他和我共同教授耶鲁大学管理心理学的本科课程。当时我们忧心忡忡，思考着该如何让学生沉浸到我们觉得很有趣的学习材料中，而不受其他事情的影响，比如教室外可能正在进行的抗议活动。从自己的价值观和时代特点出发，我们的策略是发展一套独特的教学方法，将我们的授课过程作为探索实质性课程内容的载体。课程以学习小组的形式展开，每个小组由大约8名学生组成，学生们将以新颖且吸引人的方式，相互交流各自主题中所学到的内容。每个小组都会出一名成员参加课程指导委员会，我和托伯特将与这个委员会一起在整个学期中监督和调整课程。当课程发展到一定阶段时，我们的主要任务就是凭借自己的专业知识、经验和社会关系为学生提供资源，帮助学习小组推进他们的学习项目。我们认为，对于课程内容、教学方式以及成绩评估，学生应该和我们一样有发言权。

上课第一天，我们介绍了管理心理学这门课通常涉及的主题，在对话中回顾了我们对这门课教学设想的发展过程。最后我们很直接地说："说了这么多，你们想加入我们吗？"几乎在场的每个学生都积极地报了名。随着我们这门课程的教学方式渐渐传开，报名人数大幅增加。到最后，不止一名学生告诉我们，终于有教授找到了如何提供真正以学生为导向的教育，我们顿时觉得自己是英雄。

但是，这门课程的最后一课不是在教室里上的，而是在我的办公室里上的。当时在场的有托伯特、我和少数几名意志极坚定的学生，其他大多数学生不是放弃了这门课，就是已经不再把它放在心上了。尽管学生说他们在那个学期没有学到很多关于管理心理学的知识，但他们中的一些人说对自身有了一些令人不安的认识。一名学生写道，他对于没有在这门课上用功感到很内疚，"我甚至试图独立阅读，但是结果惨不忍睹。所有这一切似乎都指向一个事实：我的学习动机无非是自欺欺人罢了"。另一名学生说："我感到非常失望，因为在这门课上实际要做的事情比我告诉自己要做的少很多，我觉得没有实现自己的承诺……我感到，自由主义哲学希望对世界大事或美国政府产生的影响可能比实际要小得多。"

这些学生对自己太苛刻了。托伯特和我其实没有给负责课程教学设计的学习小组提供方向指导，既没有明确学习目标，也没有明确学习方法。一名学生在他的期末评估中写道："这些学习小组大多数都是独立的。由于小组没有明确目标，我发现自己无法实现参与具体学习任务的愿望。结果，我的学习热情在这个真空场域中完全消散了。"

尽管 20 世纪 60 年代末的美国青年学生运动思潮早已退去，但我们课程中迸发的活力在当代组织中仍然可以看到。有时候，未能给予团队足够指导的责任在于管理者，他们就像我和托伯特一样，相信当团队获得完全的自主权，能决定他们将做什么和怎么做的时候，"授权"才能实现。有时候，尤其在具有强烈平等主义价值观的团队和组织中，成员可能过度专注于就共同目标和实现过程达成一致，他们不停地讨论，但从不明确接下来要立即做哪些事情。团队成员最终也可能确定目标，但它们极其平淡无奇，以至于团队成员觉得不具挑战性或者没有参与意愿。在所有这些案例中，如果不能确定一个富有感召力的团队目标，就会产生两个重大风险：团队成员将追求他们个人喜欢的目标，而没有任何共同关注点；或者团队成员像我们课上的学生那样逐渐消失热情。

明确方法但不明确目标

相较于既未明确目标也未明确方式，唯一比它更糟糕的状态就是仅规定方法而忽略团队目标，即规定必须遵守的工作流程，但未对团队目标做任何说明。图 3-1 中的左下象限毫无争议是四象限中最糟糕的团队状态。乔治·西格斯（George Seegers）曾任花旗银行副总裁，负责股票转让业务，他讲述了下面这个故事：

第 3 章　条件 2，富有感召力的团队目标

我刚到银行工作时，希望了解我部门里每个员工的工作。我遇到的第一个员工是位上了年纪的女士，我坐在她身边问她："你是做什么工作的？"她说："我做黄色票据。"我说："嗯，那是什么工作？"她说："嗯，就是黄颜色的票据。我在这张黄颜色的票据上盖章，然后就把它放在这里。"我继续问道："那又是什么？接下来会发生什么？黄颜色的票据到底是什么？"当时我是副总裁助理，这在银行里还算是个受人尊敬的职位，她却看着我说："对不起，先生，你是不是笨？这是黄色票据，我在这张黄色票据上盖章，然后把它放在这里。票据是黄色的，就这样！"那位女士根本不知道她的工作在我们的业务中起到了什么作用。

尽管西格斯面临着艰巨的任务，但他最终还是成功重组并激活了其所在银行的股票转让部门。西格斯的前任们将银行股票转让的操作流程变成了处理票据的流水线，每一步都尽可能地简化和程序化。西格斯说，银行大楼里有一层楼的工作人员只负责打开信封，除此之外什么都不做，然后这层楼的人把信封传递给下一楼层的工作人员，让他们把信封里的票据文件取出，以此类推。理论上，加工票据的流水线是能够顺利运转的，但前提是一切都按照预期的设想运转。然而，在西格斯工作的银行，情况往往并非如此。令人遗憾的是，因为每组工作人员既不理解他们工作的共同目标，也没有调整预设工作流程的权限，所以工作中的错误是无法当场纠正的。

西格斯前任的管理策略是引导团队管理者和成员完全专注于工作流程，以至于他们毫不知晓共同目标以及自己在那里工作的真正原因。在这种情况下，人们常常会看到团队的最差状态：团队的产品或服务无法满足客户的要求，团队能力随着时间的推移不断下降，团队成员无法从团队经验中实现专业学习或个人成长（详见第 1 章中讨论的评估团队有效性的标准）。

图 3-1 中的左下象限（方法明确、目标不明确）正好和右上象限（目标明确、方法不明确）形成对比，分属于这两个象限的团队在能量状态上呈现出的差异，就同这些象限内的定义属性一样截然不同。目标明确，有足够的自由度来实现目标，这是领导者赋予团队权力的秘诀；反之则如我们所见，处于左下象限是团队整体失败的原因。

平衡团队内的权力关系

为团队设定目标总会涉及行使权力，因此，设定团队目标的行为本身就会引发各种焦虑。当领导者行使权力时，团队成员可能会有两种反应：他们可能认为领导者是一个无所不能、可以仰仗的人物；也可能认为领导者是一个控制欲过强的人，会排斥、诋毁他或想取而代之。更糟糕的事实是，团队成员有时一开始会持一种观点，但当他们发现领导者实际也有缺陷时，就会转向另一种观点。

当领导者做出制衡（我认为他们应该这样做），在某些工作上给予团队权力，在其他工作上不给予权力时，上述糟糕情况就很可能发生。为了将这种情况引发的焦虑感和不适感降低，管理者和团队成员可能会在一起"明确"谁真正负责这些工作。有时候，讨论的结果是将几乎所有的权力分配给团队。正如我们所看到的，这可能导致团队陷入混乱状态或朝着错误的方向前进。有时候，管理者就像图 3-1 的右下象限描述的那样掌握了几乎所有的权力，为团队成员设定详细的工作程序，由此失去许多原本可以通过团队合作而获得的优势。如果要在领导者和团队之间建立和维持适当的权力平衡，就需要管理焦虑，而不是试图将其降到最低水平。这需要人们在尝试创建有效的工作系统时，愿意并能够接纳，甚至暂时增强不确定性。

如果从团队的长期利益出发，在领导力的决策方面，很少有比处理领导者和团队之间的权力划分更重要的事情了。平衡这一点需要技能，而且这其中还包含了情绪、行为以及认知方面的相关技能（见第 7 章）。仅仅知道权力划分的规则是不够的，当焦虑感和不适感较强的时候，人们需要练习来适应这些规则。**管理任务执行团队的权力关系就像走平衡木，需要一定的技能、稳定的情绪和坚韧的毅力，才能确保不掉下来。**

设定团队目标必须权衡 3 大要素

即使团队领导者专注于为团队制定令人信服的目标，并为团队提供实现目标的自由度，他们也要做很多选择才能实现这一点。领导者在设定团队目标时必须权衡诸多事项，同时厘清以下几点：团队目标应描述得多清晰和完整、绩效目标的挑战性应多大，以及如何使团队目标最大程度地匹配更广泛的组织使命。

要素 1，清晰度与完整度

对一个执行团队而言，好的团队目标是清晰的，但也是不完整的。模糊或高度抽象的团队目标会浪费成员的时间，并使他们陷入不必要的冲突，因为他们会尝试厘清真正应该做什么。而过于明确和完整的团队目标可能会降低成员对工作的责任感，有时会引发不必要的甚至是不道德的行为。因此，为团队设定目标的人面临的挑战是，在指导团队完成任务时需权衡，不能指导得太多，也不能太少。

以下是一家企业的员工餐厅墙上的海报显示的使命宣言，我稍作修改，隐去了公司名称：

我们的使命是提供满足个人和企业需求的高质量产品和服务，我们将繁荣发展，给予股东公平的回报。

另一家公司将其使命简单地描述为"创造价值"。人们也许可以理解公司层面的使命宣言如果这么抽象和笼统，结果就是几乎被所有人忽略，包括那些撰写使命宣言的人。

团队的目标描述通常存在与公司和政党的使命宣言相同的问题，问题产生的原因有时也是相同的，许多妥协的结果就是冠冕堂皇的语言。但更常见的情况是，为团队设定的目标不明确或模棱两可，原因仅仅是没有人愿意花时间去仔细思考团队的目标。高管会问："你们为什么不去召集一些人调查一下呢？"他会说："我希望你们能想办法削减部分过高的运营成本。"或者他会说现在很流行的那句话："做你们需要做的来满足客户。"

要想激励团队，你就需要清晰、简单、具体的团队目标。美国行政管理和预算局的马赛亚森没有和他的副手们一起向团队传达抽象的愿景。如前文所述，他确实强调其团队工作的首要目标是"为民主服务"，然后，他解释了那句高调宣言在操作层面上的意义，即在局长规定的最后期限之前完成新预算的分析工作，并确保分析结果能提供令人信服的足量信息，而且这些信息不受分析人员个人政治观点的影响。

马赛亚森没有过度拆解团队目标，他给成员留足了空间，让他们把自己的个人意义和对目标的解读投射到他设定的总体目标上，这对于激励团队成员也是必要的。我们的理解是，当领导者明确规定要完成目标的每个细节时，团队成员可能会将团队的目标视为领导者个人的目标，而非成员自己的目标。他们几乎没有空间为团队目标添加自己个人的意义，或形成自己应该做什么的共同解读。当一个团队开始"拥有"一项工作时，集体感知是一个自然和必要的过

第3章　条件2，富有感召力的团队目标

程，而过于完整、详细的团队目标可能会阻碍这个过程。

在只有一个主要团队目标的情况下，目标过于完整、详细会产生更严重的问题。很少有比具有挑战性的详细绩效目标更有效的激励手段。但是，如果目标过于具体，或者团队过于执着于目标，也可能会导致令人不悦的意外结果。例如，施乐公司的一名外勤服务经理曾规定，外勤服务团队在接到客服电话4小时内一定要到达客户所在地。团队接受并基本达成了这个极富挑战性的目标，但他们在面对不同的服务需求并需要做出不同反应时变得僵化。面对紧急问题当然应立即处理，但针对非紧急的客户请求，他们其实可以告知客户，其问题已登记在册，并将在一到两天内提供服务。如果这名经理能为客户服务制定更全面的团队目标，并允许团队在响应速度、成本和服务质量等因素之间自主寻求平衡，找出实现目标的最佳模式，结果就会更好。

如果决定团队成员是获得重大奖励还是遭受巨大惩罚的是其所获成就的大小，那么明确规定具有挑战性的绩效目标就会冒相当大的风险，因为这会诱使团队成员降低原有的道德标准。例如，在销售型组织中，管理者制定明确且极富挑战性的销售目标，并辅之以重大奖励。为了达到这个目标，团队成员会不惜一切代价，即使误导客户或编造数据也在所不惜，毕竟奖励的诱惑令人难以抗拒。尽管我们可以去责备那些为了实现业绩目标而撒谎、欺骗的人，但面对这样的道德过失，那些滥用权力制定挑战性的团队目标，从而导致这些过失的管理者也必须承担责任。

良好的团队目标描述既要具体，又要有些模糊性，科学家称之为"剩余意义"（surplus meaning），他们在研究中定义概念时会尽量避免这种情况。相比之下，优秀的团队领导者则接受并运用剩余意义，因为这不仅有助于激励团队成员，而且减少了团队受到异常状态引发的负面影响，这种异常状态有时是由附带着重大奖励的特定绩效目标引发的。

优秀的团队领导者会使用各种方法来描述团队目标，一方面在清晰度和完整度之间取得平衡，另一方面在模糊性和概括性之间取得平衡。语言就是方法之一。领导者关于团队目标的表述总会有点含糊，他们更倾向于用故事和案例，而不是设定具体的量化目标来说明自己的意思。他们用大量的类比和比喻来说明他们追求的目标。这些语言和叙述方式会促使团队成员对内容进行二次加工，从而丰富成员在工作中发现的意义。更重要的是，团队成员会对团队追求的最终状态形成丰富的视觉想象。最终状态的视觉想象比其他表现绩效目标的方式更能激发团队成员的动力，使成员能集中精力去实现目标。

制定次要目标也是方法之一。为了补充关于团队方向的描述，有些领导者会明确讨论并制定若干次要目标，它们有时甚至相互冲突，这些次要目标有助于实现团队的首要目标。在我们的研究项目中，曾经有一家航空公司就是这样，它用让刚被提升为机长的飞行员感到惊讶的方式传达了这一点。在他们的升职会上，一位高管欢迎新的机长成为航空公司的"合作伙伴"，并祝贺他们取得的成就。然后，飞行指挥部的负责人走上台，向新机长们介绍了他们在新岗位上的职责。他说，新机长的主要工作是同时将以下三大目标最大化：安全、效率和乘客舒适度。新机长们刚开始觉得这三个目标是理所应当的，他们中的许多人一开始还点头同意。但不一会儿，新机长意识到自己是在被要求完成不可能的任务，于是纷纷皱起了眉头。没有任何一个机组能够同时最大程度地提高安全性、效率和乘客舒适度。而且在实际执行航班任务时，机组人员必须不断地在这三大目标之间进行权衡。当然，这一点也正是管理者希望表达的意思。为了提升航空公司、员工和乘客的整体利益，新机长必须理解这三个目标的重要意义。他们必须接受这样一个事实，那就是他们必须在这三者之间权衡利弊，而且要熟练地动员自己的团队成员实时地妥善处理相关事务。

新机长得到的团队目标就像马赛亚森给予其分析团队的指令，既清晰又不完整。那些目标清晰但不完整的团队既不能声称不知道要做什么，也不能通过专注于任何单一成果来逃避实时自我管理的挑战。

要素 2，挑战性程度

请允许我邀请你来玩一场想象中的飞镖游戏。在一个空房间的墙上有一个直径约 10 厘米的标靶，我给你 10 支飞镖，说道："你的任务是把尽可能多的飞镖投入靶心。"然后，我站在一旁观看并为你记录分数。你的第一反应很可能是问我："我应该站在哪里？"我的回答是："你可以选任何你喜欢的地方。"

那么你会站在哪里呢？你是会直接走到标靶面前，确保所有的飞镖都能上靶呢，还是会站到最远的那堵墙前，让自己接受最大的挑战呢？如果你和大多数人一样，那么上述两者你都不会选，而是选择站在每次投掷都有 50% 的机会击中靶心的位置。如果你的飞镖水平不高，你会站在比飞镖高手所选位置更近的地方。只有那些天生就对挑战没有兴趣的人，才会选择直接站在标靶旁边，因为在这个位置，他们肯定会成功；或者站在最远端的墙边，在那个位置，他们不会因为失败而自责或被他人指责。

能激发团队最大动力的目标应该位于你有 50% 成功机会的地方。对团队来说也是一样，团队的绩效障碍不能高到超出其成员的能力范围，也不能低到让成员感到无聊至极。让我们回想一下登山队领队的话："那座山一到下午天气会变得非常糟糕，也许我们只有一半的登顶机会……"

领队的话激励了登山队队员，因为他非常了解这支登山队的能力。对一支由新手组成的登山队来说，登顶克劳德峰几乎是不可能的；而对一支世界级登山队来说，这个目标可能会索然无趣。要想为一个团队设定目标，并且这个目标会带来与其匹配的挑战，领导者必须非常了解团队成员的能力。这样的团队目标的设定无法通过遥控来完成，也就是坐在总部办公室的领导者无法为外勤小组制定目标，因为他不了解成员的工作任务和成员能力。那些能成功为执行任务的团队设定具备恰当挑战性目标的领导者，无一例外都是对自己团队了如指掌的人。

要素3，与组织使命的匹配度

以下是两位不同的领导者对各自团队所做的评论。第一位领导者的团队远离总部，他说：

> 我们必须尽自己所能让这里的一切正常运转。我不知道总部那些人是否会同意我们做的事，但坦白说我也无所谓。他们根本不理解我们面对的是什么，所以我们在某种程度上要忽略他们要求我们做的事情。如果我们想要一切顺利，就别无选择，只能希望他们不会发现那些不该被发现的事情，并且即使发现了也不会大发雷霆。但如果我们做了自己需要做的事情，而且做得很好，我知道他们会喜欢最终结果的。

另一位领导者的团队曾与组织高管在同一办公楼里工作，领导者说：

> 上周，楼上给我们下达了新指令。（接下来，他归纳总结了自己所听到的内容要点。）实话告诉你们，我认为这一切都没有什么意义，但这是他们想让我们做的，我猜他们的工作就是告诉我们他们想要什么，而我们的工作就是去做他们要求我们做的事情。所以让我们一起努力，看看能不能完成这项工作。

这两位领导者在同一条道路上走到了相反的方向上，而且他们都没能很好地把握"所有团队领导者既是领导者，又是追随者"这一事实。第一位领导者秘密地搞"颠覆活动"，因为总部高管不太可能发现他们在做什么，所以他们就做自己想做的事情。这位领导者完全没有意识到那些为组织设定目标的人具

第3章 条件2，富有感召力的团队目标

有法定权力，该组织内的各级领导者有责任去实现上述目标。第二位领导者则放弃了自己的领导职责，他的话语表明，他以为自己的职责只是传递消息，将他被告知的一切传达给他的团队。在传达他接收到的新目标时，他表现得非常敷衍，所使用的语言间接破坏了组织高管为调整整个组织目标所做的正当努力。

对一个团队领导者来说，在秘密颠覆和放弃领导职责之间找到一条合理的路线是相当困难的，大多数读者可能在自己的组织经验中也听说过这两种做法的其他版本。事实上，即使是在那些渴望员工高度投入和自我管理的组织中，那些组织所有者或者代表组织所有者行使职能的人，也有权力去明确共同的方向和愿景。高管有权说"这座就是我们要爬的山。不是那座山，而是这座山。虽然我们可以讨论共同努力的许多方面，但选择哪座山不在其中"。那些在组织内领导团队的人的责任远不止接受更高等级的组织领导者设定的目标，还包括调整组织目标，使之尽可能地适应团队自身的特殊情况，并充分发挥团队成员的独特创造力，使团队的每个目标都尽可能有意义和具有吸引力。

如果高管行为不端，他们制定的目标似乎明显是错误的，又或者他们根本就没有提供任何有意义的目标，那我们该怎么办呢？我的观察表明，最好的团队领导者会暂时将注意力从自己的团队转移到上司的身上，如果有必要的话，就坚持不懈地要求上司做必要的陈述，以便为自己的团队提供富有感召力且与组织整体目标一致的团队目标。

唐纳德·伯尔在美国人民航空公司反复提醒他的管理者：组织中的每个人既是领导者，又是追随者。他说："成功的关键在于学会如何既扮演领导者，又扮演追随者，为你领导的人设定富有感召力的团队目标，同时从别人那里接受其他目标。"伯尔是对的，但正如他所说的，要实现领导者和追随者两者之间的平衡，需要相当的技能和个人成熟度。你必须同时关注团队和上司，并且抵制诱惑，不要忽视组织共同目标，也不要无意识地盲目传话。

在行使权力和释放能量之间取得平衡

为团队设定目标其实与权力的行使和能量的释放有关,这个过程既要释放根植于人们心灵深处的力量,又要探索引导和控制这种力量的机制,其中的关键是要在两者之间保持平衡。它是弗洛伊德提出的欲望的驱动和文明的制约之间的张力在组织层面的体现。因此,正如在几年前参加的一次高管研讨会上一名参会者向我生动讲述的那样,处理权力动态和控制人的能量是一件危险的事情。

在研讨会上,我曾与参会者谈论过那些公认的伟大领导者所使用的团队目标设定策略。我描述马丁·路德·金的演讲,指出了他在清晰与不完整之间的完美平衡。然后,我又引用约翰·肯尼迪关于美国载人登月计划的演讲,说明他设定的目标既不过于平庸、没有吸引力,又没有困难到无法实现。接着,我变得有点忘乎所以,于是问道:"你们如果读过《新约》,就应该知道耶稣没有通过召开小型团队会议来决定教会的目标,哪怕这样做肯定会让他传递的信息听起来不那么尖锐。当他召集那些要成为他门徒的人时,他只是说:"来,跟随我!我要使你们成为得人的渔夫。"这时,一名参会者突然举起手来,坚定地挥了挥手,非常显眼,他说:"教授,您说得很对,这与我在企业里的经验非常吻合。但是,您是否发现,到现在为止,您的叙述里已经包含两场暗杀和一起十字架行刑了?"

不仅在组织中,而且在政治历史中,我们的确都会看到,设定清晰、富有感召力的团队目标,并且一以贯之地落实,这会给领导者的政治生涯甚至人身安全带来风险。真正的团队目标不是那些随意写在员工餐厅墙上被宣布、批准并遗忘的文字,它会对组织产生重要影响,明智的领导者会小心谨慎、深思熟虑地实施。当领导者做好充分准备后,他们就会勇敢执行。

第 3 章　条件 2，富有感召力的团队目标

提供具有激励、定向和吸引作用的团队目标，是为卓越绩效奠定基础的重要因素，但这不是全部，约翰·肯尼迪总统的高级顾问团队策划的猪湾事件的惨败就形象地说明了这一点。毫无疑问，肯尼迪团队的目标是非常令人信服的，然而，团队的决策及其执行都存在重大缺陷。失败的原因与其说在于团队的目标，不如说在于团队的结构、团队所获得的组织支持的数量和种类，以及团队所接受的专家指导的质量。我们将在接下来的章节中讨论这 3 个提升团队有效性的条件。

LEADING 高效团队
TEAMS 搭建法则

> ▶ 设定团队目标的关键是，明确谁拥有制定团队目标的权力，然后确保这个人或团队能胜任此项任务，并能令人信服、意志坚定地行使这项权力。
>
> ▶ 当工作自身不能提供明确的目标时，团队中负有领导责任的人就应当挺身而出。
>
> ▶ 为了让富有感召力的团队目标发挥价值，就必须确保这个目标具备挑战性、清晰性和重要性，光说不练是不够的。
>
> ▶ 为团队设定目标总会涉及权力。要管理好团队的权力关系，需要一定的技能、稳定的情绪和坚韧的毅力，三者缺一不可。

第 4 章

条件 3，赋能的团队结构

LEADING TEAMS

团队设计的关键在于
明确区分必要和非必要的
团队结构特性。

第4章 条件3，赋能的团队结构

20世纪70年代早期，女权主义者、政治学者乔·弗里曼（Jo Freeman）为参与妇女解放运动的女性写了一篇论文，论文标题清晰地表达了她的主旨：《无架构的暴政》(The Tyranny of Structurelessness)。弗里曼指出，女权主义团队中并不存在过多的等级制度和官僚主义，这些往往是主要由男性创建和管理的企业的特征。但是，如果女权主义团队成功地避了这些障碍，那么为什么她们没有更好地完成任务，实现成员坚决要实现的目标呢？弗里曼认为，这个问题的答案是，团队没有架构，这与架构过多一样会使团队羸弱。她的观点是，女权主义团队和组织需要的不是坚决回避等级制度和官僚主义，而是创建、适应和学习使用更符合女权主义价值观的良好架构。

弗里曼的论文在发表之初备受争议，但如今却不会再引起人们的质疑。无论是在意识形态驱动的组织中，还是在传统企业和公共机构中，当代团队管理者的经历都佐证了她的观点中的智慧和普适性。如今，专业的团队管理者更关注的是辨别能够有力、高效促进团队合作的结构特征，希望团队能因此"解放"，不受组织内部等级制度和官僚主义的羁绊，完成各自的工作，而不是拆解现有的团队结构。

确实，传统组织经常受团队结构的困扰，这些约束性结构经过多年才建立起来，用于监督和控制员工的个人行为。当工作需要由团队成员完成时，不恰当或过于繁杂的任务结构、人事规定和控制体系确实会影响效率。但问题是，在这种情况下，领导者应该做什么？我们在前一章中看到，有些团队试图用集体决策来代替管理团队目标，这通常是徒劳的。领导者为了释放团队被抑制的力量而解除团队的组织结构，同样是徒劳的。这样做的领导者往往会为团队成员提供一套不足以完成实际工作的、更简单的团队结构，且工作任务模糊笼统，参与的人也许很多，但他们可能并不能胜任工作，也可能人浮于事。一位管理者曾告诉我，他们假设"团队会顾及细节"，所以团队行为规范完全由团队成员自己决定。团队成员确实会去做上述事项，但正如弗里曼所指，在赋能的团队结构缺失的情况下，他们可能会在与团队主要目标无关的人际关系和办公室政治方面浪费大量的时间和精力。

与权力一样，对团队合作来说，结构的好坏完全取决于其类型。最好的组织能为成员提供坚实的平台让他们共同工作，同时为他们留足空间来形成自己独特的工作方式。**明智的领导者会聚焦于一小部分结构特征，为团队工作建立良好的基础框架，然后赋予团队足够的空间来打磨框架，以便适应团队的特殊性，而不会为了实现良好绩效，试图预先做到面面俱到。**

从这个观点出发，组建一个团队与设计一幢房子或一栋办公楼有很多共同之处。建筑设计师是会先尝试预测所有空间的用途，然后为了优化空间利用率，设计出一套图纸，以指导和约束未来将在这座建筑中发生的所有行为呢，还是会意识到，未来房主想要或需要的空间使用方式无法预知，所以应设计一种与空间基本功能相适应的建筑结构？当然，这个结构也是不完整、可变通和需完善的。第二种方式说明，有机结构总是处于发展状态，这种发展过程永远不会终结，这一点与优秀的团队结构有异曲同工之妙。

因此，在设计团队工作时，领导者应避免过于面面俱到。但是，他们必须主动搭建团队的基本结构，提高团队效率，并尽量减少组织对团队合作的阻碍。团队设计的关键在于明确区分必要和非必要的团队结构特性。**我们的研**

究表明，为高效团队奠定基础的关键，分别是团队工作的设计、指导和约束团队行为的核心行为规范，以及团队的构成。接下来，我们将分别讨论这三个特征。

重塑结构，让团队工作激发内在工作动机

优秀的团队工作设计其实源自针对激励个人的任务特征的研究。我和格雷格·奥尔德姆（Greg Oldham）提出了一系列有助于培养个人内在工作动机的任务特征。一个有内在工作动机的人，表现良好时会感觉良好，表现不佳时会感觉糟糕，因此对外部激励的需求不大，比如与绩效相关的外部奖励或密切监督。当人们认为自己的工作有意义，觉得自己应对工作结果负责，同时能从努力的成果中获得可靠反馈时，他们就会有内在动机。

即使是一项无关紧要的任务，比如通过编写计算机程序来管理个人日常财务，也可以引发上述三种心理状态，进而激发内在工作动机。这个任务是有意义的，至少对我来说是这样，因为我想摆脱索然无味的账单支付任务，而且我觉得编写优质的计算机程序很具有挑战性；我对工作完全负责，因为这是由我本人做出关于编程逻辑和代码的所有决策；我对成果的评估是直接、可靠的，因为评估标准就是程序能否正确运行。这三个心理状态缺少任何一个，内在工作动机都会消失。如果工作内容琐碎或只需按部就班，或者对工作流程没有责任感，比如仅仅是输入别人编写的程序，抑或是程序完成后一交了之，根本不知道它能否正常运行，我就无法为自己加油打气。

我和奥尔德姆所做的工作是，研究激发内在工作动机的量化属性，包括：意义感、责任感，以及对结果的认知，如图4-1所示。为了说明这一点，请仔细考虑一下在装配线上组装烤面包机那样的小电器的工作是如何设计的。在传

统的装配线上，工人可能只做整个工作中的某个简单部分，比如把电源线连接到烤面包机的底盘上。相比之下，更具激励性的工作是组装整个烤面包机，完成测试，甚至是把它打包好并发给客户。这样制作烤面包机的方式对工人来说很有意义，因为她从头到尾完成了整项工作，这项工作涉及她的各种技能，而具有意义的是，最终使用者会珍惜产品的价值。如果她的孩子问："妈妈，您今天上班做了什么？"回答"我装了很多电源线"和回答"我制作了很多家庭在厨房里都会使用的烤面包机"是有天壤之别的，因为后者会让工人有相当大的自主权来决定工作流程，她会觉得自己对结果负责，而不会觉得自己只是在受主管监督，完成别人预先设计好的流程。而且工人知道工作的结果，因为她在发货前会亲自测试每台烤面包机，能够得到直接和可靠的反馈。按照这些原则设计的任务通常比那些简单重复、缺乏广泛意义、很少甚至没有决策余地的任务更能激发内在工作动机，后者更依赖的是对工作完成情况的监督评估，而不是对工作本身的直接反馈。

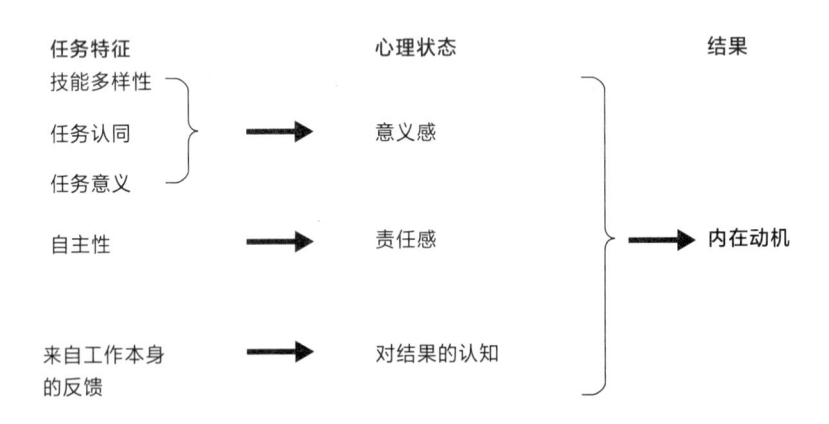

图 4-1　能激发内在工作动机的任务特征

资料来源：WORK REDESIGN by Hackman/Oldham, (c) Reprinted by permission of Pearson Education, Inc., Upper Saddle River, NJ。

第 4 章 条件 3，赋能的团队结构

上述原则是否也同样适用于由团队执行的工作呢？是否存在团队的内在工作动机？答案对任何一个观察过以下团队的行为的人来说都是显而易见的：决赛后胜负双方的队伍，刚刚得知提案被客户接受与否的项目团队，刚刚挽救病人成功或失败的医疗团队。人们在这些场景中看到了集体的欢呼或沮丧，这证明了一个事实：与个人一样，团队中也真实存在内在工作动机。

团队工作的哪些特征能激发共同的内在工作动机呢？答案可以在巴特勒制造公司（Butler Manufacture Company）团队的结构中找到。几年前，这家公司在艾奥瓦州的斯托里城为农业领域的客户制造大型谷物烘干机。他们全权负责制造三层楼高的谷物烘干机，这是一个复杂的过程，涉及数千个不同的部件和 5 种类型的工作：装配、制造、加工、上漆和运输。团队成员可以在不同类型的工作之间流动，这既是为了增加团队的多样性，也是为了拓展每个团队成员的技能和灵活性。团队在参与计划、安排会议，以及开展工作方面会有相当高的自由度，从而确保交付的产品能满足客户的要求。团队有权获取工厂的库存、订单和产能数据。团队能参与新产品和新工具的设计和开发，并有权在一定的预算范围内自行购买工具和材料。每个团队还会测试他们制造的每台烘干机，然后在设备上贴上写有团队名称的标签，这样购买谷物烘干机的农民就知道这台设备是由谁制造的，以及谁可以回答与之相关的问题。团队成员甚至会为客户提供现场服务。时任工厂经理的拉里·海斯（Larry Hayes）说，实地考察"不仅可以让团队成员知道机器不能工作将对农民产生怎样的影响，而且能让他们在技术方面学到更多，了解如何在农忙现场使用设备。团队成员与我们的客户更合拍了"。

巴特勒制造公司设计谷物烘干机制造任务的模式包含第 1 章中讨论的提升团队有效性的三大标准。首先，谷物烘干机性能良好，客户表示满意。如果遇到困难，客户可以直接联系制造团队。其次，随着时间的推移，团队的执行能力变得更强，团队成员会一起研究哪种装配程序最适合他们，并在实际工作中

不断验证。最后，团队成员个人通过团队合作获得的学习成果远远超过了执行整个任务中某一部分时的学习成果。鉴于团队在上述三方面的高水准，这家公司在传统的质量和生产指标上的评价比其他地区的同类公司高得多也就不足为奇了。用工厂经理的话来说就是，"我们工厂生产的产品确实更好"。

设计团队工作带来的收益是巨大的。但是，要想让团队工作设计得当，通常就需要团队领导者克服组织中强大的惯性力量，但如下文所述，整个过程总会带来一定的风险。建立能激发内在工作动机的团队结构，绝不是简单地把任务交给团队，然后让团队成员去完成它。

任务规模越大，成果价值越大

团队设计工作使得完成大型且重要的任务成为可能。没人能够单独建造整台谷物烘干机，因为整台设备实在过于庞大、复杂，但是巴特勒制造公司证明，团队可以实现这个目标。没人能单枪匹马地重新设计中学的所有理科课程，因为没有人拥有足够的知识来完成这项任务，但团队可以；没人能独自处理计算机销售商从大公司客户那里收到的所有服务请求，但团队可以；没人可以独自打扫完整个诊所的楼层，但团队可以。

对于每项工作，组织工作的人都有不同的选择。他们可以把整个任务分成几个部分，分别分配给各个团队成员，然后设计、协调每个人的工作，最后把所有的工作成果整合成一个整体。他们也可以将整个任务分配给整个团队，让其成员协调各自的工作，并根据实际需要切换子任务，最终按时、高效地完成整个任务，并让客户满意。

第二种方式肯定会显著增加工作的意义。相较于只完成化学课程的设计、被指派去服务不同的客户、日复一日地清洁诊所二楼的地毯，完成所有理科课程的设计、与团队共同负责满足一家大客户的所有服务需求、承担整个诊所的维护责任明显更有意义。能够完成具有挑战性、完整性且重要的任务，是团队工作设计的主要优势之一，对执行的人来说，这样的任务也是有意义的。

令人担忧的社会惰怠效应

尽管通过精心设计形成的团队合作具有巨大的激励优势，但为团队而非个人设计的任务也有明显的风险，其中最普遍的风险是团队成员个人有偷懒的倾向。心理学家伊万·斯泰纳（Ivan Steiner）将这种倾向称为"动机衰退"，并指出这种现象在团队工作中几乎一直存在。其他心理学家称之为"社会惰怠效应"，而经济学家称之为"搭便车"。

选民可能会在一个下雨的投票日问："我投不投这一票能有什么不同？"同样，大型团队的成员也可能会问："把周五未完成的工作留到下周处理与周末在家完成，到底会有多大的不同？"如果工作本身设计不佳，动机衰退带来的不良影响更大，但即使是设计得很好的团队任务，也会出现这种情况。

经验丰富的团队领导者不仅会确保工作设计尽可能良好，而且会尽量缩小团队的规模，防止动机衰退。虽然团队任务越重大越适合设计，但我们将在本章后文看到，团队组成越精简越好。而且，一旦工作启动，专业团队教练会仔细观察团队动机衰退的迹象，并关注有助于团队成员发展和保持共同动力的机会（见第 6 章）。

团队自治的利弊

如果团队成员拥有自主权，可以决定自己将如何使用可支配的人力、物力来完成工作任务，整个团队就会形成共同的内在工作动机。根据第 2 章中讨论的权限矩阵，一个团队至少应该有权利和责任来监督管理自己的工作流程。也就是说，团队应成为自我管理的团队，而不是管理者领导的团队。这不仅是出于激励团队的原因，而且是因为相较于制定工作流程和监督工作执行的领导者或设计者，团队成员通常更了解他们现实工作环境中的需求和机会。在特定情况下，标准流程与理想的工作方式之间几乎总是有一点偏差，所以与真正实现自我管理的团队相比，执行标准流程的团队对工作结果的共同责任感必然更少。

如果团队的工作任务为其管理工作流程提供了充分的自主权，他们就有机会尝试其他合作方式，通过试错，变得比那些采用所谓"最佳工作方法"的团队更能胜任自身工作。众所周知，那些需要轮班的工作人员会因上夜班而影响睡眠周期，但夜晚对他们来说可能是最佳工作时间，因为通常周围没有人监督其遵守标准流程。上夜班的员工通常会自己设计更好的方法来完成工作，对自己的工作成果承担全部责任，并对自己获得的成果感到自豪。我们可以借鉴夜班团队，给予团队在工作流程上的自主权，激发团队成员之间强烈的集体责任感，激励他们即兴发挥、试验并从团队成败中学习。

然而，失败的自治团队确实非常糟糕。团队使用自主权时，并不总会按照那些设计团队工作的人所设想的方式行事。拥有自主权的团队有能力为客户提供很棒的服务，但也有可能造成真正的损害。请回想一下，如果第1章中那家美国国内航空公司的某个空乘团队利用其相对自由的决策权，让团队成员中饱私囊，而没有为乘客提供他们力所能及的最好的客舱服务会造成怎样的后果。

因此，管理者会试图保护自己和组织，以免受团队失败可能造成的灾难的影响。有时，这种保护以牺牲尚未尝试的机会为代价。例如第1章中的沙尔巴主管的话务服务小组只是一个名义上的团队。她作为管理者无须担心团队会失控，因为根本不存在真正意义上的团队。同时，这个话务服务小组也不可能发展为一个优秀的团队。另一种保护团队免受不良行为伤害，但代价高昂的方法，是尽可能详细地规划团队成员应该遵循的所有工作流程，剥夺团队的自主权。但是，拒绝给予团队自主权，就会导致团队无法调整绩效策略以便处理意外问题或抓住新机遇。也就是说，保护团队免受下行风险的同时，降低了团队的上行潜力。

如果管理者告诉团队成员，他们有权管理自己的工作并且对结果负责，但随后又详细规定工作流程，以致团队成员实际无法行使这种权力，问题就尤其容易出现。下面这个生动的案例，描述的是天空实验室3号（Skylab 3）空间站的宇航员团队在自主权受到任务控制中心计划和管理人员限制的情况下是如何做出反应的。美国国家航空航天局的说法强调甚至美化了宇航员在天空实验室任务中的关键作用，但实际上，宇航员几乎完全受控于休斯敦的任务控制中心，连宇航员在用餐时间做什么都不例外。这次任务的首席飞行指挥官尼尔·哈钦森（Neil Hutchinson）回忆道：

> 在第一次任务中，我们没有很紧凑地安排好宇航员的时间，但在第二次任务结束时，我们确切地知道了每件事的耗时……我们知道把每个螺丝拧上去需要多长时间……当时我们引以为傲的是，我们控制着宇航员从起床到上床睡觉的每一分钟……你知道吗？我们真的控制了他们的命运。

宇航员多次表达了对这种管控的失望和愤怒，但没有明显的效果。最后，宇航员采取行动，明确了对这次任务的控制权，他们关掉通信设备，拒绝与任务控制中心继续通话。这是全球太空探索历史上的第一次罢工。

宇航员的行为非比寻常，但反映了一种常见现象。管理者认为团队的工作特别重要时，几乎都会事无巨细、面面俱到地说明所有的流程，确保工作能够正确完成。管理者认为这个模式可以将危机发生的概率降低到几乎为零，但这样会严重限制团队管理自己工作的自主权。前文提到的飞机驾驶舱机组人员和本章中天空实验室 3 号空间站宇航员团队的案例都表明，这样的模式可能会适得其反。

绩效反馈的作用

反馈使团队学习成为可能。学习应源自对团队成果的认知。如果一项团队任务的结构有助于对个人和整个团队提供可靠的绩效反馈，团队就会得到更多的学习机会。如果有其他人作为参照，团队成员就可以比较各自对反馈的不同反应，更好地理解它，并更有效地思考反馈对自己工作的影响。而且，如果团队中已经形成让成员拥有心理安全感的环境，他们就会探索团队成败的原因，浓厚的集体学习氛围也就形成了。如果反馈完全针对团队成员的个人绩效，那么这样的学习氛围就不太可能形成。

当然，除非一个团队在一定时间内保持合理的边界和稳定性，否则绩效反馈就无法促进其集体学习（见第 2 章）。我们在第 1 章中讨论的那家美国国际航空公司的空乘团队是不可能从航班反馈中学习的，因为团队成员在不断变化，当航空公司收到某位乘客的评价时，曾为该乘客服务的空乘团队已经不存在了。航空公司能做的只有在每名空乘人员的个人档案中留一份记录，这可能有助于今后的个人绩效评估，但无助于空乘团队的改善。

即使一个团队结构稳定，且成员拥有心理安全感，团队的集体学习也并非理所当然就能实现。我们将在第 6 章中看到，团队教练最重要的职能之一就是：帮助成员克服反学习障碍，然后从工作表现的反馈中获得经验教训。

如果团队工作有助于一个稳定的团队获得持续可靠的反馈，并辅之以团队教练的指导，那么团队就能发展成可以自我修正的执行组织，每次获得经验教训都会被团队成员视为改进的机会。当然，只有团队拥有关于其绩效的数据，才有可能实现自主学习。而且，只有吸取教训，团队才有可能提升。

团队设计不佳的负面作用

团队设计不佳可能会强化反学习的态度。在设计不佳的团队中，成员即使收到了关于绩效的大量反馈，有时也会有意无意地忽略学习进步的机会。我曾经与美国的一家州立福利机构的社会服务团队合作，这个团队的成员几乎放弃了所有从反馈中学习的机会。他们获得的反馈有些来自客户，也有些来自该机构编制的统计报告以及对团队生产力和效率的监督评估。我在几个月的考察过程中发现，这个团队的成员从不借助各种反馈来思考团队如何提高生产力、效率和服务质量。相反，团队成员不断地相互安慰——在一个近乎不可能的情况下，他们已经做得很出色了。那些对团队表现提出疑问或改进建议的管理者被认为是对一线工作的严谨性一无所知。团队认为客户"只是想得到更多服务"，对实际的服务质量不做评判。团队还认为其收到的统计报告即便不是被用来故意误导他们的，也与实际情况毫不相关。团队成员在彼此的交谈以及和我的谈话中表示，他们肯定自己的团队是一个优秀的社会服务团队，并拒绝理会或合理化任何可能会暗示不同情况的数据。

这个团队的成员不是坏人，他们中的大多数对自己的工作和客户都很负责。他们坚信自己所做的事情很重要，且接受了比其他组织更低的工资和更多的工作量。但是团队设计没有做好，团队目标本可以更加清晰。虽然团队成员在如何应对客户的家庭问题上有一定的自主权，但是法律政策和福利机构的规定极大地制约了他们的自主权，阻碍他们为客户争取最大利益。也许部分是由于设计上的缺陷，这个团队的成员成为一种常见的群体障碍的受害者。受这种障碍困扰的群体倾向于认为自己是善良的，而其他群体会给他们的工作造成障碍。在这个团队的情况里，其他群体包括客户和管理层。在这种情况下，即使有大量的反馈，这个设计不佳的团队也可能会形成反学习的态度，其成员无法取得对自己和客户都非常有价值的进步。

平衡利益与风险

对组织及其客户而言,设计由团队执行的工作有诸多益处。正如我们在前文中所看到的那样,团队任务可以结构化,令成员感受挑战性,让他们从头到尾完成整个任务,从而提升任务的意义。团队可以明确规定成员自主权的范围,实际决定工作方法和流程,进而增强团队成员对工作成果的集体责任感。向整个团队提供绩效反馈,既可以让成员得知相关方对其工作结果的真实评价,又可以让他们有机会从共同的成败中学习。当一个团队具备上述特征时,共同的内在工作动机就能被激发出来。在许多情况下,这可以促使团队持续进步。

然而,由团队执行工作也有风险,这可能会抵消甚至逆转团队合作的上行潜能。尽管精心设计的工作是为团队效能奠定基础的关键因素,但即使是最佳工作设计,也不能确保良好的绩效。只有用富有感召力的团队目标(第3章)、支持性组织环境(第5章),以及专业指导(第6章)来优化赋能的团队结构,才能实现团队工作设计的优势最大化、风险最小化。团队工作结构化很重要,但它并不是与团队效能相关的唯一因素。

构建核心规范,助力团体目标的实现

团队规范明确了哪些行为可接受,哪些行为不可接受。恰当的行为会得到强化,不可接受或不恰当的行为会被禁止。因为每个团队成员都会相互影响,所以个体的行为很容易被其自愿加入的团队塑造。

规范的一大好处在于,可以囊括团队成员需要的一切,但是在实践中,规范往往侧重于对团队成员来说特别重要的行为。如果团队成员决定建立行为规范，以避免互相打扰或确保所有人都能准时出席每次会议，那么他们就需要在团队规范上达成一致。自此之后，那些打扰别人或开会迟到的成员很可能会令其他成员反感。如果团队规范能够有力地约束成员行为，团队中就不会有太多的不当行为。此外，对恰当和不当的行为达成共识的成员越多，团队行为就会越规范。

组织内部的团队培训课程和关于良好团队行为的图书总是重点关注团队规范的发展和执行，相关的培训师和作者都认为这些规范有助于促进高效的团队合作。前文中提到的规范，即不打扰他人和准时参会，通常会出现在"好的"规范列表中，倾听、共享信息、投入、互相尊重、互相信任和承担风险也是如此。相比于没有上述规范的团队，我更愿意加入具备这些规范的团队。

那么，创建团队的人是否在一开始就应该将规范明确纳入团队的基本结构呢？我建议不要这么做，因为这类行为规范对形成高效团队来说不是主要的，而是次要的规范。高效团队的核心规范在于规范团队与外部的关系，也就是需要应对团队与其所处环境之间的关系。这些规范通常包括：

- 团队成员应该主动了解团队所处的环境，即持续观察环境，并相应地调整团队的绩效策略。团队的绩效策略简单来说就是，团队成员对如何开展工作所做的一系列选择。
- 团队应该划定其运作的行为界限，明确成员必须经常做和绝不能做的行为。

在以上两种核心规范中，第一种降低了成员持续推进不恰当工作策略的风险，也降低了无法关注到环境中机遇和阻碍的风险；第二种降低了团队因无意中违反组织规范而陷入麻烦的可能性。行为受到上述两种规范引导的团队，在工作中遇到令人不快的意外事件的概率较低，而且相较于规则均专注于内部行为的团队，前者更有可能发展出与其任务更匹配的绩效策略。我们可以肯定，外向型规范能助力团队提高绩效。而且这类团队规范提供了坚实的平台，团队成员可以以此为基础，发展他们认为有助于指导和规范团队内部流程的其他规范。

在第 1 章的美国国内航空公司空乘团队案例中，已描述过上述两项提升团队有效性的基本规范。案例中，该空乘团队在一个阳光明媚的日子里服务前往佛罗里达的度假航班，接着又服务了一趟因天气延误、前往波士顿的航班。在两次飞行前，空乘团队都迅速审视了工作环境（上述第一项规范），并针对度假旅客和商务旅客的不同需要明确了工作策略。该团队在这两趟航班上选择的策略截然不同：佛罗里达之旅是一次轻松有趣的飞行体验，而波士顿之旅显得高效、低调、务实。

同时，这个空乘团队的成员也遵循"必须做的常规事项"和"绝不能做的事项"的规范，这些规范是由管理者制定的。在两趟航班上，空乘团队必须遵守每条安全规定范，也就是"必须做的常规事项"。他们没有在任何航班上提供酒水，即"绝不能做的事项"，哪怕酒水可能会点燃佛罗里达度假航班乘客的情绪，也能够在一定程度上安抚波士顿航班上的那些商务旅客。这个空乘团队将上述两类外向型规范纳入了日常工作中，成员能把握住团队遇到的特殊机遇，在飞往波士顿的航班上避开潜在困难，竭尽所能地在组织允许的范围内做好工作。在这两趟航班上，空乘团队高效地调整并实施了工作策略。但是，如果是一个新组成空乘团队，且尚未发展出自己的操作规范，就不得不从零开始发展自己的工作策略。

第 1 章里讨论的美国国际航空公司的空乘团队同样也遵守团队规范，但这个团队的规范均指向团队内部，旨在减少成员开展工作时遇到的干扰和混乱。

例如每名空乘都必须理解自己的工作，并严格遵循精心设计的操作流程，促成完美的团队表现。这家公司的空乘团队合作的时间都不够长，无法形成独特的工作方式，所以全体空乘人员都必须遵守这些规范。

尽管空乘人员可以加入任何团队而不必关注其队友的期望，因为无论是哪个团队、哪趟航班，对于他们的期望值基本相同，但这家美国国际航空公司的内向型团队规范不鼓励团队分析工作环境，并根据每个航班的特点调整工作模式。只有当航班因故备降到一座陌生的机场，空乘团队必须为所有乘客解决食宿问题时，这家公司的空乘团队才改变了做法。因为此时此刻，标准的团队规范已经无关紧要了，团队开始专注外部，所以我的同事才在这趟航班上目睹了团队成员的积极性和创造力。

对抗普遍的人性倾向

如果提升团队效能的两大核心规范能自然形成，那将再好不过了，但事实往往并非如此。相反，人们必须深思熟虑，将核心规范作为团队结构的特征创建出来，因为这两大规范的运作违背人性的普遍倾向，而这些普遍倾向可能阻碍高效的团队合作。

第一种普遍倾向是，人们对所有吸引注意力以及需要回应的事物都会做出反应，而不会积极观察所处环境，发掘隐藏的问题和机遇。后者可能需要人们采取非常规的举措。这就像条件反射一样，遇到一个刺激后会做出反应。例如，一个学生给我发了封电子邮件，要求和我见面（刺激），我回复说我们可以在某个具体的时间见面（反应）。另一个学生写信给我，请我阅读一篇研究论文的初稿，我立即同意并写了评语。随着时间的推移，我的反应已经成为习惯：我不再明确思考对方的要求，也不再考虑自己可选择的其他回应。很多时间管理类图书就尝试打破这种思维模式，要求读者明确自己的优先事项，识别自己在实现主要目标过程中产生阻力的环境特征，并慎重制定策略，把真正重要的事情放在第一位。

在团队中，也发生着同样的事情。团队成员发展出共同的规范，用来处理团队工作中的常见事件。在事件出现时，团队成员会自然而然、无意识地遵循这些规范。如果你问这些规范感很强的团队成员为什么会这样做，他们可能就会给出一些毫无意义的回答，比如"我不知道，在我们这里事情就是这样做的"。换句话说，这意味着团队规范正在无声无息、有条不紊地发挥着作用。

在此，我想举一个大学里的例子。我参加过无数次教师会议，其中很少能给我留下深刻印象。在会议中，我们会提出一些常规内容来请大家思考，然后对其中部分内容进行冗长的讨论，最后快速略过其余的内容。我们在会议中几乎不会中止讨论，以便思考我们所处的环境中是否存在任何议程之外的机遇或限制。如果有一条规范可以用来积极审视我们的大学和各自的知识背景，为院系的进一步发展做出战略规划，那我们一定会受益匪浅。但我们是教师，所以自认为不需要这样的"人为道具"，于是我们就这样一直让机会白白溜走，对原本可以预判的问题感到意外。

第二种普遍倾向是，保持与他人的和谐互动。这一点很容易理解，每个团队成员都希望得到其他成员的认可，尽可能减少自身焦虑，而不希望被否定。这种倾向有时会让我们不假思索地做一些原本可能不该做的事情，或者为了取悦我们的队友和客户而用力过猛。我们可以通过构建团队结构，来设置明确的界限，规定哪些行为是可以接受的。由此，既能让团队成员明确行为红线的位置，也能让他们共同遵守规范，以确保所有成员不逾越红线。

将以上两大核心规范纳入团队结构非常重要，当团队面对以下两种情况时尤其如此。一种是必须迅速回应一连串要求，另一种是政治或社会重压下，团队成员会为了取悦客户和上级而打破团队行为的外部限制。在第一种情况下，团队成员会觉得除了尽可能地迅速回应，没有时间做其他事。在第二种情况下，团队成员可能会为了获得重要人物的认可，而放下自己的标准。

在前文讨论过的美国行政管理和预算局的财务分析团队案例中，上述两种情况都存在。这类团队必须处理几乎永无止境的问题和需求。这类团队中的成员非常容易陷入反应模式之中，竭尽所能地及时应对所有需求。如果在一天结束时能够清空邮箱，他们就会相互祝贺。但是这对马赛亚森来说远远不够，所以只要一有机会，他就会强化两大核心规范的重要性。他向财务分析团队明确表示，尽管响应客户的请求很重要，但这不是他们应该做的唯一事情，甚至都不是最重要的事情。他强调说，最重要的事情是确保客户尽可能充分地了解政策和规划对预算制定的影响，这些客户中的大多数是政治任命的。这意味着，财务分析团队必须时刻保持警惕，确保其成员能够在紧要的客户需求提出之前，就能知晓正在发生的事情，并及时掌握新出现的问题。

正如我们在第 3 章中看到的，马赛亚森明确了可接受的行为界限，为财务分析团队设定了方向。团队"必须"以最专业的水平进行分析和结果汇报，同时"绝对不会"屈服于来自客户或其他方面的政治、社会压力。马赛亚森说，这些客户还必须处理自己的紧急事项，作为政治任命者，他们都具有政治倾向。因此，团队不能指望客户会要求分析报告尽可能面和客观。马赛亚森表示，这样，责任就完全落在了分析团队的成员身上。如果一位客户想截取一部分图表，让某些政策的长期预算影响不那么明显，或者拉伸图表中的纵轴，让某个政策的效果看起来特别明显，那是客户的事情，财务分析团队不应参与。

规范形成的 3 种方式

马赛亚森建立的核心规范对美国行政管理和预算局的财务分析团队来说极富成效。团队很少会受政治或经济发展过程中意外事件的影响，他们通常在客户提出新问题之前就已经掌握了处理新问题的策略。如果团队领导者没有创建明确的团队规范，这些规范会自然形成吗？为了回答这个问题，我们必须先来看看三种不同的团队规范形成方式。

团队规范形成的第一种方式是，团队成员将规范"导入"团队中。每个成员都会根据自己以往的团队经验，将预期可接受的合理行为导入团队。如果团队成员的经历相似，那么此类行为就会在从未明确讨论过的无形规范指导下有序地展开。这个现象很普遍，我们都知道在不同的群体性场合中应该做什么和不应该做什么。在这些情况下，人们的行为通常井井有条，因此无须讨论团队规范。

团队规范形成的第二种方式是，团队成员尝试不同行为，规范在这个过程中逐渐演变形成。通常情况下，团队成员会发现：有些行为很有效，在团队中得到了积极的评价；而另一些行为没有达到预期的效果，甚至可能会让采取该行为的人遇到麻烦。不久之后，团队成员认为重要的团队行为规范就会形成。我曾受邀加入一个由教师和学校管理人员组成的团队，我们将评估一名合同即将到期、面临续签的大学职员的工作绩效。我们以前都做过此类工作。我们不仅要制定评估策略，而且必须建立关于合作的行为规范。虽然我们从未明确讨论规范应该是什么，但在第二次或第三次会议时，我们已经对一系列恰当行为形成了一致的期望，这些期望在无形中指导着个人和团队的行为。

团队规范形成的第三种方式是，创建团队结构时将团队规范作为其中的一部分。就像前文提到的财务分析团队的核心规范那样，第三种形成方式将我们引至最初的问题：提高团队效能的核心规范是通过个体成员输入而自然形成的，还是在团队日常工作中逐渐演变形成的，抑或唯一可行方法就是建立两大核心规范？据我所知，没有证据可以直接回答。但是，大量关于社会环境中行为的知识与这个问题有间接的关系。这些知识表明，团队中不太可能建立一些行为规范来促进成员主动审视所处环境和规划策略，也不太可能明确约束针对团队任务的"必须做的常规事项"和"绝不能做的事项"。相反，成员"导入"或自然形成的团队规范可能更关注保持团队、客户及团队内部的人际关系，减少冲突和团队成员的焦虑感，确保所有输入团队的信息能以最小的代价及时转化、输出。

这样说来，自然形成的团队规范很可能有利于维持团队内部人际关系和谐，但不太可能有利于改善团队效能和团队服务对象受到的长期服务。那两大核心规范是违背人性的，它们所支持的行为往往会增加团队内部的焦虑感。归根结底，这就是为什么必须明确地将两大核心规范作为团队结构的一部分。

次要规范的作用

如果团队拥有了上述两大核心规范，那么团队就有很大空间来发展有助于指导和规范成员互动的次要规范了。但是，我并不知道团队次要规范的具体内容，这已不是我的研究范畴了。不过，这些次要规范可能包括成员希望有所规范的全部行为，具体内容因团队而异。

许多团队会发现，在守时、参与、沟通和冲突管理等方面制定规范是有益的。例如，一家保险公司在组织内部分发了一张漂亮的卡片，上面就列出了若干规范，比如"主动接受并分担责任"、"绝不隐瞒"及"绝不容忍派系冲突"，公司高层相信，这样做可以在整个公司内培养良好的人际关系和团队行为。这样做很好，如果团队成员关注行为举止，甚至是衣着方面，那也可以制定相关规范。团队次要规范可以也应该专注于成员认为重要且需要规范的所有行为。

对团队的健康来说，相比于次要规范的内容和覆盖范围，如何创建和实施才更重要，后者更能为团队赋能。在大多数团队中，成员的早期行为会存在很大差异，除非所有成员都有过类似的经历，对恰当行为的预期几乎相同。当成员们发现并想要管控团队中正在发生的过激的、具有破坏性或毫无益处的行为时，团队规范便会开始形成。当这些行为受到规范控制时，团队成员就会知道他们的行为边界在哪里、需要规范什么事项，以及需要给予哪些事项自由度。当每个成员总是在可接受的范围内表现良好时，这样的情况就不太可能发生。这类知识对团队而言是有帮助的，因为如果团队在未来遇到无法以标准方式完全解决的问题，这些知识就会提升成员做出有效反应的可能性。如果团队已经设定规范并挑战了自身的极限，那么它就会更有能力决定是否以及何时再次挑战自己的极限。

另外，许多团队中都会有违背团队规范的人。如果一个成员的言行经常与主要的团队行为背道而驰，那么他可能逐渐会被认为是团队中的异类。"弗农又开始作怪了，"弗农的队友们说，"他总想通过放慢工作节奏来让管理层认真对待我们的请求。"实际上，弗农对团队很有益处。他帮助团队明确可接受行为的边界，还帮助改善了许多能推动任务高效执行的工作过程，只不过他很少带来创新和变革。与弗农的持续相处，促使团队更有可能提出自己应对处境的方法，或者对存在的问题提出新的解决之道。如果弗农只是一味遵守团队可接受的行为规范，那么上述变化都不可能发生。像弗农这样的人，会做出违背团队规范的行为并在个人认为重要的方面为团队服务，哪怕他们的队友常常希望他们保持安静、服从规则或干脆离开。

正确的优先级

行为规范是团队结构的一个重要方面，因为它可以有效地协调、规范成员的行为。但并不是所有规范都有助于提高团队效能，领导者的首要任务应该是帮助团队建立核心规范，核心规范能够促进团队达成合格绩效，指导团队应对机遇和挑战，并明确他们可接受的行为边界。只要做到这些，领导者就可以暂时放手，让团队在工作过程中发展出成员认为可能有益的次要规范。

团队中出现貌似"不良"的行为时，几乎所有人都会认为，应首先集中精力纠正这种行为，消除那些貌似最具破坏性的行为，并让那些行为不良的人回到正轨。但我并不这样认为。确实，失控的行为会使团队无法完成任何事。如果团队里没有人听取别人的意见，或者大多数行为旨在贬低其他成员，而不聚焦于实际工作，那么结果也是一样的。当团队内部出现混乱时，如果希望通过发展外向型行为规范来改善团队表现，那么这显然是要求过高了。

然而，绝大多数现实情况并不会那么糟。在正常的团队合作过程中，如果通过建立和遵守行为规范来优先处理不受欢迎的行为，那么这其实仅仅是在处理一种更基本的结构性问题的行为表现。这样做还转移了团队成员的注意力，消耗了他们的精力，使他们无法将核心行为规范落实到位。长远来看，核心行为规范更有助于团队目标的实现。

要想促成更稳固、更持久的团队合作，就要首先确保团队的基本设计良好，其次帮助团队成员充分利用基本设计所蕴含的积极潜能。前文讨论的两大核心行为规范就是良好的团队基本设计的关键特征。当这些规范到位时，所谓"不良行为"发生的可能性会显著降低。而且，即使这些行为出现，团队成员也更有可能应对这些行为。因此，设计和组建团队的人应该始终重视核心规范，并赋予团队足够的自由度来发展其成员希望践行的次要规范，然后帮助团队学习如何更好地发掘和利用现有的"异类"行为的价值。

组建团队必须考虑的 3 大要素

人们在组建团队时最常犯的三大错误如下：

- 总觉得"越多越好",所以团队中加入了太多的人。

- 认为相似的人会相处得更好,导致团队成员过于同质化。

- 认为每个人都知道如何在团队中工作,因此很少关注潜在团队成员的人际交往技能。

人们通常会关注团队成员是否具备与任务相关的知识和技能。我们都知道,如果团队成员对其工作涉及的技术领域不精通,那么团队很可能会陷入麻烦,所以团队创建者通常会确保团队中有大量与任务相关的专家型人才。因此,这里我主要聚焦于上文列出的三种团队组建时可能出现的错误,以及如何避免这些错误,而不会过多描述确保团队成员明确知道如何去做他们应做之事的必要性。

要素1,团队规模

演奏弦乐四重奏需要4个人,驾驶一架波音737飞机需要2名飞行员,组成一个完整的陪审团需要12个人,一个不能多、一个不能少,所以组建这类团队的人可以专注于团队表现,而不用考虑团队规模。然而更常见的是,在组织中创建团队的管理者对团队规模有相当大的决定权。有时他们组建的团队规模太小,以致无法很好地完成工作,但更常见和更危险的错误是让团队规模过大。

弗雷德里克·布鲁克斯(Frederick Brooks)是IBM的系统编程团队前任经理,这个团队在20世纪60年代推出了OS/360系统,当时这是工作量最大的项目。大型项目需要大量协调工作,存在众多的不确定性,项目进度往往会落后。在这种情况下,人们会倾向于计算项目进度的落后程度,然后通过增加人员来弥补。因此,如果滞后的进度是12人在一个月内能够追平的,那么也许可以增加相应的人力来使项目按时完成。布鲁克斯说，这种方法在软件开发领域的成功率并不高。事实上，增加人员会产生反效果，这就形成了"布鲁克斯定律"，即"为延迟的软件项目增加人力会使项目拖得更久"。

心理学家伊万·斯泰纳在分析团队规模对团队生产力的影响时，也得出了同样的结论。如图 4-2 所示，如果团队的人力得到最充分的利用，那么理论上该团队的生产力，会随着团队规模的增加而增加，但增加的速率是递减的。每个新加入的团队成员都会带来新的价值，但没有前一个成员贡献的价值大。因此，将团队规模从 2 人增加到 3 人与从 12 人增加到 13 人相比，前者在潜在生产力方面形成的差异要大得多。

然而，根据斯泰纳的"流程损耗"理论，团队无法达到最佳的潜在生产力水平。这些流程损耗包括之前讨论过的团队内部动力衰减、协作问题，以及团队工作中的无数其他低效情况。

如图 4-2b 所示，流程损耗会随着团队规模的增大而增加，并且增长速率会加快。一个团队的实际生产力就等于它的潜在生产力减去流程损耗。如图 4-2c 所示，当团队规模增加时，实际生产力会在一段时期内增加，然后趋于稳定。对规模非常大的团队来说，最后实际生产力会下降。当团队规模变得非常大时，产生的问题会远远超过新加入成员带来的资源增量。

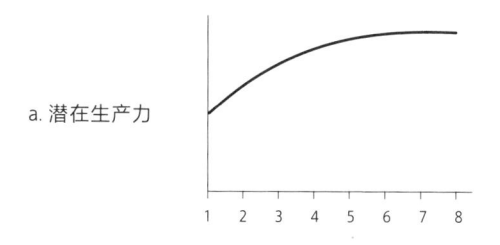

a. 潜在生产力

b. 流程损耗

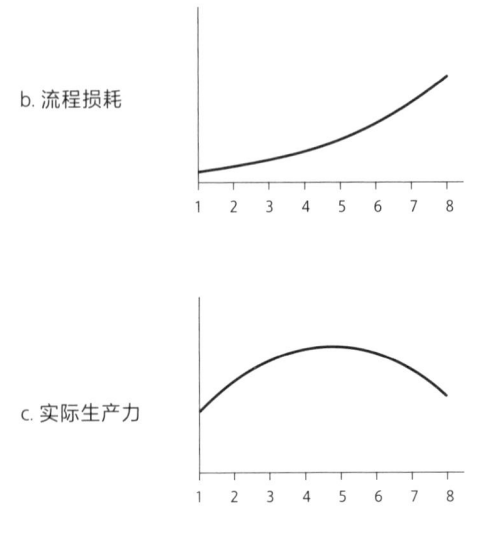

c. 实际生产力

图 4-2　团队规模与生产力的关系

资料来源：Steiner (1972), p. 96。

是否存在最佳团队规模：既能将团队中人力资源的利用最大化，又不会让团队面临风险，陷入持续协调大量人员的困境？尼尔·维德马尔（Neil Vidmar）和我进行过的一项研究暗示了答案。我们设置了 2 ～ 7 人组成的团队分组，以评估团队规模对各种智力任务的完成过程和绩效的影响。在团队完成各自的工作后，我们会要求参与者独自回答是否同意以下两种：

- 这个团队人太少了，无法在工作任务上取得最佳成果。
- 这个团队人太多了，无法在工作任务上取得最佳成果。

回答的选项分别是"强烈不同意""既不同意也不反对""强烈同意"。我们将这两个问题的答案的平均得分标注在同一幅图上，结果如图 4-3 所示。不出意外，很少有人认为 2 人组成的团队规模太大，也很少有人认为 7 人组成的团队规模太小。值得关注的是，图中两条线相交的地方。我们从相交点画了一条垂直线（图中的虚线），并发现团队的最佳规模是 4.6 个成员。

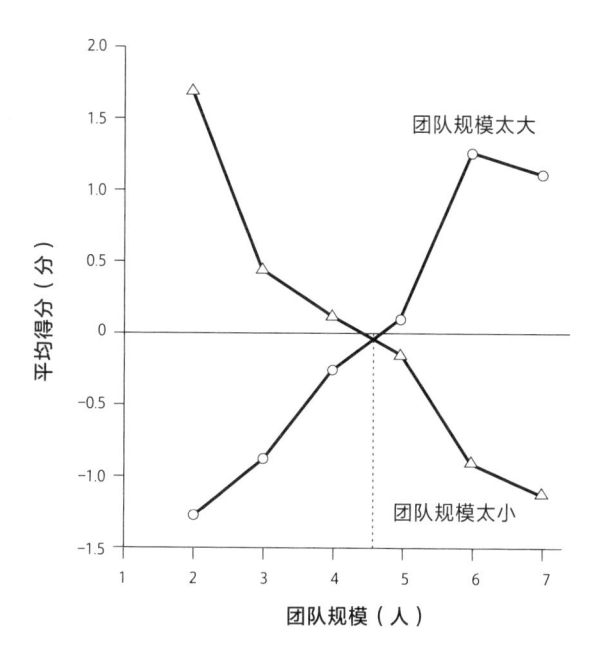

图 4-3　团队规模与平均得分间的关系

资料来源：Hackman and Vidmar (1970), p. 48。

这个结论只是通过一次不那么重要的研究的数据得出的，但它确实提醒我们，在大多数情况下，团队规模越小越好。事实上，当一个团队的成员比任务实际需要的人数少一些时，团队可能会运行得更好。上文提到，驾驶波音 737 飞机需要 2 名飞行员。事实上，波音公司的工程师设计的飞机驾驶舱既可以由 2 名也可以由 3 名飞行员驾驶。美国联合航空公司是波音公司的主要客户，前者希望将驾驶舱设置为由 2 名飞行员驾驶，从而节省大量人力成本。但飞行员会认为这架飞机应该配 3 名飞行员，因为这款机型将在繁忙的空域里进行多次短途飞行，如果有第三双手来帮忙，有第三双眼睛来观察潜在的飞行路线障碍，航班肯定会更安全。

当关于在岗飞行员人数的分歧无法通过讨论消除时，美国联合航空公司和飞行员工会联合发起了一项研究，比较了分别由2名和3名飞行员组成的机组团队在实际飞行中的行为和表现。毫无疑问，你应该已经猜到研究结果了：配备3名飞行员与配备2名飞行员相比，没有表现出全面的优势。诚然，配备3名飞行员可以让飞行员更频繁地前往客舱，这或许有助于加强飞行员和空乘人员之间的合作。但是相比于配备2名飞行员，配备3名飞行员在发现更多需要关注的潜在航线冲突方面并没有优势。

那么，最佳团队规模是多少人呢？这当然取决于任务的规模，但我可以提供一条经验法则。在哈佛大学课程中，我要求学生项目小组遵守这样的规定：一个团队的成员不能超过6人。6人团队有15种2人搭档的组合，而7人团队有21种2人搭档的组合，但两个规模的团队在运作绩效上的差异相当明显。

如果有足够的证据能够证明小规模团队更有优势，那么我们为什么还会看到这么多大型团队在组织中挣扎呢？"成员越多绩效越好"的错误假设是造成这种现象的部分原因，主要原因更可能是团队成员的情绪问题，比如让大量成员分担责任，以及出于政治利益方面的考虑，有时需要确保所有利益相关方在团队中都有代表，这样他们就更容易接受团队的产出。由于这些原因，不同领域的人们会一个一个甚至一对一对地被拉到团队中，形成一个大型的、安全的、政治正确的团队，但是这个团队会发现自己无法产出符合最低标准的成果，更不用提产生任何创意了。

我曾经问一家大型艺术博物馆的执行馆长，40人的董事会到底能做些什么。他笑着回答说："除了捐钱，没别的事，这正是我想要的。"有时候，那些创建大型团队的人非常清楚自己在做什么。但如果一个人真的希望自己的董事会、高管团队，或其他需要很多成员的团队成为高绩效团队，那么他会做出怎样的选择呢？

选择还是很多的。我所在的哈佛大学有一个由 30 人组成的监督委员会，我们可以从他们那里寻求真正需要的想法、观点和见解，当然还有捐赠，但他们并不是大学的管理者。决策的责任在哈佛理事会，这个团队由外部成员、校长和学校财务总监共 5 人组成，规模正合适。和所有组织的董事会一样，这个团队能够做出与其责任匹配的重大决策。

另一个案例是我研究过的一家初创公司。它的规模变大后，公司的十几位创始人无法步调一致地以非正式的方式做出决策了——这种方式在公司初创期很有效。当时，这家公司的首席执行官总结道，是时候建立更高级的管理结构了。他考虑过自己设计这种结构，但这样做与他和同事们非常重视的合作和民主精神不一致。他还考虑过截然相反的策略，即要求十几名创始人自行提出可以让所有人接受的结构，但他敏锐地发现，在这规模的团队中，任何结果都和所有成员个人利害极度相关，所以不太可能通过这样的方式制定出能很好地服务于组织的结构。这位首席执行官最终组建了一个由 4 名背景各异的成员组成的工作小组，这 4 人都受到同行的高度尊重，他们的任务是提出新的管理结构，并由首席执行官审查、修改和批准。但首席执行官并没有止步于此，他还为这个工作小组创建了一些"必须做的常规事项"规范，要求每个成员都负责与小组外部的三名高管保持密切联系。在每次工作小组会议前，每个成员都要同这三名高管通话。每次会议的第一项议程就是汇报这些非小组成员的意见，最后一项议程是明确小组应该向非小组成员传达什么信息或要求他们去做些什么事情。这个小组的成员认真履行了交流信息的职责，虽然一路上磕磕绊绊，有时会遗忘会前和会后的交流，但最终这个小组制订了首席执行官和其他公司高管都接受的重组计划。

微软公司保护自己免受大规模团队的挑战的策略之一是，通过组织设计，使核心编程团队达到足够小的规模。通常，团队由一位项目经理和3～8位开发人员组成。针对大型开发项目，公司采取模块化模式，为每个团队规划了清晰、简洁的工作愿景，明确了工作完成的最后期限，并赋予了每个团队很高的自治权，允许他们用任何方式完成其负责的项目。即使是负责所有团队运作的开发中心，包括负责监督独立模块之间衔接的管理者团队，规模也相对较小，通常为300～400人。在采用传统工作结构的组织中，这样的项目团队人数可达到1 000人。根据麻省理工学院管理学教授迈克尔·库苏马诺（Michael Cusumano）的研究，微软已找到了让大型团队像小型团队一样运作的方法。

最后再分享一个案例。奥菲斯室内乐团自1972年成立以来，一直只有26人，且一直致力于演奏室内小型管弦乐团曲目。他们没有指挥，所有成员都尽可能参与对曲目的艺术诠释（更多关于乐团的信息，请参见第6章）。但是一个26人的乐队规模实在太大了，不可能完成像弦乐四重奏团队那样的精密合作。由于每个人都有自己的想法和诠释方式，所以排练时可能会嘈杂不堪。因此，乐队成员想出了"明确演奏核心"这个办法，也就是由主要演奏者组成小型核心团队，在第一次全体排练之前先会面，为作品确定基本演奏框架。当其他成员加入时，这些核心演奏者负责帮助其他成员理解并落实核心团队的想法。当然，所有演奏者仍然可以向乐团提出关于演奏作品的新想法，但出发点必须符合核心团队的既定诠释方向。

我曾经向诸多大型交响乐团的演奏者、指挥和管理者提出了上述核心理念。既然这个理念对奥菲斯室内乐团如此有效，难道不能适用于百人以上的乐团吗？在第一次全体排练之前，主要演奏者难道不能单独与指挥见面吗？我想，这个建议很中肯，即使不去尝试，至少也值得考虑吧。但事实是，没有人听我的。他们告诉我，这样做会违反劳动合同。指挥绝对不会允许这类行为的发生，而且演奏者也会反对。所以结果是，那些大型管弦乐团一如既往地演奏着伟大的曲目，但很多音乐天才在排练舞台上无用武之地，音乐家的投入和负责程度也达不到他们原本可以达到的高度。

与团队结构的其他方面一样，团队规模最终会有一个选项。要想让这个选项既有助于团队成员做出不同贡献，又能促进高效的集体行动，就需要有充分了解情况的勇气，以及创新和实验的意愿。

要素 2，团队成员构成

一个具有良好成员构成的团队需要平衡好成员的相似之处和不同之处。一个成员过于同质化的团队可能会氛围融洽，但会缺乏良好绩效所需的资源。一个成员过度多元化的团队可能拥有各种不同的能力和视角，但无法得到很好的利用，因为成员在思维和行为模式上的差异太大。在一个平衡的团队中，成员们既拥有各种各样的才能和视角，也有相似之处，足以相互沟通和协调。

创建和维护一个平衡的团队远比描述它更困难。虽然多样性过强确实会造成功能障碍，但是在组织中，更普遍和有害的问题是成员过度同质化。团队中存在多种力量，它们会共同促进成员间的相似性。一方面，人们可能会被某个具备多种与自身相似的属性的团队吸引。与喜欢从事不同项目或加入不同团队的人们相比，那些喜欢从事同一种工作或经常一起共事的人可能更相似。如果可以选择，我可能更愿意与那些和我一样有一定阅历、母语是英语、来自美国中西部、抽烟斗的白人男性学者一起从事某个学术项目，而不太愿意在这些方面和我不一样的队友一起工作。有一点需要理解，管理者更喜欢组建在他们看来可能会相处融洽的团队，这样往往会强化这种自我选择的偏见。当团队出现岗位空缺，而团队成员有权决定谁将填补这个位置时，要求未来成员"像我们自己"的偏见就会主导整个选择过程。至少在那些还不够成熟、没有意识到多样性对完成集体工作的价值的团队中，情况就是这样的。

当一个团队组建完成后，同质化趋势会继续存在。团队中成员会渐渐地、不可避免地形成对现实的共同看法，这意味着他们的世界观会随着时间的推移而逐渐趋同。并且如前文所述，团队成员会导入或建立规范来约束各自的行为，这意味着成员的行为也很可能会随着时间的推移而变得更加相似。一旦上述情况发生，成员通过共同的团队认知和行为所形成的信念和态度也会逐渐趋同。最后，大多数团队在生命的某个时刻，会面临若干成员决定离开或被要求离开的境况。这些离开的人不是随机的，而是那些在某种程度上被视为或自认为与团队其他成员不同的人。

所有这些力量都作用于同一个方向，那就是使团队最终由极其相似的人组成，这样的人在一起很容易和谐顺畅地工作。此外，成员同质化的团队几乎肯定会发现，成员们更容易发展"共享心智模型"，这种模型解释了一个团队在什么条件下才能高效运转。

然而，同质化团队也面临两个棘手的现实问题。首先，尽管同质化团队的成员之间可能有良好的关系，但几乎没有证据表明，同质化团队比多样化团队的绩效更好。其次，同质化团队中的工作经验不太可能促进成员的个人学习，因此作为整体的团队在学习上也不太可能获益。而在多样化团队中，工作经验的作用恰恰相反。试想，我还能从我喜欢的那群抽着烟斗的白人教授身上学到些什么呢？已经不多了。

事实上，如果一群相互不同的成员发现他们在如何推进任务的问题上意见不一，那么他们就有可能改善决策，甚至他们想出创造性想法的机会会更多，这种情况在任务引发冲突时很常见。多样化团队在早期确实会经历艰难挑战，因为在这个时期，成员们都努力想了解清楚该如何一起工作，此时的人际冲突肯定对绩效不利。但是，如果能够挺过早期的困难，他们很可能就会比那些自始至终交流顺畅的同质化团队更有可能提出创造性想法。

要想拥有良好的成员构成，关键就要平衡好他们的相似之处和不同之处。在巴特勒制造公司，这样的做法在谷物干燥机组装团队组建之前就开始了。未来的团队成员要先分别接受3种基本培训（一共有5种培训），然后与接受过其他培训的人组成团队。这个做法确保了团队成员的技能共性，使每个团队都拥有不止一名有能力完成每个子任务的成员，又能使团队保持适度多样性。这种平衡既使团队能更灵活地部署人力资源，又促进了团队成员之间的相互支持，还能使成员接受不同的培训。

人与人之间的社交力量会自然地磨平团队的棱角，打磨团队结构中心，这种力量强大且可以相互增强。要想对抗或调整上述力量，一个好办法是在最初组建团队时纳入多样化的成员。但仅仅有良好的成员构成是不够的，我们将在第6章中看到，多样化团队也需要专业指导。当团队的多样化不仅与成员的技能相关，而且与成员个人和团队的身份特性相关时，专业指导会更加有助于团队有效地从成员的差异中学习，并在工作中发挥这些差异带来的优势。

要素3，成员的人际交往技能

有些人可能始终都不适合团队合作，他们单打独斗可能会对组织做出很大的贡献，但在团队中工作时可能并非如此。这类人的破坏性或不恰当行为都会给他们所在的任何团队造成困扰。这类人可能会表现得很粗鲁，疏远其他成员；会在团队已经决定了工作目标后，仍然坚持另一个不同的目标；会不顾实际工作，不断升级冲突；会经常误解别人的要求或建议；或者会像个讨厌鬼一样碍手碍脚，而无法协力帮助推进工作。

毫无疑问，组织内成员的人际交往能力、与人合作的能力都存在差异，我们可以称这些能力为"情商"。我们在所有职能和组织级别里都可以发现这种差异。例如，成为一名高管并不意味着以前较弱的人际交往能力能自动提高。

当然，要想在一个团队中很好地发挥作用，就必须具备一些基本的人际交往技能。因此，理想的团队应该完全由具备必要人际交往能力的成员组成。如果其中有些人没有这些技能，那么可以让他们通过培训来获得。有时，范围更广的人际交往技能培训可能是必要的。在那些重视设计和管理员工个人工作的传统组织中，大多数员工可能已经掌握了个人工作所需的技能，而团队合作拓展了他们现有的能力。

那么，对于那些既不具备团队合作所需技能，又不愿或不能习得上述技能的人，我们能做些什么呢？在成立团队时，有三种方法能应对这样的个人。一种方法是，和他们保持安全距离，这样他们就不会带来不良影响。事实上，现在部分公司正试图完全排除这样的个人。对此，有一句口号："只有具备团队精神的人才能留在这家公司！"似乎团队合作是衡量个人价值的终极标准，但事实并非如此。还有一种方法是把他们放到团队中，任命强大的领导者来控制一切，并希望一切顺利。此时的口号是："这里的每个人都以团队身份工作，没有例外！"这看上去好像每个人都擅长团队合作，但事实也并非如此。

上述两种方法都没有可取之处。第一种方法造成了人才浪费，因为团队故意不让成员发挥才能。第二种方法更危险，一个又一个的团队可能会毁于"团队破坏者"之手，这些"团队破坏者"的个人才华只会因无法与人合作而受到限制。如果这些人坚持不守规矩，且工作能力不足，团队就可以不予任用。但如果他们不守规矩，即使能力超群，团队也不得不想别的办法来应对这个棘手问题。

因此，对团队而言，第三种方法才是唯一现实的选项：想办法促进这类人的工作成果，同时将团队面临的风险降到最低。团队领导者和成员通常可以极大地帮助这类人学习团队合作所需的基本知识。这类人可以在团队的日常工作中学习这些知识，有时这样做的效果比参加一次质量上乘的人际关系技能培训还要好。即使指导没有达到预期的效果，团队也仍然可以选择远离这类人，这样团队工作就可以相对不受其干扰。

一个人际交往能力不足的人，会被赶出团队。这很残酷，只有在所有方法都无效时，才应该采取这个方法。因为开除团队成员代价很大，最明显的代价是团队失去了这个成员对团队的潜在贡献，其中可能包括一些有助于完成任务的特殊才能。而且，失去这种"破坏性"本身可能就是一种很大的代价。正如前文提到的，那些违反团队规范的成员，那些坚持提出其他人不认可的观点的成员，那些做出被视为越轨行为的成员，会通过特殊的方式为团队做出贡献。有时候，少了一个"不正常"的成员，团队往往也就失去了从全新视角思考的机会。

有一种更严重的风险在于，对一个人际交往能力不足的人不予理睬或忽视他的行为本身就可能是错误的。我们都倾向于认为表现出破坏性或偏离目标的行为的人有问题，但有时，这些行为实际上可能反映了其他团队的观点，而这些观点在我们自己的团队中并没有体现。例如，如果一个团队由 5 名营销人员和 1 名经常"找茬"的工程师组成，团队似乎总是无法正常运转，那么这可能确实反映出这名工程师有不太正确的地方。但也有可能这名工程师正在以另一个团队的成员的身份表现出和这个团队不同的观点或工作方式。这名工程师可能完全没有意识到自己的行为，甚至没有意识到团队内部问题实际反映了团队和工程部门之间的紧张关系。如果对这种现象不加以重视，团队就会面临疏远或干脆剔除该工程师的风险，而且会遗漏那些本应解决却被压制不提的问题。当行为受到质疑的人在另一个团队的身份至关重要时，比如当这个人的种族、性别、民族或国籍与大多数成员不同时，这种现象尤其普遍，同时后果尤其严重。

对于不擅长人际交往这一现象，还有一种潜在的具有破坏性的错误归因，那就是认为其源于一种"分裂"的心理动力学现象。在充满情绪的环境中，人们有时会无意识地将自己正在经历的积极和消极的影响分成不同的部分，并将积极部分赋予一个人（"英雄"），将消极部分赋予另一个人（"坏蛋"）。人们通过这个方式来应对不确定性和矛盾心理。分裂现象对那些只有少数成员具有特殊之处的团队来说，危害尤其严重。因为这些人很可能会成为替罪羊，被认为"无法在团队中工作"，团队会将本应共同承担的大部分或全部导致失败的责任归咎于他们。团队其他成员的想法是，如果能剔除那个坏家伙，团队的问题就会消失。当事情变得艰难时，把某个成员当作替罪羊的冲动会相当强烈。更糟的是，被当成替罪羊的成员往往会开始按照队友的期望行事，表现越来越糟，最终对团队和个人都造成损害。

最后，团队应该适当抑制责备甚至解雇那些被认为具有破坏性的成员的冲动，原因与团队结构有关。我要再次强调：如果一个团队结构合理，那么其成员就会比任务、规范或构成不恰当的团队遇到的人际关系问题更少。而且，一个结构良好的团队，即使不可避免地会遇到障碍，也更有可能跨越过去，而无须找什么替罪羊。

将个人特质与团队转向相结合

要想有良好的成员构成，团队领导者就要同时关注团队成员的个人特质和团队整体的特质。在个人层面，关注的重点应该是确保每个成员有很强的任务技能，而且拥有足够的人际交往能力。在团队层面，有两个主要因素需要关注。首先是团队规模，团队规模应适当小一些，甚至比完成工作所需的规模还要小一些。其次是成员构成，应平衡好同质性和多样性，要特别注意应对人际间的自然社交力量，它们会使团队成员的信念、态度和行为日趋一致。

赫尔曼·麦尔维尔（Herman Melville）在《泰比》（*Typee*）一书中这样描

述多莉号捕鲸船上的船员:"不幸的是,除了极少数人之外,我们的船员都是卑鄙、胆小的可怜虫。他们各行其是,只有在船长的绝对权威下才会默默协作。"请思考一下团队是如何建成的,我们至少应该做得比这些船员好。

为团队结构注入生命力

团队创建者在团队组成之前就能完成很多事情,做好各项准备,让接下来的团队合作轻轻松松,而不是困难重重。创建者可以设计团队任务,激励成员高度投入,完成集体任务;可以基于广泛但定义清晰的团队边界,确定可以积极促进战略规划的基本行为规范;可以让拥有合适技能和经验的人加入团队,谨慎地确保团队的规模和成员构成都尽可能完美。这些团队结构特征组成了罗伯特·金内特(Robert Ginnett)和我所说的"团队外壳"。一个团队的外壳就像一个鸡蛋的外壳,是一个形成生命有机体内部的外部结构。在团队的例子中,这个有机体是社交系统。卵子在受精之前,不是生命有机体。同样,在团队成员第一次会面之前,团队也不是生命有机体。

金内特和我偶然发现了团队外壳的概念,并在我们研究航空公司和军方飞机驾驶舱机组人员的过程中,开始意识到第一次团队会面的重要性。我们刚开始研究时,假设机长的行为会对机组成员的行为模式产生很大的影响。但是我们惊讶地发现,决定众多机组成员行为的因素在他们第一次会面时已经开始发挥作用了,它们不受机长的控制。例如,飞行任务的设计和机组人员的分工都预先设定好了。驾驶舱里的基本行为规范在很大程度上是由监管机构和航空公司的飞行标准工作人员决定的。机组人员的构成是由设定好的机组人员分工结构共同决定的。在大多数商业航空公司中,机组人员是以人员资历为基础的招投标系统决定的,而这个系统又是由劳动合同要求强制施行的。

机组人员的团队外壳已进化到很理想的状态，这对机组人员和旅客来说是好消息。当机组人员首次会面时，机长的行为确实会影响团队未来的动态（见第 6 章）。即使机长只是让飞行员根据标准的机组结构轻装上阵，工作也很有可能会进展顺利。这就像在服装店匆匆穿上一套衣服，却很合身一样。如果机长遵守基本的机组结构，同时帮助团队成员遵守结构，避免破坏性行为，机组团队几乎肯定会有一个良好的开端。

然而，在其他类型的组织中，一些团队外壳存在严重缺陷，工作的设计、行为规范以及成员构成都与目标相去甚远，这样的团队从一开始就注定会失败。在这种情况下，如果团队已经开始行动，那么几乎没有团队领导者能挽回局面。改变团队任务、重新定义基本行为规范，以及随时调整团队成员的数量或构成，都会变得很困难，甚至无法实现。

因此，建立正确的基础团队结构对于团队取得成功非常重要。只有当团队成员第一次会面时，团队内部才会注入生命。所以，那些团队创建者有两种截然不同但同样重要的责任：确保团队拥有最佳结构；同时帮助成员融入这种结构，并顺利启动团队进程。在团队成立之初，过于专注于其中任何一种责任，而排斥另一种责任，会严重阻碍团队的发展。

无论何时，团队结构都至关重要

有一个幻想看起来非常诱人而且普遍，那就是，不必费心创建恰当的团队结构就可以诞生一个伟大的团队。我们希望市场能让团队的等级制度渐渐失去必要性；我们可以拥有网络，而不再需要组织；无边界的社交系统有助于迅速高效地完成工作；当需要某种结构时，复杂性理论推崇的自组织过程会自动地创造团队结构。例如，不设置管理者岗位的戈尔公司（W.L. Gore & Associates）

被认为预示着全新的组织时代的到来。

当今世界，得益于更强大、更精密、更紧凑的计算和通信技术，我们面对着另一种可能性，我们不必再搭建现实团队，而可以搭建虚拟团队。现在，虚拟团队在极富前瞻性的组织中变得越来越受欢迎，在从事脑力工作的组织中尤其如此。某些一线工作中也有这个趋势，比如销售和服务工作，因为其团队成员大部分时间在出差。在虚拟团队中，成员主要甚至完全通过网络交流互动。虚拟团队可以比那些面对面交流的团队的规模更大、人员构成更多样化，并且因为成员不必在地理上处于同一位置，所以团队在整体上拥有更多的知识。虚拟团队工作状态良好时，可以将广泛、分散的信息和专业知识快速有效地用于团队工作。

这些发展是否意味着团队结构的终结呢？管理者是否不必再担心关于团队设计的困难决策呢？如果给予肯定的答案，那么在到本书出版时，我可能会被证明是错误的，因为虚拟世界的发展速度远比我写书的速度要快，但我的预测是相反的。我的预测是，在接下来的几年里，我们会看到前文提到的乔·弗里曼在20世纪70年代写的《无架构的暴政》的新版本。虚拟团队的组建将比现在的一些团队更随意：大家都不清楚谁是真正的团队成员；即使团队中存在行为规范，也只是在表面上存在，比如"不互相伤害"；虽然成员之间存在差异，但因为差异过大，所以成员无法有效地一起工作。

关于组建高效虚拟团队所需的条件的研究才刚刚开始。我对这一研究的解读是，创造提升现实团队有效性的结构条件对虚拟团队同样重要。但这里有个警告：在虚拟团队中创造这些条件要困难得多。如果团队成员分散在不同地区和国家，那么创建合适的团队结构就是一项重要的管理任务，更不用说要让团队像真正的社会系统一样运作了。许多专业人士都意识到这一点，他们开始花费越来越多的时间和金钱，将虚拟团队的所有成员召集到线下，面对面地召开创始会议，将团队本身作为一个整体，明确其任务，并设置成员在线交流的基本行为规范。在我看来，这一切努力都是值得付出的。但我可能会更进一步，要求团队成员在团队生命周期的关键节点聚集到一起，分享并思考如何更好地使用在线资源，并就如何使团队以虚拟形式更好地开展集体工作做出明智的变革。

团队结构将永远与我们同在。虽然构建并严格维系团队结构很有挑战性，但这是值得的。因为团队的基本结构为成员提供了完成一切工作所需的平台。无论团队成员在同一张办公桌上工作，还是分散在全球各地，借助电子通信协调各自的行动，都要投入时间、脑力和精力来将团队结构这个平台建造得尽可能稳固结实，这一切都是值得的。

> **LEADING TEAMS　高效团队搭建法则**
>
> ▶ 有时，偏离团队规范的人不仅能帮助团队明确可接受行为的边界，还可以帮忙改善许多能推动任务高效执行的工作过程。
>
> ▶ 当一个团队的成员比任务实际需要的人数少一些时，团队可能会运行得更好。
>
> ▶ 人与人之间的社交力量会自然地磨平团队的棱角，打磨团队结构中心。
>
> ▶ 创建团队的人有两个重要的责任：确保团队拥有最佳结构；同时帮助成员融入这种结构，并顺利启动团队进程。

LEADING TEAMS

第 5 章

条件 4，支持性组织环境

明确该为团队提供
怎样的关键支持，
比在组织中执行它们
更直接、有效。

第 5 章　条件 4，支持性组织环境

前三章讨论了真正的团队、富有感召力的目标，以及赋能的团队结构，它们提供了团队合作的基本平台，但团队不可能在组织的真空环境中运作。组织环境的特征与团队领导者的指导可能有助于团队利用基本平台的优势，也可能严重阻碍团队进程，逆转基本平台的优势。即使是那些仔细进行团队设计、组建并开始运作团队的管理者，有时也会退居二线，对团队说："祝你们好运，现在你们要靠自己了！"这些管理者退出得太快了，因为通过设计来提升团队有效性，还需要强化支持性组织环境和专家指导。

如果设计良好的团队是一棵幼苗，那么组织环境就是种植它的土壤，为它提供生长所需的营养。贫瘠的土壤对最健康的幼苗来说都是有害的，缺乏支持性组织环境也同样会限制设计良好的团队的表现。反之亦然，即使是最肥沃的土壤，也无法帮助先天不足的植物生长。同样，再好的支持性组织环境也无法激活一个原本在设计上就有缺陷的团队。这再次说明了优先考虑团队结构和系统的重要性。

很多组织结构和系统都可能会影响团队有效性，没有哪位领导者能够细致到顾及每一个方面，从而确保组织环境的所有方面都能支持团队工作。领导者的首要任务是明确对团队有效性至关重要的具体结构和系统，并给予关注和可能的干预。在这方面，团队背景的相关研究成果可以提供帮助。**尤其值得一提的是，我和同事们发现，有三种支持方式在促进团队合作方面具有特别大的作**

用，即奖励支持、信息支持和教育支持。

本章将探讨这三大体系，以及如何将它们和团队的支持需求结合起来。我们将看到，明确支持性组织环境，比在已运作起来的组织中落实它们更直接有效。

奖励支持，增强成员的共同动力

奖励能够让优秀的团队表现获得认可和强化。奖励支持发挥作用时，会加强具有挑战性团队目标和精心设计的团队合作方式的激励作用。此外，奖励支持还能向团队表明，组织中的其他人，特别是那些设计和执行奖励支持举措的人，足够关注团队的表现，愿意动用组织资源来对团队成就表示认可。认可优秀的团队表现能鼓励成员从"我们"而不是"我"的角度进行思考，对保持团队的共同动力大有帮助。接下来，我们将简要分析本段第一句话，更深入地了解如何制定奖励支持举措，以便促进团队效能。

对贡献的认可和奖励

人们早就知道，在塑造行为方面，奖励强于惩罚。奖励会提升刚刚表现出来的行为再次发生的可能性，而惩罚更有可能让惩罚者不希望出现的行为发生。这个原则适用于：塑造动物的行为，比如训练小狗去取东西；塑造个人的行为，比如在教导孩子讲礼貌方面非常有效；塑造团队的行为，当团队成员作为一个整体获得他们都重视的奖励时，他们会更有可能再次重复以前做过的事情。但像罚款或要求团队做一些令人厌恶的额外工作这样的惩罚可能会让团队成员的注意力转向如何更好地保护自己，避免这样的事情再次发生，这几乎可以肯定不是执行惩罚的管理者想要的结果。

因此，优秀团队获得的最终成果必须是团队成员认可的。如果管理者认为，把团队名称张贴在"公司最佳团队"名单栏上是一种认可优秀团队的好方法，但团队成员认为这样做很傻，那么张贴这份名单就毫无意义。几乎每个人都关心的一种认可方式是经济奖励。至少在西方社会，如果人们想要了解正在发生的事情或掌权者最看重什么，他们就会"跟着钱走"。尽管赞美、表扬和其他非金钱奖励在提升团队绩效方面可以发挥很大的作用，但管理者不能一直靠这些方式。在某个节点，人们还是会希望得到经济奖励，或至少有希望得到部分经济奖励。

在大多数组织中，为优秀的团队提供经济奖励说起来容易做起来难。部分原因是团队的一线领导者很少能直接控制或影响组织的奖励政策。因此，实现这个目标往往需要些创意，正如汉克的经历所告诉我们的那样。汉克是犹他州一家半导体工厂的生产经理，戴维·阿布拉米斯（David Abramis）和我在这家工厂进行过一些研究。刚开始，汉克在工厂里只是一名生产工人。虽然他没有接受过半导体制造方面的正式培训，事实上，他当时正为获得高中文凭上夜校，但他认为自己对如何制造半导体有更好的想法。不久之后，他提出了通过自我管理的团队制造内存芯片的革命性方法。汉克得到提拔，负责管理该厂的一个生产部门，这个部门被称为"晶圆工厂"。他很快就开始试验自己的想法。他设计了半导体制造的标准工作流程，即将连续生产线作业分解成小型团队作业，每个团队负责芯片生产的一部分。团队成员相互学习，在质量控制上承担了更大的责任并受到鼓励，可以在有限的权限内做任何有必要的事情以提高产量。虽然汉克从未读过任何关于团队设计原则的资料，但他创造了一个很好的团队设计方法。

初步结果令人备受鼓舞。工厂的产量增加了，生产工人似乎对他们的新职责很满意，晶圆工厂的其他管理者开始对汉克正在做的事情感兴趣。有一天，汉克给我打电话说："你应该过来看看，团队之间发生了些有趣的事。"每次汉克打电话邀请我，我都会过去，因为我对这位自学成才的管理者所做的事情很感兴趣。就在我过去的同一天，这家公司负责人力资源的副总裁恰巧从位于加利福尼亚州的公司总部来到工厂，我们伫在汉克的会议室里喝咖啡，谈论他从团队试验中学到的东西。我先照例问道："那么，团队进展如何？""问题很严重，"汉克回答说，"生产效率很高，但团队成员开始注意到，现在有人比以前赚了更多的钱，但不是他们。"对话就这样继续着，后来我意识到，这正是汉克安排我和副总裁在同一天到访所希望达到的目的。

> 我：情况看起来很严重。除非你能根据团队表现给予他们某种奖励或认可，否则整体都可能会失败。
> 汉克：我做不到，我只有年终个人奖金基金，现在只能用它来奖励表现杰出的个人，但这样不利于团队发展。
> 我：天哪，别这么干！那可能是最糟糕的事情，它会毁了你的团队。
> 汉克：好吧，我想自己无计可施了。
> 副总裁：等一下。让我们再想想，看看我们能否想到其他可能。

到会议结束时，副总裁在公司薪酬政策之外，赋予了汉克一项额外政策。这项政策允许他在全年任何时候动用年终个人奖金基金，以绩效为依据奖励他的团队。唯一的限制是，在任何财年，都不能超出奖金预算。

公司对待薪酬政策是相当严格的，汉克谈判达成的额外的政策可以算是不同寻常的成果。你是否认为他的行为不道德？他对副总裁提出这样要求是不是有点鲁莽？让我们更仔细地观察他的行为。他对谁撒谎了吗？没有。他欺骗过谁吗？没有。他是否有权决定将个人奖金基金转换为团队奖励基金？也没有。他的行为具有政治性吗？是的，很有政治技巧。

第 5 章 条件 4，支持性组织环境

汉克的政治行为帮他得到了自己需要的权力，这项权力允许他动用公司的资产，同时还能提升组织和员工个人的利益。汉克能否用其他策略和方法来达到同样的结果？当然可以。但是考虑到他在组织内的角色、在公司的影响力以及他的专业知识，他只是一名远离总部的工厂的低层管理者，在公司基本没有影响力，他也没有学习过干预策略方面的知识，他所做的可能就是他能力所及、最有效、最恰当的事情了。假设你对此抱怀疑态度，那请你推测一下，假设他向总部发送一份详尽的备忘录，正式请求公司允许他更改薪酬政策，会发生什么？我猜他现在应该还在等待回复。

汉克成功地得到了使用个人奖金基金来奖励团队的权力，但这只赋予了他所需要的资源。接下来他必须决定具体怎么做，这就又带来了一个问题。一笔个人可能认为相当可观的奖金，在分给若干团队成员时看起来更像零花钱。薪酬研究警告过我们，金钱奖励绝非儿戏。如果金钱奖励的数额无法让得到它的人感到重要，那么奖励本身就没有意义。汉克奖励的钱也不会给其团队成员的生活带来多大的改变。

汉克在有限的资金使用范围内想出了另一个办法：每隔一段时间，表现最好的团队会受邀到盐湖城吃晚餐和看戏剧，其配偶也在受邀之列。我记不清团队成员是不是从家里被豪华轿车接到盐湖城的，但如果不是的话，他们应该有这样的待遇，这将带来额外的感动。晚餐和戏剧增强了绩效最好团队成员的幸福感，这势必会吸引其他团队的注意。毫无疑问，这样的安排强化了团队边界，而且并没让预算超支。但是，这并不是奖励高绩效团队一劳永逸的方案。即使某个团队吃了很多次晚餐，看了很多场表演，也仍然存在非团队成员因为团队的努力而赚了更多钱的现象。在某种程度上，像老板那样表现的团队应该得到像老板一样的待遇，这意味着，他们应该获得一份经济回报。

汉克用相当少的钱来表彰和奖励高绩效团队，这体现了他的非凡创意。那

些被奖金预算政策束缚了手脚的人觉得，除了给予高绩效团队口头表扬之外，没有其他可做的事情。这样想的人应该记住，我们不应低估口头表扬的重要性。受到权威人士的关注，并且他不厌其烦地加以评论，这本身对团队来说就意义重大。但事实上，总有其他更实际的做法可以用来补充对高绩效团队的非正式奖励。

例如，达特茅斯学院的组织心理学家露丝·瓦格曼（Ruth Wageman）曾培训施乐公司服务团队的管理者，她让他们当场自由发挥并奖励绩效良好的团队。我还从没见过哪个组织会完全没有能力认可并强化高绩效团队，但经常遇到这样的管理者：他们自认为什么事都做不了。因此，他们没有发挥自己的聪明才智和政治技巧来寻找解决问题的办法。

视条件提供奖励

我们都希望有不错的薪水和丰厚的福利，而且越多越好。我们中的大多数人也都会很高兴听到老板说"非常高兴你加入我们的团队"之类的赞美或收到表示感谢的小礼物。这种非偶发性奖励确实能增加我们留在组织中的可能性，但它们很少或根本无法激励我们以实现团队最高绩效为目标而一起工作。事实上，这类赞美和奖励可能会发出一个微小的错误信号：有价值的仅仅是在加入团队这一点，它甚至可能比我们在工作期间取得的成就价值还要大。要想让奖励实现激励作用，它就必须和团队的绩效相关。汉克没有邀请所有团队一起吃晚饭和看戏剧，他只邀请了绩效最好的团队。他在这一过程中发出了正确的信号：卓越绩效能为团队带来好处。

根据绩效期望提供相关的奖励很有必要，但这是不够的。此外，团队成员必须了解需要做什么才能得到奖励。所以，必须有令人信服的指标可以用来反映被期望的绩效结果。最后，团队成员还必须意识到，他们对绩效结果拥有实

第 5 章 条件 4，支持性组织环境

际的影响力，他们的集体行为会直接影响奖励的结果。

当满足上述三个条件时，团队就在他们所做的事情和他们所能得到的奖励之间形成清晰的"视线"，因此与绩效相关的奖励和认可能够对成员的集体动力产生强大影响。如果团队的工作只是整个项目中的一小部分，或者没有数据信息能衡量团队绩效，抑或是团队绩效极大地受到如市场情况这样的外部因素的影响，以致无法辨别团队的贡献，那么整个团队的视线就会变得模糊。在这种情况下，管理者可能会选择根据更大的组织单位的表现，比如一个部门或整个工厂，而不是根据具体团队的绩效来进行奖励。不过，组织单位越大，单个团队对其整体绩效的影响就越小，更不用说成员个人了。如果汉克根据工厂整体的绩效来奖励他的团队，那么这些奖励的激励作用就会大大减弱。

团队与决定绩效奖励的团体的距离越远，这类奖励对团队行为的影响就越小。这是大多数公司中面临的主要问题。当公司经营良好时，每个人都能获得经济利益。但一线团队的员工非常准确地认识到，他们当下的工作对公司的影响很小，几乎可以忽略不计。高管发现了这个问题，他们经常试图用花言巧语来说服这些员工，让员工相信其工作确实会产生影响。高管会借用那句古老的格言：人们是在建造一座大教堂，而不是在搬砖头。所以海报上会写着："如果你做得好，我们就会做得好。"

与其制作海报或召开激励会议，管理者不如想办法在团队行为与团队产出之间建立更直接的联系。大多数情况下，最好的办法就是改进团队工作的设计。正如我们在第 4 章中看到的，优秀的团队工作设计包括自主选择具有挑战性和整体性的工作的执行方式，以及直接可靠的团队绩效的反馈。当团队工作沿着这样的路线进行设计时，就能促成有意义、可衡量且团队成员对其负有共同责任的产出。人们能清晰地看到产出与奖励的关系，这正是绩效奖励发挥激励作用必需的基础。如果这些与团队绩效相关的奖励能辅以其他相关偶然奖

励，比如对工厂或办公室集体的奖励，那就更好了。不过，那些与团队的直接成果联系在一起的即时奖励对团队的动机和行为才能产生最大的影响。

这里存在矛盾吗？众所周知，外在绩效奖励会减少而非提升个人的内在工作动机，那么团队是否也是这样呢？团队因为绩效出众而获得外部奖励，比如奖金，这难道不会抵消甚至消除源于优秀的工作设计的内在工作动机吗？

上述问题的答案是不一定，甚至很少会。为了找出原因，让我们来看看那些表明外部奖励会减少内在工作动机的研究。斯坦福大学心理学家马克·莱珀（Mark Leber）及其同事进行的一项研究极具代表性。研究人员会给学龄前儿童一些彩色记号笔，并请他们画画。其中一些孩子被告知他们会因为画画而获得"优秀画家"证书，而另一些孩子没有得到这个信息。几周后，研究人员在孩子们的教室里放上同种记号笔，并记录每个孩子用它们画画的时间。那些得到外部奖励的孩子花在画画上的时间比那些没有得到奖励的孩子要少得多。研究人员在成年人身上也得到了类似的结论：当一个人在从事其内心认为很有趣的活动时，如果得到了外部奖励，那么他做这件事所花费的时间就会减少。

上段文字的最后一句话中的关键词是"做这件事"。外部奖励并不取决于个人绩效，而仅取决于是否参与活动。这一点很有道理，因为我们大多数人都在不断地为自己的行为寻找合理的解释。例如，我会在度假时为了寻找一条清澈的小溪钓鳟鱼而翻山越岭。我会告诉自己和其他人，钓鱼是一项让我内心愉悦的活动。但是，如果你让我停止休假，然后付钱让我去钓鱼，那么我就会犯迷糊：我钓鱼究竟是因为喜欢，还是因为收了钱？如果外部奖励的影响足够强大，大到足以有效地改变行为，那我很有可能就会得出这个结论：我钓鱼主要是为了钱。一旦这种解释占据了主导地位，那么我的内在工作动机就会消失，我就不太可能再用闲暇时间去攀登同样的山峰了。

如果现在已经确定了我要去钓鱼，那么当我专注于自己钓得怎样时，又会有什么不同呢？钓鳟鱼是一项精心设计的任务：人们觉得它很有意义，因为它很有挑战性；人们觉得自己对结果负责，因为钓鱼者不容易被鱼吓到而放弃；而且还有无可争议的数据可以表示钓鱼者努力获得的成果。当人们在小溪边度过了收获颇丰的一天后，他们会感觉良好；当他们两手空空而归时，感觉就不那么好了。这就是有无内在工作动机的区别。如果可以带回家一条30厘米长的鳟鱼做晚餐，并得到外部奖励，比如家人的称赞，那又会发生什么呢？钓鱼的动力会下降吗？当然不会。除了内在工作动机的激励，钓鱼带来的良好感觉和成果附带的家人认可，都进一步强化了钓鱼的动力。因此，绩效激励的两个来源是相辅相成的。

当一个组织既不完全依赖于内在激励，也不完全依靠外部奖励，而是通过构建工作本身的结构，及采用与绩效挂钩的外部奖励，来促进和支持这种积极的内在工作动机时，组织就会达到最佳状态。绝大多数关于内在工作动机和外部奖励的相互依赖关系的研究都集中在个人绩效上，但这些研究成果也适用于团队。我们完全有可能创造出能相互促进的工作设计方式和奖励支持方式，从而同时提高内外动力。

要奖励团队而非个人

汉克的直觉完全正确，他担心奖励表现杰出的个人会削弱团队绩效。汉克遵循的原则很简单，即如果团队完成了工作，那么团队就应该得到奖励。但是这个原则总被违反，尤其是最近10多年来，组织一直在表彰和奖励表现出色的个人。在这样的组织中，奖励支持方式事实上是让团队成员相互竞争，以便从一个固定奖金池中得到更高的分配比例。这种做法会转移团队成员对工作的注意力，转而专注于打听分配奖金时谁得到多少钱。这种做法还有可能破坏团队成员的人际关系，使他们更加难以共同承担工作任务。此外，为了应对在这种情况下产生的个人焦虑和紧张的人际关系，成员们甚至可能会发展出团队规范，以确保平均分配每个人的工作量。用一名已经制定了这种规范的服务团队的成员的话来说就是："这里没有人会脱颖而出。"这个团队消除或压制了成员之间存在的知识、技能和经验上的差异。他们原本可以利用这些差异，让团队中最优秀的人才积极参与到工作中来，但为了确保团队中没有人比其他人获得更多的认可和奖励，他们有意地忽略了这些差异。为了对抗以个人为中心的奖励支持方式对团队绩效产生的影响，这个团队所做的事情看起来有些过分和愚蠢。但这种反应在各类组织的团队中并不罕见，因为团队和管理层不得不与他们无法控制的个人主义的薪酬体系做斗争。

有一种应对这种情况的策略就是行使部分管理权力，要求团队自己安排成员的奖金分配。毕竟没有人比成员自己更了解团队中谁承担了大部分的重活累活，而谁只是在混日子。我曾在自己教授的本科课程的项目中试验过这种策略。每个学生团队都得到了一定分值的学分，这个分值反映了我对团队成果的评价，而学生团队负责以其认为公平、适当的方式分配这些学分。几乎所有团队都把学分平均地分配给了其成员，只有一个团队的一名学生得了零分，其余人都平分了学分。事实上，项目团队完全偏离了我的初衷。尽管我一再告诫他们，这可能是一个很棒的期末学习机会，但他们还是没有抓住。我的结论是，只有足够成熟的团队，才适合分配成员的个人奖励。而一个学期的时间可能不足以让学生团队成熟到足以完成这样一项让人烦恼的任务。自此之后，我再也没有尝试过让团队分配个人学分。

基于团队进行奖励的想法，会在通常不以团队形式执行工作的组织中产生阻力。哈佛商学院的教授发现了这种阻力，当时是在1986年，哈弗商学院首次在工商管理硕士项目中提出采用分级小组形式的可能性。依照传统，学生们是按照严格的曲线进行个体评估的。由于太多的学生反对分级小组的想法，学生教育委员会向学院管理部门建议，在工商管理硕士课程中不允许采用分级小组的形式。用一名学生的话来说就是："学生们不希望他们的成绩掌握在其他学生手中。"然而，大多数学生在毕业后会发现，在工作环境中，他们的"成绩"在很大程度上取决于其所在团队中其他成员的贡献。后来，哈佛商学院不但在工商管理硕士课程中实施了分级小组项目，而且专门设计了许多其他教育体验课，帮助学生学习团队合作的技能。

组织心理学家杰克·伍德（Jack Wood）在对职业冰球队的研究中，举了一个不寻常的例子：针对个人的奖励体系是如何阻碍团队进步的。当时的纽黑文夜鹰队是洛杉矶国王队的二队，后者是美国国家冰球联盟的成员。和大多数运动队一样，纽黑文夜鹰队有一项艰巨的任务：和另一支职业球队同场比赛。在这类工作环境中，团队具备崇高的意义、强烈的责任感和对结果的共识。在竞技运动队中，成员共同的内在工作动机常常非常强。

然而，纽黑文夜鹰队却为紧张的人际关系和冲突所困扰，这让体育记者惊讶和不解，甚至连球队教练也感到很困惑。经过几星期的观察和访谈，伍德终于解开了这个谜题。尽管球员们热爱冰球运动，渴望赢，但球队的输赢对他们来说并不是最重要的。对每个球员来说，真正重要的是自己会晋升加入洛杉矶国王队，还是会留在纽黑文夜鹰队，或者降级到位于萨吉诺的球队，甚至干脆被送回老家。

教练被夹在中间，他的一部分职责是把纽黑文夜鹰队打造成一支胜利之队，这是当地媒体和球迷对他的期望，也是他自己的预期，他也负责向洛杉矶国王队的管理层提供建议，指出哪些球员可以晋级，哪些球员应该回家。奖励体系最突出的矛盾是，无论球员本人是晋升还是降级，都与球队是否获胜的奖励之间差异巨大。因此，无论是在场上还是场下，球员之间的人际关系都不可避免地非常紧张。更糟糕的是，教练对此无能为力，因为他本人的工作内容就存在冲突。

奖励个人而非团队会让成本和风险都大幅提升，尤其是在涉及经济奖励或个人职业生涯的成败时，比如上述纽黑文夜鹰队的案例。由于人们非常关心这些方面，所以会仔细观察队友的经济状况和职业发展。即使个人奖励是象征性的，也可能会给团队带来困扰。例如，团队成员会关心谁被选中向董事会提交团队报告，或者谁的照片上了宣传册，抑或是谁在执行董事的年度报告中受到了嘉许。

第4章提到，由团队来执行工作的最大优势之一，就是可以完成更大、更有意义的任务。但如果绩效奖励和认可只给予个别成员，而不给予整个团队，那么这种优势就可能丧失殆尽。有时候，尤其是在资源紧张或组织政策规定奖励只适用于表彰杰出个人的情况下，如何给团队整体提供奖励需要一些独特的创造力。一方面，给予整个团队的偶然性奖励，可以有效地激励成员一起工作；另一方面，按照对团队产出的贡献进行个人奖励会带来潜在的风险和成本。

奖励要足以引起团队成员的重视

拥有外部认可和奖励是一种支持性环境的特征。工作设计是团队结构的一个方面，外部认可和奖励可以很好地支持前者带来的激励效益。但是，通过调整现有的奖励体系来提供上述支持远非易事。奖励必须为团队成员所重视，并且大到足以影响他们的行为；奖励必须基于团队的绩效，这意味着绩效必须易于识别和衡量；奖励必须赋予团队整体，而不应赋予单个成员。由此，奖励才可以加强成员们在团队任务上的合作。我们已经看到，这三点很难面面俱到，特别是在组织文化已经演变为支持个人绩效的组织中。

当然，团队领导者和管理者可以也应该口头表扬表现良好的团队，还可以以其他任何形式来对团队表示认可。但一旦涉及现金奖励，情况就会变得困难。事实上，为团队提供与绩效挂钩的经济奖励挑战非常大，因此管理者有时会想方设法回避这件事。也许会有人认为，因为每个成员都领薪水，所以无须担心和准备额外的奖金。但这个看上去有"优势"的做法背后也放弃了一个潜在的机会，通过这个机会可以向团队证明，组织相当关心他们的绩效，愿意拿出真金白银奖励。

另一种摆脱绩效奖金困扰的方法是实施基于技能的薪酬方案。在这个方案中，团队成员甚至整个团队都能在提升相关技能的同时，获得额外的报酬。这类方案在初创企业，特别是在要求"高参与度"的组织中非常流行。在这类组织中，发展员工的多种技能是当务之急。但是，团队一旦在足够高的水平上掌握了足够多的技能，就没有理由持续加强团队技能了。这时，上述办法也会失效，管理者的注意力必须重新聚焦在最困难的问题上，即如何创建组织奖励体系，既要能提升优秀团队和组织的绩效，又要能鼓励成员持续发展个人知识和技能。因此，长期愿景是建立一个多层次的奖励体系，在多个层面提升绩效：通过基于技能的薪酬方案，激励个人持续提升技能；通过绩效奖励提升团队绩效；通过利润分享或股权计划，实现组织整体的绩效提升。

这样的奖励体系在认可和提升团队绩效的同时，能促进个人和组织的产出成果，但它永远不可能做到尽善尽美。即使如此，这样一个各部分都在不断发展的体系，也能为团队领导者和成员提供许多机会，让他们一起思考共同的目标，以及如何嘉奖团队的成就。这本身就让我们有足够的理由，去仔细设计和构建支持团队工作的奖励体系。

信息支持，为绩效策略奠定基础

组织的信息体系应该尽可能主动地为团队提供数据和预测结果，使成员能够计划和执行工作。良好的信息体系通过提供可靠的实时数据和对绩效状况的预测结果，使成员能够充分利用高绩效团队的其他有利条件，比如明确的方向，支持团队朝着正确的组织目标前进（第 3 章），以及使成员能够寻求有助于达成目标的最佳行为规范（第 4 章）。

信息对于制定和执行良好的团队绩效策略至关重要。**团队如果缺乏关于其绩效的信息，实际上就是在"盲飞"，就像一架没有雷达或导航设备的飞机在空中飞行，也像一支篮球队在看不到比赛计时的情况下尝试最终的决胜战术。**在这种情况下，团队的绩效策略可能更多地是在碰运气，而不是由可靠和强有力的分析所驱动。此外，团队成员可能会发展出对他们来说相当合理但在执行时漏洞百出的工作流程。相反，如果一个团队充分了解自己的绩效现状，那么它就能在最恶劣的天气中自如飞行，或者在终场哨声响起之前把握恰当的时机使出奇招将球传到最佳射手手中。

信息体系能提供什么

当有人为团队工作提出一个全新的想法时，团队成员通常会先讨论其可行性和适用性，然后决定是否实施这个想法。成员可能会斩钉截铁地说："不行，我们不能那样做，因为负责后道工序的人需要连续产出产品，这种方法会引起不规律的产出频次。"或者说："这个想法很棒，因为我们的文件要尽善尽美，这一点极其重要。这个想法会让我们有两名不同的人员来检查文件。"这些话里的关键语是"负责后道工序的人需要连续产出产品"和"我们的文件要尽善尽美"。当团队成员在任务要求和团队服务对象的期望方面有可靠的信息时，他们就可以制定更理想的绩效策略，这比让团队成员猜测需求是什么要有益得多。

对前几章讨论的财务分析团队的成员而言，了解总统的政策动向和相关法案在国会内部的表决状况是极其重要的。这些信息加上客户在评估其工作时可能使用的标准，有利于这个团队制定和执行相应的绩效策略，尽量减少人力浪

第 5 章 条件 4，支持性组织环境

费，提升其工作对预算制定过程产生有效影响的可能性。

对某些团队来说，对未来的预测可能与掌握团队当前的工作状况同样重要。汉克的半导体制造团队曾在相当长的时期内遇到严重困难，因为他们无法获知自己生产的存储芯片在账上有多少订货量。每个月的芯片需求量都会发生很大的变化，因此团队不得不持续调整他们的工作策略和人员安排，以适应工作量的意外变化。具有讽刺意味的是，新订单的数据被保存在公司总部一个频繁更新的数据库中。这个团队如果能访问这些数据，就可以在需求量变化时有序地调整产量，从而避免不必要的混乱。但负责数据库的管理者认为，半导体制造团队没有理由访问这些高度敏感的信息，汉克也无法说服他们。

与制定合适的绩效策略同样重要的是，团队需要获得与其目前和未来可使用资源的类型、范围相关的信息。例如，为完成某项工作，团队可以用多少资金、时间、空间、设备和人员？未来几天、几周或几个月内，可用资源是否会发生变化？团队在使用这些资源时，应该注意哪些限制？与这类问题相关的信息有助于团队成员评估备选绩效策略的可行性（"我们不可能那样做，我们需要现有空间两倍大小的空间"），确定需要借助组织影响力的节点（"但也许我们可以从会计部借用部分他们没有用的空间，直到我们渡过难关"），并最终敲定适合成员的实际工作方式（"让我们尝试一下这些方法。但我们同时要做好准备，一旦失去了空间，我们就切回现在的做法"）。

周全的计划需要优质的信息。能够支持团队的信息体系应该既为团队成员提供完成当前任务所需的可靠数据，又能预测上述需求在未来的变化。如果缺乏提升团队绩效的必要条件和机会信息，团队成员就只能继续采用目前的工作方式。如果有了这些数据，成员们就可以探索其他方法，最大程度地发挥他们的才能。

团队难以获取信息的 4 个原因

尽管获得实时可靠的信息对制定良好的绩效策略很重要，但在许多组织中，做到这一点非常困难。之所以会这样，有 4 个原因。

第一，真正有价值的信息是要保密的。 信息在所有组织中都是珍贵的，因此人们经常认为信息应该受到保护，以免被好奇的局外人发现。许多有远见的公司确实会向所有组织成员分享整体运营情况，但具有战略意义的关键信息往往被严密控制，以免被竞争对手、监管机构、调查记者等公司高层认为不友好的组织或个人所掌握。

航空业是一个坚持传统思维的行业，因此喜欢保守秘密。有关票价调整、营销计划、飞机采购和开辟新航线等事务的信息只会被透露给"需要知道"的人员。但如果航空公司的团队需要这些信息来制定或执行他们的绩效策略，那该怎么办呢？这是美国人民航空公司面临的问题。第 1 章介绍过这家公司的客户服务经理团队具有很高程度的自我管理权限。客户服务经理团队需要关于敏感问题的信息来规划他们的工作，比如未来的机票预订情况。但如果整个公司都知道这些信息，那么其他航空公司也可能会知道该公司在不同市场的经营情况。"我们不可能把这么重要的信息告诉员工，"某位高管在一次会议上就这个问题大声疾呼，"这里的每个人都有亲朋好友，万一他的亲戚正好在竞争对手的航空公司工作呢？如果我们把信息提供给员工，那么一天之内信息就会传到那些公司的高管那里。"另一位高管沉思片刻后回答："这是有可能的，但竞争对手知道和我们自己的员工不知道，哪个更糟糕呢？"

这么一说，结论就很明确了。竞争对手确实能轻而易举地了解该航空公司的经营情况和计划，但客户服务经理团队更需要了解这些信息。有时，为了更好地支持团队制定并执行绩效策略，让它们适应工作环境中的机遇和挑战，高管甚至需要承担风险，将高度敏感的信息提供给团队。

第二，信息供应方和使用方的语言不同。说的人和听的人两者之间不可避免地会存在信息的遗漏和扭曲。如果两个人的母语或方言不同，这个问题就会更严重。在组织中分析、概括财务或运营数据的人对信息的解读通常与那些在工作中实际使用这些数据的人不同。例如，在由信息领域的专业人员构建的数据库中，最终用户可能难以找到和提取自己需要的特定信息。

有一次，我礼节性地拜访了一家食品公司的首席执行官，当时我正在这家公司做一些研究。他对公司几天前上线的新型信息系统的性能充满热情。"让我给你演示一下，"他说着拍了拍桌子旁边的电脑，"用它我可以提取任何我想知道的事情，财务数据、运营信息、人事信息，什么都可以。我不再需要通过问别人来获得我所需要的信息了。"他刚开始学习使用这个系统，所以尝试了几次才打开了屏幕，上面全是密密麻麻的数字。我不记得具体的数字了，但我记得自己当时在想，一旦对新系统的新鲜感消失，估计只需一周左右，他就会再次要求其他人给他提供所需信息。当然，数据是真实存在的，但数据呈现的形式是由编写代码的程序员决定的，而不是由清楚了解这位"非常重要的用户"的需求、偏好和认知风格的人所编写的。

组织中有很多团队都会遇到这位首席执行官面临的问题。有助于规划和执行工作的信息虽然可以被获取，但还是在电脑上很难找到相关数据，究其原因就是这些数据的呈现形式与团队的设想有很大出入，他们最终只能放弃信息体系，想出其他方法来获取所需数据。但是，有些组织确实找到了办法。一群负责设计新发动机制造厂的管理者，决定不遵循标准生产模式，即发动机沿着生产线移动，工人们沿着生产线各司其职，执行具体的工作任务。取而代之的是自我管理的团队，团队将负责加工和组装发动机的所有组件，团队的部分"生产线"是圆形的。如果把这个生产圈想象成一个指南针，工作就会从正北偏西的位置开始，绕着指南针走一圈，在正北偏东的位置结束。团队成员有很大的权限，可以制定自己的工作策略、合理分配工作任务、跟踪生产进度、实施质量控制等。生产线的正中央有一台电脑，它将在团队执行所有任务时提供信息支持。

这家制造厂的系统设计师特地去了解了生产团队需要哪些信息来管理工作，帮助生产团队轻松地获得了这些信息。团队成员的愿望是，只需敲几下键盘，就能轻松地获取他们需要的关于零件、时间表等的信息，以便在工作中尽可能减少意外和延误情况。这些设计师不厌其烦地调整自己的话术以适应系统用户的思维习惯。设计师希望能设计出一套真正以用户为中心的信息体系。

第三，信息洪流和信息沙漠一样糟。那家食品公司的首席执行官在使用新系统时遇到的问题部分在于数据的呈现形式，但也许更重要的则在于他的电脑满屏幕都是数字。对希望制定和执行高绩效策略的团队来说，信息太多和信息太少都是问题。特别是在这个算法和网速飞速发展的时代，信息过载正成为许多团队和组织面临的重大问题。

现在，最先进的战斗机配备了高度精密的电子系统设备，设计者的目的是为飞行员全景式呈现快速变化的战斗情况。我认识的一名飞行员曾告诉我，他的同事们觉得这些设备很棒，他们喜欢试验这些设备，探索它们的全部功能，但前提是他们必须有时间去做这些事情。他说，当训练任务变得非常艰难时，他们便开始逐个关闭设备，直到他们得到所需的信息并成功地完成任务。

我曾经有机会参观一家执法机构的应急中心。设立这个中心是为了利用现有的最新信息，迅速对所有正在发生的危机做出协调一致的反应。中心负责人站在一张 U 形桌的开口端，桌子四周围坐着来自不同机构的代表，他们负责危机处理小组与其他个人和团队的联系，这些个人和团队为危机处理小组提供监测情况和制定应对方案所需的数据。在负责人身后的墙上有几个大屏幕，上面显示了所有与危机发展有关的最新信息。在隔壁房间里，有其他工作人员管理着工作站，他们使用电脑和电话向危机处理小组提供数据。

第 5 章　条件 4，支持性组织环境

　　整个应急中心并没有电影里演的那么令人惊叹，但它的确聚集了许多不同的数据流，会对这些信息进行评估，并采取相应的行动。效果如何呢？危机处理小组能否迅速获得所有需要的信息，进而做出实时可靠的评估并采取适当的行动呢？据一位与我交谈过的负责人表示，这个团队通常能很好地应对旨在维持团队技能的训练。他说，唯一不太顺利的时候是，情况变化异常复杂和迅速，以致成员几乎无法解读所有输入的信息并将其整合到一个连贯的画面中。"当我们演练一个复杂事件时，"他说，"这里的情况会变得相当混乱。"由于应急中心的主要任务是处理复杂和快速变化的危机，所以我问负责人危机处理小组如何应对这类突发事件。他回答说："我们会练习、练习、再练习，以确保在遇到巨大危机时，已做好准备应对它。"

　　多个支持危机处理小组的信息体系可以生成体量巨大的数据，以至于在模拟危机的演习中，团队必须接近其信息处理能力的极限。为了应对这种情况，团队会与备战重大比赛的运动队或者进行重要演出前的即兴表演团队一样进行训练。当真正的危机发生时，成员们在思想和心理上都做好了充分的准备，以便处理团队收到的大量信息。这个团队给我留下了深刻的印象，但是我也在想，是否有方法可以重新设计或配置信息体系来支持危机处理小组。这样即使面对一场真正的危机，团队成员也不必像进行最苛刻的演练时一样，以接近自身信息处理能力上限的方式来运作。

　　有些团队在处理海量信息方面能力出众。这样的团队成员具有整体性，他们在一定时期内总是在一起琢磨团队绩效策略，来应对工作中最具挑战性、信息最密集的方面。的确，危机处理小组就属于这类团队，它的成员构成非常稳定。

　　另一个可以帮助团队有效处理海量信息的因素来自组织社会学家马丁娜·哈斯对一个国际开发公司项目团队的研究。这些团队的主要工作是获取和

处理分布广泛的信息，所以一些管理者认为项目团队获得的信息越多，团队绩效就越好。但哈斯发现，接受来自多个源头的大量信息会使团队陷入她所说的"过载陷阱"之中。这可能会导致团队中人人都疲于应付信息。事实证明，团队能否避开这个陷阱在很大程度上取决于团队在设计绩效策略时是否拥有自主权。如果团队遵循组织预先确定的工作程序，那它们所面临的风险要远高于那些能够自行设计策略来应对拥有海量信息的环境的团队。哈斯的发现进一步证明了团队结构（第4章）与如何应对工作环境中的资源、机遇和制约因素之间存在密切关系。

第四，信息就是权力。 权力常被视为一种资源，就像金钱一样，不同的人"拥有"的数量不同。权力可以使用，但必须谨慎明智地使用。持有这种观点的管理者有时会故意不向他们本应支持的团队提供与绩效相关的信息，从而形成他们自己的信息资源。这样做可能会使管理者持续拥有对权力的错觉，也可能会迫使团队通过猜测而不是实际绩效数据来制定策略，最终导致糟糕的绩效。

社会学家理查德·埃默森（Richard Emerson）提出的另一种观点认为，权力是人际关系的一种属性。在埃默森的思想中，关系权力分为两部分。第一部分是"你"对"我"的影响，也就是"我"对"你"的依赖度，因为"你"所拥有的东西，"我"无法从其他渠道轻易获得。第二部分是"我"对"你"的影响，也就是"你"对"我"的依赖度，因为"我"拥有"你"想要的东西，而"你"无法从其他渠道轻易获得。平衡的权力关系是指，人们或多或少都会平等地相互依赖。当一方更加依赖另一方时，两者之间就形成了不平衡的权力关系。

团队和管理者之间的关系通常极其不平等，是团队更依赖管理者，而非管理者更依赖团队。任何处于权力大棒末端的人都厌恶极不平衡的权力关系，并常常会引发埃默森所说的"平衡行为"。例如,团队可能会暂时放慢工作速度,向管理者证明自己与其是相互依赖的。平衡行为可能会浪费原本可以用于实际工作的时间和精力。

如果一个团队能够直接获得以前只有管理者才能获得的信息资源,那么权力的天平就会出现两个变化。一个是团队对管理者的依赖性会减少,因为现在成员可以自行获得需要的信息。另一个是管理者对团队的依赖性会增加,因为他不得不相信成员在执行团队工作中会很好地使用这些信息。毫无疑问,权力的天平仍然偏向管理者,因为团队除了信息之外还有许多其他资源需要依赖管理者。但这个关系将比以往更平衡,也更健康。当然,在某种程度上,团队及其管理者会越来越相互依赖。埃默森的权力等式表明,系统中会形成更大的整体权力。这就意味着,团队和管理者一起工作时,可以完成原本可能很难甚至不可能完成的任务。

信息专业人员的角色

让负责信息体系的工作人员主要保障信息资源的质量以供团队使用,这个想法很吸引人。当然,这些专业人士应该知道如何为团队提供所需的数据和预测结果。而这些专业人士最不可原谅的行为是,向包括团队在内的所有人毫无区别地提供所有他们可以提供的相关数据,而不使用特定的格式来突显用户最需要知道的特定信息。事实上,在许多组织中,这些人都面临自己的挑战,例如:用户团队及其管理者没有明晰自己真正需要的数据和预测是什么,却期望信息体系能神奇地告诉他们答案;这些专业人士自身的团队内部存在分歧,这些分歧主要关于如何让最终用户获得信息的正确策略和技术。

在上文提到的发动机制造厂中,信息体系设计师一开始尝试为生产团队设计的系统违反了信息体系团队的标准操作方式。信息体系设计团队的成员必须持续平衡一种紧张关系，这种关系来自他们创建以用户为中心的信息体系的愿景，以及公司总部的信息高管对信息体系集中控制的偏好。而且，由于发动机生产线是与支持其运作的信息体系同时设计的，所以信息专业人士必须处理不断变化的用户需求，包括经常在他们认为已经实现用户需求之后才收到的变更请求。

如果提供信息的团队和使用信息的团队都设计良好，而且领导得力，这两者之间的关系就会更好。只有这样，信息提供团队和用户团队才有可能共同努力，找到方法使用户团队获得适量的正确信息。并且，这些信息能以某种形式呈现，方便用户团队监控和管理其工作。我从不鼓吹"高管的敬业度"是促进团队绩效的关键条件。但是，要让信息提供团队和用户团队共创信息体系，可能的确需要管理者的努力。

教育支持，提升团队合作技能

一个组织的教育体系应当为团队提供培训和技术支持，以弥补团队成员在工作的各方面欠缺的知识和技能。正如我们在第 4 章中所见的，结构良好的团队具备与任务相关的技巧和人际交往能力，这个结构能够支持团队成员通过彼此分享专业知识，并从团队的成败中共同学习，进一步扩展人才资源。即便如此，团队合作经常会要求成员处理其现有的知识和技能尚无法应对的工作问题。外部支持和专业知识可以帮助团队超越成员现有专业知识的限制。

例如，在一家销售公司中，客服代表组成了团队，全权负责众多事务，包括整理产品的价格和库存信息并告知客户。以前，客服代表只能获得由另一个独立部门准备的相关资料，这些资料经常存在相互矛盾或不完整的情况，所以他们很高兴现在可以自己管理数据库了。但是，因为团队成员没有足够的专业知识和技能来创建和维护数据库,所以结果令人沮丧。一些管理者认为团队的想法很糟糕,因为"普通员工根本无法处理整个工作",同时还认为,几个小时的培训基本就能解决这个问题。

许多组织已经增加投入,向有需要的团队成员提供教育和咨询支持,因为这似乎比通过改进奖励或信息体系来支持团队更加直接有效。例如,组织通常在员工培训上投入大量资金,并且当技术性问题发生时,还会配备知识丰富的支持人员来提供帮助。此外,正如第2章所述,相比于给不同团队中的个人提供培训,安排整个团队一同参加培训能显著地扩展团队的知识技能,并使团队成员更高效地互相获取知识和专业技能。

提供教育和咨询支持的人们认为团队的错误和事故可能会产生严重后果时,就极有可能让整个团队都参加培训和咨询活动。例如,航空公司飞行员刚开始工作时除了参加密集的个人培训外,还必须接受以团队为重点的"机组资源管理"课程。此外,如果航班在航行过程中遇到技术问题,那么飞行员可以向多个方面寻求实时帮助。机组人员可以通过无线电与航空公司的维修和调度人员联系,必要时还可以通过无线电联络其他组织,比如飞体制造商的专家。

所有组织中的团队都适用于此。如果团队成员之间的知识和技能存在差距,而这些差距阻碍了团队的工作,那么团队至少应该利用其组织在教育或咨询方面的资源来消除这些差距,理想情况下还能扩展成员现有的专业技能。但这安排起来比听上去更难,当支持人员并不习惯直接向团队提供帮助时尤其如此。例如,在拥有一流人事部门的组织中,培训项目通常基于系统的工作分析结果,即执行某项特定工作的某个人需要什么特定的知识和技能。然而,团队的成员需要知道更多知识,而不应仅限于个人胜任特定工作所需的知识和技能。我们完全可以对团队任务进行工作分析,然后根据分析结果为团队提供培训。但是,在许多组织中,这需要人力资源人员承担一些额外的工作,并且为这些工作制定执行策略，在他们的领域中，这是非传统的。

技术支持

若要支持团队工作，通常需要对提供技术支持的方式进行重大变更。传统上，那些直接产出产品或服务的人只负责产出。如果出现问题，比如设备发生故障，他们就会通知主管，然后在主管确认故障需要外部协助后，再通知相关职能部门的主管或调度员派人来处理。

这就是汉克的半导体制造工厂的运作方式，他对此并不高兴。如果他的一个团队使用的设备发生了故障——这在技术密集型生产过程中经常发生，那么他的团队只能等待，有时要等很长时间，维护人员才会来排除故障，然后成员们才能继续工作。这就像你在家里打电话，请求家电维修者上门服务，但对方告诉你，技术人员会在后天上午 10 点到下午 4 点之间上门一样。第二个困扰着汉克的问题与他的生产团队和工艺流程工程师之间的关系有关。工艺流程工程师负责技术设计和调试生产工艺，他们偶尔会出现在生产区域，说些"你能让生产流程停一会儿吗，我们需要进行一批测试"之类的话。这些计划外的干扰不仅让汉克的生产团队感到沮丧，而且打乱了他们设计好的生产计划。

汉克想在这两件事上做些改变，但这里有个问题，生产工人的学历基本没超过高中学历，在工厂的地位最低；维护人员都受过相当丰富的技术培训，地位比较高；而工艺流程工程师都有硕士或博士学位，是工厂的高级员工。公司管理层中也存在同样的等级差异：维护经理和工程经理的受教育水平远高于汉克，收入也比汉克多。汉克无法让维护经理和工程经理改变员工与生产团队的关系。

当时，半导体制造工厂位于山区，厂里有很多人会到山上猎鹿。汉克拥有一辆四驱皮卡、全套的露营装备和数量惊人的枪支，他对此很自豪。在户外运动中，汉克的地位远高于维护经理和工程经理。所以，在某年的猎鹿季①刚开始时，汉克邀请他们一起去山上打猎。大家围坐在篝火旁交谈。以此为开端，大家的交流整整持续了大半年时间，最终汉克团队和另外两个团队之间的关系发生了根本性转变。

尽管工厂的地位体系没有改变，但维护团队和工程团队都逐渐明白，他们主要的工作是服务那些实际生产产品的人。每个维护人员都成为部分生产团队的"准成员"。每当设备出现问题时，生产团队第一个打电话联系的就是"准成员"。生产团队还会邀请"准成员"参加团队会议和社交活动。在很多情况下，"准成员"甚至会指导生产团队成员，使后者有能力处理常见的技术问题。

例如，以前当烘箱的温度超出限定范围时，生产团队就会联系维护人员。这个问题在半导体生产过程中很常见，维护人员一到现场，通常可以很快解决。但我观察到，维护人员排除故障时，生产团队成员无法看到其做了什么。在成为生产团队的"准成员"后，许多维护人员的行为发生了改变，他们可能会说："修理温度超出限定范围的烘箱只需要调整这个控制开关。下次你自己试试，如果温度还是没有回到限定范围内，就给我打电话。"

一些工艺流程工程师也改变了与生产团队的关系。他们没有与任何一个生产团队建立特殊的关系，但不会再突然出现在生产团队面前，要求停止生产以方便自己工作。相反，工程师可能会提前联系生产团队负责人，询问何时可以在不影响团队生产进度的情况下运行某些测试。这也是一个根本性转变。就像在协商公司薪酬政策时那样，汉克这次也使用了非传统的方法，与维护经理和工程经理一起为他的团队提供支持，而这类支持无法通过常规的组织渠道获得。

---

① 美国的许多地区都有猎鹿活动，猎鹿季时间因各洲具体气候变化，时间各异。——编者注

教育产品支持

团队内部很少全部拥有实现最佳绩效所需的知识、技能和经验，它几乎总会在某些方面需要额外的人才或专业知识。正如我们在前文看到的，组织的教育体系在帮助团队获得培训或咨询支持方面至关重要。然而要实现这一点，必须满足两个条件。首先，必须明确所需的相关资源，并在更广泛的组织中找到能够提供这些资源的人员或团队。其次，必须存在某种形式的交付体系，可以让团队借此访问资源。第二个条件对一线团队而言可能不容易实现，因为其成员没有权力要求其他工作人员提供协助。设计良好的团队有权力和责任管理其任务流程，所以团队成员可能会觉得，向外界求助就表明他们已经失败或违背团队成立时的约定了。这就可能需要一些时间以及团队领导者的指导，来帮助团队成员突破这种自我设限的心态。

对特定的团队来说，哪种帮助最有用取决于团队任务的要求和团队成员的能力水平。合适的帮助形式有很多。有时一次性的技术咨询就足够了，有时则需要持续的咨询，还有时量身定制的培训才能将相关的专业知识融入团队。无论帮助的内容与形式如何，目标都是一致的，那就是帮助团队获得其尚未完全具备的知识和技能，以取得出色的绩效。

物质资源和环境支持，保障团队实现目标

团队要想拥有良好的支持体系，就需要有奖励体系、信息体系和教育体系。奖励体系有利于促进卓越的团队绩效，信息体系为成员规划绩效策略提供数据和预测结果，教育体系为团队提供所有必要的培训和咨询支持。还有一种支持方式尚未提及，它对团队绩效也至关重要，那就是用于执行团队工作的物质资源。

第 5 章 条件 4，支持性组织环境

物质资源包括设备、金钱、员工时间、物理空间等，虽然这些资源与组织的奖励体系、信息体系和教育体系相比，在约束团队行为方面似乎平平无奇，但充足的物质资源可以在很大程度上帮助团队实现目标。物质资源不足可能是灾难性的，即使对一个具备明确目标、结构合理且能获得支持的团队而言，也是如此。

在我所观察的所有失败团队案例中，最令人扼腕的是那些在设计上令人惊艳，但成员却无法得到必要的工作资金的团队。这种情况甚至会发生在那些拥有良好支持的团队中，比如飞行员团队。航班会经常因为餐食、燃料、除冰设备、拖车甚至飞机本身的问题而延误甚至取消。当然，虽然这些资源问题实际上由其他团队负责，但这仍然会让理应得到其他团队支持的机组成员产生很大的压力，甚至可能让他们倍感沮丧。因为，至少在乘客看来，机组人员肯定能够做些什么以让飞机起飞，有时乘客还会直言不讳。

在具有完善的操作规定和实践的组织中，为团队提供支持性环境绝非易事。例如，现有的绩效评估系统可能是衡量个人贡献的最新方法，但完全不适用于评估和奖励团队绩效。公司的薪酬政策可能没有，甚至可能明确禁止，以团队为主体提供奖金。人力资源部门可能已经准备好发掘个人的培训需求，并提供一流的课程来满足这些需求，但可能根本没有针对团队技能的培训，比如如何有效地处理团队成员之间的分歧。信息和控制系统可以为高管提供数据，帮助他们监督和管理整个组织的绩效，但团队可能无法获得必要的信息来监督和管理自己的工作过程。

另外，在相关领域里拥有最佳实践的支持系统往往也最难重新调整，以便支持团队合作。如果仅仅是有人决定以团队形式执行组织工作，那么那些投入巨大精力去开发系统的专业人士肯定不愿将原来的支持系统束之高阁或推倒重来，这是可以理解的。人力资源、控制系统、工程或信息系统的专业人士可能会对自己的同事说："我们先别急着做，如果等一等，一切就都会过去的。"

人们不能只是简单地将团队安插到现成的组织环境中，而不去改变环境。但是改变组织中其他群体的行为或偏好是有风险的，当组织按职能结构运行时尤其如此。如果一个团队或其管理者试图获得另一个群体不愿意提供的资源和支持，冲突就会发生。几年前，在我研究的一个组织中，一个部门的成员最不愿意做的事情似乎就是让另一个部门的成员工作得更轻松。当然，这引起了两个团队成员的负面反应。他们感觉在自己部门内部存在着另一个团队，对方的工作任务就是阻止他们持续推进自己部门的工作，这一点令他们感到越来越沮丧。每个部门都越来越相信自己的观点是正确的，越来越直言不讳地表达自己的观点，冲突不断发展、愈演愈烈，局势最终难以扭转。

因为这类冲突显然不利于组织整体的最佳利益，除非管理者也被卷入团队间的冲突，否则他们通常会在冲突升级时，尝试解决团队之间的问题。他们可以采取措施，让每个人都认识到，个人的成功和后续工作依赖于全公司的合作。他们可能会召开会议来改善部门之间的沟通方式，或者发布管理公告，要求所有部门相互合作。

然而，如果团队间的冲突源于基本问题，如资源稀缺或组织设计本身鼓励团队或职能部门之间的竞争，那么上述补救措施就可能都是徒劳的。如果想在团队之间的紧张局势升级为难以遏制的冲突之前就解决这些问题，就需要管理者具备成熟的政治技巧、人际交往能力、毅力、创造力，以及把握良好时机的意识。那些能够提供资源和支持的其他团队的利益该如何得到保障？如果让生产团队和支持团队为了共同目标而合作的策略行不通，那还有其他方法吗？什么时候应该采取行动，什么时候应该等待一个更合适的时机，暂时瓦解牢固的组织系统？如果有管理者拥有这些技能并在与同级和上级谈判时娴熟运用，他就可以更好地授权给团队，使他们能充分专注于各自的职责，而不受团队支持问题的干扰，那些问题是别人的事情。

- ▶ 再好的支持性组织环境也无法激活一个原本在设计上有缺陷的团队。

- ▶ 认可优秀的团队表现能鼓励成员以"我们"而不是"我"的视角进行思考，这对保持团队的共同动力大有帮助。

- ▶ 充分的物质资源可以在很大程度上帮助团队实现目标。而物质资源不足可能是灾难性的，即使是对一个具备明确目标、结构合理且能获得支持的团队而言，也是如此。

LEADING TEAMS

第 6 章

条件 5，专家指导

LEADING TEAMS

干预不合时宜，
就会弊大于利。

第6章 条件5，专家指导

假设你是一支高中女子篮球队的教练。此时，赛季只剩下5场比赛，你的球队有机会在联盟中获得冠军。你们今晚在比赛中对阵另一支争冠球队，不容有失。球员们已经在球场上完成了赛前热身，现在正排队进入更衣室，赛前你还能和她们在一起待几分钟。你想在这几分钟内做些什么呢？你打算怎么做？

现在是中场休息时间，你们落后4分。你的球队打得不错，但对手似乎表现得更好一些，尤其是在防守上。一方面，对方成功地压制住了你最好的投手，在上半场结束时，她无法拉出空间来接传球，流露出沮丧的表情。另一方面，你们的防守几乎和对方一样严密，这场比赛可能是本赛季得分最低的比赛之一。在球员们回更衣室的时候，你和助理教练留在球场，思考上半场的比赛。回到更衣室后，你想做些什么？你打算怎么做？

现在是比赛后的第二天，球员们已经欢快地来到训练场。昨晚在比赛还剩2分钟时，她们还落后3分。突然，她们的进攻稳定了起来。在一场激烈的对攻战后，球队迅速连得7分反超对手。明明是4分险胜，感觉却像是完胜，今天的热身充满了喧闹和欢乐。剩下的4场都是和弱队的比赛，夺冠看上去十拿九稳了。此时，你叫停了热身，把球员叫到边线开始今天的训练。你想在这个阶段实现什么？你打算怎么做？

这些都是教练必须做的决定。不管他的目标是帮助运动团队获得好成绩，协助服务团队取悦客户，还是助力管理团队做出良好决策。教练和我们其他人一样，会明确地思考自己遇到的具体问题，并制定他认为会有帮助的具体干预措施，尤其是当情绪因素裹挟着这些问题时。例如，如果篮球队里的明星球员由于队友没有经常给她传球而变得闷闷不乐或咄咄逼人，教练肯定要在采取行动前仔细考虑应对的方式。

然而，在没有具体、紧迫的问题需要解决时，人们倾向于做一些自己过去一直在做的事情，直到出现一些问题，人们才开始特别关注和计划行动。这就是为什么在任务周期的开始、中点和结束时，教练常常忽视或未充分利用这些特殊的指导机会。这可能要付出很大的代价，而在适当的时候积极地指导团队可以防范可能出现在团队合作进程中的问题。而且，即使问题出现，教练也可以帮助团队成员避免因分心而影响实际工作。对一个团队而言，适时的指导就像对一辆汽车进行的预防性维护一样，我们经常忘记这样做，但它确实可以降低汽车未来产生故障和我们不得不支付高昂的维修费用的风险。

聚焦过程，充分发挥团队教练的魔力

团队教练关注的是团队合作的过程，包括与团队的直接互动，以及帮助成员更好地利用集体资源来完成工作。例如，在团队任务开始前主持启动会议，这可以帮助团队成员适应团队并积极参与任务；为团队提供关于问题分析的反馈，这可以提高分析工作的质量；询问团队成员做出某一决定的原因，这可以帮助成员更好地利用自己的知识和经验。相比之下，一个亲自协调团队工作或寻求外部资源的领导者所做的事情可能对团队非常有用，但是他并不是团队教练。**团队教练旨在构建团队合作精神，而不是替团队完成工作。**

教练可以解决所有团队互动问题，这些问题抑制了团队成员合作的能力，或表明了增强团队运作的可能性。然而在实践中，更聚焦的方法能够带来更好的结果。研究发现，团队合作过程的三个方面对团队效率的形成有特殊影响，这三方面分别是：成员在团队合作中付出的努力、成员所采用的绩效策略与任务和所处环境的适配性，以及他们在工作中运用知识和技能的水平。任何能在工作中投入足够的精力、采取与任务要求相匹配的绩效策略，并为任务提供充足人才的团队，都很有可能在第 1 章讨论的三个团队效能标准上达到很高的水平。同理，如果运作方式影响了团队在这三方面的表现，即团队成员没有在工作中付出足够的努力或实施了不合适的绩效策略，或者团队成员能力不佳，那么他们很可能会在一个或多个效能标准上不达标。

让我们以施乐公司的客户服务团队为例。当复印机不能正常工作时，客户希望它能立即得到修复。客户服务团队的任务就是实现这个目标，而且要高效、经济、高质量，即在修理机器上花费的时间尽可能少，保持零部件的低成本，以及保证机器在得到修理后稳定运行。每个团队的成员都共同负责一定数量的机器，这些团队通常分布在同一个地理区域或负责单个大客户，如大学或集团公司。在查克·雷（Chuck Ray）和他同事的指导下，这个客户服务团队总体上表现得相当不错。但是，请想象一下，最差劲的团队互动模式可能会是下面这样的。

假设有一个表现欠佳的团队，其成员通常在开始一天的工作之前，会在一家咖啡店碰头。成员们一边吃早餐一边交谈，除了工作什么都谈。接着，他们在这一天剩下的时间里也过得很悠闲，技术人员与客户聊天的时间几乎和维修机器的时间一样多。每个技术人员都有自己的节奏，他们接受调度员的指示去接下一单任务，如果遇到不熟悉的机器故障，就电话联系总部的技术专家。他们每天获得的经验教训从来不和他人分享。当机器故障不断时，很少有人会向队友求助。对这个团队而言，集体努力水平很低。关于如何处理团队工作，成员们没有集体策略。他们既不分享各自的专业知识，也不相互学习各自的特别技能。如果一个团队实施这样的工作流程，显然无法让客户对自己的服务感到满意，公司管理者可能也就有理由担心团队的响应速度和零部件成本了。团队不可能自发地成为一个拥有更高绩效的单位，成员也无法从他们的工作经验中获得任何学习成果或成就感。那么，这个假想团队在团队效能的三大标准上得分无疑会很低。

现在请想象一下，我们手里有一根魔杖。当团队成员在一起喝着咖啡聊天时，魔杖从他们的头上掠过，完全改变了他们在上述三方面的表现。团队成员的对话内容变成了轻松且聚焦的工作回顾，回顾前一天的工作中哪些进展顺利、哪些进展不畅，以及团队可以从中学到什么。成员们检查今天已经安排好的工作，讨论如何尽早完成，以便在客户遇到紧急情况时能腾出人手去处理。因为他们已经知道了位于不同地点的机器故障的性质，以及每个成员的专长和所在区域，所以确定了如何分配上午的工作并按优先级排序。随着时间的推移，成员们经常通过电话联系，了解各自的工作进展，调整他们的策略，以应对所有意想不到的挑战或机遇。当一个成员遇到某项特别困难的维修工作，机器看起来好像需要更换一些昂贵的部件时，团队中对维修这个型号的机器最有经验的成员会挺身而出，帮助有困难的同事。团队领导者与团队成员商讨如何通过改进工作计划，来应对这类并不罕见的意外情况。随着时间的推移，每个成员都会把学到的东西和遇到的问题记录下来，这些问题可能会在第二天的早餐会议上得到讨论。一点小小魔力就能让团队在共同努力水平、与任务相匹配的工作策略以及发挥成员才能三方面产生显著的转变。而且可以肯定的是，转变后的团队在三个团队效能标准上都能达到很高的水平。

当然，领导者没有魔法棒来改造松散的团队。尽管如此，领导者在创建团队时或提高团队绩效的过程中仍大有可为，使团队更接近上文中第二个团队方面。团队领导者可以为团队提供富有感召力的目标、赋能的团队结构，以及支持性组织环境。这些基本条件为团队的卓越绩效奠定了基础，如果这些方面存在严重缺陷，那么再多的指导也于事无补。但是当上述条件都得到满足时，团队教练就可以显著提升团队的绩效过程。要了解如何做到这一点，我们需要更仔细地观察这些过程，发掘团队在管理成员努力程度、选择和实施其绩效策略，以及发挥成员才能时的机遇和劣势。下文中将讨论，团队教练可以做什么以及何时做，才能帮助团队高效地管理三个关键绩效过程。

避免过程损失，创造过程收益

所有任务导向的团队都会遇到心理学家伊万·斯泰纳所说的"过程损失"，而这些团队又都可能通过协同合作来创造过程收益。过程损失是指团队效率低下或内部瘫痪时，即使在拥有资源和人才的情况下，它也无法达到理论上应该具备的水准。当团队成员之间的互动抑制了团队的努力或成员发挥才能，并且浪费或滥用成员的时间、精力和专业知识时，团队中就会产生过程损失。相反，当成员的互动有助于强化共同努力、制定独特且适配的合作策略，或提升成员的知识、技能时，团队就会得到过程收益。由此，团队就创造了工作所需的全新内部资源，获得了前所未有的能力。如表6-1所示，这三个绩效过程中都有特殊的过程损失和过程收益。

表 6-1　三个绩效过程中的损益

绩效过程	过程损失	过程收益
努力	团队成员的社会怠惰效应	发展对团队及其工作的高度共同承诺
团队绩效策略	无意识地依赖绩效惯例	提出创新且与任务相匹配的工作程序
知识和技能	成员的贡献比例不平衡	分享知识和发展成员技能

努力

当团队执行任务时，总会产生一些"间接成本"。例如，仅仅协调成员的活动就会挤占原属于生产性工作的部分时间和精力，导致实际的团队生产力水平低于团队成员高效地利用其资源所能达到的生产力水平。然而，最影响努力的是社会惰息效应。当我们在团队中工作时，都会有这样一种倾向，即在团队任务中付出的努力比我们独立工作时少。如第 4 章所述，之所以会产生社会惰息效应，是因为一定程度上成员个体在团队里是隐形的。此外，也可能是因为每个团队成员可能都认为自己对共同绩效的结果所承担的个人责任比实际更少，也就是人浮于事。

就任务非常无聊的大型团队而言，比如二十几名志愿者共同负责为一场政治竞选装填数以千计的信封，成员的社会惰息效应就极容易出现了。[1] 当出现这种情况时，如何激发动力的问题本身可能就会成为团队讨论的主要话题，这个问题会分散成员对实际工作的注意力，使他们很难理解为什么团队没有完成工作，从而在团队成员之间引发冲突。

如果团队成员对团队高度负责、感到自豪，并愿意特别努力地工作，使团队成为最好的团队，努力的过程收益就会形成并得到发展。简而言之，他们形成了团队精神。此时，成员可能会付出巨大的以任务为中心的努力。例如，当客观的绩效条件于团队不利时，如果成员形成强烈的"事在人为"的态度，那么他们就会将每个新遇到的逆境当作需要克服的挑战。

领导者似乎非常钟爱团队精神，对团队精神促使团队成员全身心投入工作的能力倍感乐观。因此，领导者有时会鼓励成员给自己的团队起名字、装饰他们的工作区域，或者参加体育联盟，所有这些都是为了提升团队精神和敬业

---

[1] 与之相反，在工作设计良好的小型团队中，社会惰息效应很少产生，这进而强调了保持精练的团队规模以及通过工作设计激励团队共同内在动力的重要性。

度。但是如果团队任务本身就不值得关注（第4章），或者组织的奖励体系无法认可和加强团队的卓越表现（第5章），那么上述策略就不太可能奏效。而当任务至少具有一定的吸引力时，团队精神确实可以在鼓舞士气上发挥显著作用。

团队绩效策略

如果团队熟悉某项工作或者看上去熟悉，团队成员之前形成的绩效惯例通常就会发挥作用并指导他们的行为。假如团队成员无须去思考如何处理工作的各个部分，那么习惯性做法就是高效的。但是依赖惯例也会导致重大的过程损失，特别是当成员过于关注执行任务，而没有注意到任务或周围环境的变化时。

这种过程损失可能是导致佛罗里达航空公司坠机悲剧的重要原因。1982年1月的某个下午，天空下着雪，佛罗里达航空公司90航班在华盛顿国家机场起飞后不久就撞上了第十四街大桥。美国国家运输安全委员会认定："事故的可能原因是，机组人员在地面操作和起飞时没有采取发动机防冰措施。他们在飞机机翼表面仍有冰雪的情况下起飞。而机长在航班早期阶段未能拒绝起飞指令，当时他的注意力被发动机仪表的异常读数分散了。"飞机发动机刚启动时的一段驾驶舱录音显示，习惯性做法可能是导致这场悲剧的原因之一。机长要求进行发动机启动后的清单检查，这是一个标准程序，目的是确保飞机能够正常起飞。按照惯例，副机长会阅读检查表上的每一项，机长则在检查驾驶舱内相应的仪表后做出回应。

　　副机长：电力系统。
　　机长：发电机。
　　副机长：空速管加热。

机长：启动。

副机长：除冰系统。

机长：关闭。

副机长：空调系统加压。

机长：执行。

副机长：辅助动力单元。

机长：运行。

副机长：启动操纵杆。

机长：闲置。

副机长：悬梯门警示灯。

机长：关闭。

这项检查是例行程序，每次飞机发动机启动时都会实施。关于除冰系统的回复，我特意加粗显示，标准的回答确实是"关闭"。夏季航班以及通常在温暖、干燥的气候下工作的飞行员尤其如此，就像这个机组通常面临的情况那样。对这个航班的机组人员而言，这种反复问答可能已经根深蒂固，因此他们甚至没有考虑到自己可能需要对一个常规问题做出非常规的回应。

当飞机准备起飞时，机组人员原本有几分钟的时间可以拯救飞机，这是他们的第二次机会。以下是美国国家运输安全委员会对这部分通话记录的总结：

15点59分46秒，通话记录中传来了发动机启动的声音，机长说："如果需要雨刷，请呼叫……"15点59分56秒，机长说："真冷，真冷。"15点59分58秒，副机长说："天哪，看看那东西，看起来不对劲，是吧？"16点00分05秒到16点00分10秒，副机长说："……要糟糕了……"机长回答说："没问题，航速80节（1节约为1.8千米/小时)。"副机长又叫道："不，我认为这样做不对。"大约9秒钟后，副机长又说："……也许没问题吧。"几秒钟后，机长喊道："航速120节。"副机长说："我不知道"。

上述对话结果不到一分钟，飞机撞上了大桥。航班上的副机长，也就是驾驶这架飞机的飞行员，一开始注意到有些地方好像不对劲（"天哪，看看那东西，看起来不对劲，是吧"），但机长没有回应。当他重复自己的担忧时，机长做出保证（"没问题，航速80节"）。尽管副机长表示自己不相信（"不，我认为这样做不对"），机长还是继续沿着跑道起飞，尽管有现成的数据表明起飞不正常，但程序没有被中止。

像佛罗里达航空公司坠机事故那样后果严重或影响巨大的事件很少，但很多组织内部的团队对习惯性程序的盲目依赖都会导致其表现欠佳。当团队成员发展出一种互动模式，这种模式使他们几乎不可能实现新的绩效计划时，就会出现更大的危害。这些团队的成员可能充分掌握了关于绩效状况的信息，甚至可能已经形成了某种绩效策略，并且绩效策略与当前状况是匹配的，但是一旦绩效计划完成，团队就会将策略遗忘。当成员们再次以团队形式工作时，他们会制订更多的新计划和决议，然后周而复始地循环。标准程序包装着崭新的、更好的却从未实践过的绩效策略外衣，团队将不可避免地失败。这种动态往往是由无意识的力量驱动的，但它对团队绩效的影响可能是致命的。

从积极的方面看，团队有时会发展出良好的互动模式，从而形成真正独创或有价值的工作方法，带来产生协同的过程收益。例如，一个团队可能会找到方法来开发利用其他人忽略的资源，逐步避开貌似不可逾越的绩效障碍，或者想出一种新办法来激发解决难题的主意。制定创新的绩效策略涉及两个不同的活动。首先，分析团队的外部环境和内部资源的情况，以便应对新出现的问题和机遇。其次，寻找和评估团队可用来规避问题和抓住机遇的各种方法，最终选择一个特别适合团队成员的方法。当一个拥有规范（第4章）的团队内部形成定期分析和计划的习惯时，团队很有可能在开展工作的同时，收获真正有创意的新方法。

知识和技能

任务执行团队遇到的最常见和最严重的过程损失之一是不恰当地衡量成员贡献。团队是否信任成员的想法通常在很大程度上取决于成员的个人属性、该成员在组织或更广泛的社会关系中的位置以及他的行为风格。个人属性包括性别、年龄、种族等，在组织中的位置包括级别、职位等，行为风格包括性格、说话语气等。当团队看重的是这些因素而不是员工对工作的实际理解时，就会浪费团队最宝贵的资源之一，即成员的才能。

评估哪些成员拥有工作特定部分所需的特殊专业知识，并不容易。成员懂什么、擅长做什么，这些对他们的队友来说远不如成员的表面属性那么明显。在缺乏与专业知识相关的准确信息的情况下，人们倾向于用替代方式来判断。但这些替代方式会引发刻板印象，并且几乎不可避免地会导致对成员贡献的无效评估。

即使团队成员确实知晓彼此在知识或技能上的差异，他们也可能不会依据这些信息行事。我们都有过这样的经历：在团队中，如果像老板这样拥有权威地位的人或像获奖科学家、民选官员那样地位特别高的人发表自身观点，成员就会尊重这些观点，哪怕人人都知道团队中其他人事实上更了解手头的任务。如果一个团队能够最大程度地减少对成员才能权衡不当的问题，那么它就能更好地利用其组建时所拥有的专业知识。然而，提倡容易、实践难，在一个充满办公室政治的组织环境中进行快节奏的工作时尤其如此。

当团队成员发展出促进相互学习的互动模式时，他们就会获得知识和技能，从而进一步增加团队在任务工作中可利用的知识总量。因此，一些行业中自我管理的团队经常受到鼓励进行交叉培训，这种培训类似于成员之间分享知识、专业技能和经验等非正式的活动。跨职能团队是产生这类过程收益的绝佳之选，因为这类团队的成员拥有不同的知识和技能配置。即使是在相对同质化的团队中，成员之间也总能够互相学习，新的学习过程能扩大团队的知识储备。

从过程到绩效

团队总会有成为过程损失受害者的可能性，这将损害团队的潜力，但团队也总有机会产生协同的过程收益。如果团队能够将过程中的损失最小化、收益最大化，其所能取得的成就可能将远超将团队成员个人的贡献加在一起所取得的成就。

前文讲述的外勤服务团队的状态说明，当过程损失主导了团队成员之间的互动模式时，一切会变得多么糟糕。无论成员个人带着怎样的热情开始一天的工作，这份热情都会在早餐时因团队互动过程中的强烈社会惰怠效应而消耗殆尽。成员们采取了盲目被动的立场来应付团队工作，而没有根据当天的任务制定针对性绩效策略。他们以自己被告知的方式完成被告知的工作任务，而没有观察工作任务的状况，也没有在稀松平常的服务中关注任何变化的迹象。如果团队对成员贡献的衡量明显不合适，就只能是因为团队完全忽略了成员的特殊技能、兴趣和经验。

然而，施了魔法之后的外勤服务团队证明，当团队过程管理得当时，一切会变得多么美好。可以肯定的是，团队现在已将过程损失降到最低。除此之外，成员对自己的团队产生了自豪感，提升了对团队的共同承诺度，他们一旦制订了当天的工作计划，就会迈出咖啡店，径直前往顾客所在地。而且，工作计划既考虑了日常工作需求，又考虑了成员个人的特殊技能和偏好，并且具有内在的灵活性，因此团队能够快速响应所有客户的紧急情况。在处理特别具有挑战性的维修问题时，成员会互相寻求帮助，会记录一天中出现的技术问题，并在第二天早餐时一起回顾这些问题。随着时间的推移，这个团队变成了一个能力越来越强的高绩效单位。最终，管理者从中挑选出部分成员，以这些成员的专业知识和团队技能来培育其他团队。

有时，团队会自发形成上述那样神奇的任务过程。但更常见的情况是，团队需要长期配备有能力的教练来帮助其达到这样的状态。因此，我们接下来将讨论，为了培养一流的团队，教练实际上应做什么，以及在团队生命周期的哪个节点来做。

在不同的生命周期对症下药

指导性干预旨在降低过程损失或提升过程收益。强调努力的专业指导具有激励作用，能尽量减少搭便车行为，促进成员对团队及其工作的共同承诺。针对绩效策略的专业指导具有咨询属性，能减少成员对习惯性程序的轻率依赖，促进与任务、环境和机遇高度匹配的工作方式的创新。着重于知识和技能的专业指导具有教育功能，能将不合适的贡献衡量体系对团队成员的影响降到最低，促进成员知识和技能的发展。

如果能针对三个绩效过程中的一项或多项，成功减少过程损失或提升过程收益，这样的专业指导实际上就会有助于提升团队整体的绩效。专业指导可以由任何人实施，包括普通团队成员、其他团队的管理者以及外部顾问，而不仅限于被正式指定为"团队领导者"的人，而且专家指导可以在团队工作过程中的任何时候提供。但是，一个团队的生命周期中有三个特定的节点，成员可能会在这些节点特别容易接受上述三种指导性干预。同时，正如我们将看到的，在一个团队生命周期中的某些时候，即使是能力不俗的教练，也不太可能对团队合作产生有力影响。

多年来，团队的生命周期一直被实证研究，很多概念性框架尝试总结团队发展方面的发现，其中最突出的是布鲁斯·塔克曼（Bruce Tuckman）提出的"形成期—震落期—规范期—成熟期"模型。所有这些框架几乎无一例外都认为团队发展会遵循固定的阶段顺序，团队进入每个后继阶段的前提是成功完成前一阶段。在某些模型中，团队会返回更早期的阶段，完成未尽的发展工作。

近年来，关于团队发展和绩效的线性阶段的研究对团队阶段模型的普遍性和有效性引发了质疑。组织心理学家康妮·格希克的发现特别有助于解释，为什么某些类型的指导性干预在团队生命周期的某些时期有独特的帮助。在研究若干任务导向团队的生命周期后，格希克发现，每个团队在任务刚开始时就会发展出独特的方法来跟踪进程，然后在第一次会议到项目收尾之间的前半段时间里，都持续使用这种方法。在团队生命周期的中间阶段，所有团队都会经历一场重大的转变。团队在经历了一场集中爆发的变革后，会抛弃旧有的行为模式，重新与外部指导者交流，并接纳全新的工作视角。在经历中间阶段的转换之后，团队会进入任务的密集执行期，这个阶段会持续到接近项目的最后期限。此时，一系列与团队终止过程相关的新问题又出现了，它们会引起成员的注意。

格希克的研究结果表明，当一个团队刚刚开始某项新工作时，团队成员可能会特别愿意接受对团队及其工作的参与程度的干预。在中间阶段，即团队的生命周期过半或工作量完成一半时，也特别适合进行干预，从而帮助成员思考其绩效策略的效果并适时做出改变。最后，当一个工作周期结束时，团队欢迎能够帮助成员从经验中学习的干预。关于激励、咨询和教育的恰当干预节点，图 6-1 进行了概括。

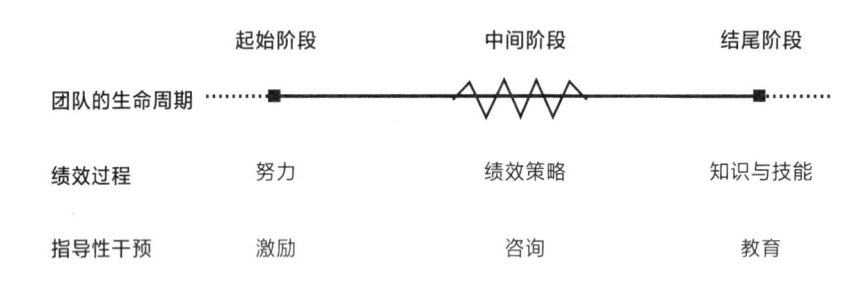

	起始阶段	中间阶段	结尾阶段
团队的生命周期	■━━━━	━━VVV━━	━━━━■
绩效过程	努力	绩效策略	知识与技能
指导性干预	激励	咨询	教育

图 6-1　适合指导性干预的 3 个阶段

起始阶段

团队成员初次齐聚一堂，开始一项工作时，会有很多事情要做，包括确立成员与非成员之间的边界、分配成员角色、制定行为规范，以及重新定义并参与团队任务。团队成员对这些事项的决定直接或间接地为团队发展画出了轨迹，成员会在这条轨迹上共事相当长的时间。指导性干预可以帮助团队顺利启动工作，促进成员投入和推动团队工作。

为了说明这一点，让我们回到驾驶舱，观察一下机长在机组团队建立的最初几分钟内的行为。如第 4 章所述，当机组人员初次见面时，这个团队的基本结构，也就是罗伯特·金内特和我所称的团队外壳就已经成形了。执行飞行任务航班的飞机、航班目的地、每名机组人员的角色、像检查清单这样的基本工作流程，以及其他众多预先规定的工作项目，每个机组人员都已非常了解。得益于在驾驶舱的丰富观察经验，金内特怀疑，机长与机组团队初次见面时的行为可能会对团队动态产生持久影响。商业航空公司为测试上述可能性提供了一个近乎理想的环境。航空公司通常使用投标系统创建机组团队，机组团队会在有限的时间内一起工作，通常是一天，然后就会解散，因为很少有持续几天的航程。

果然，机组人员在最初几分钟里所经历的一切会影响该团队的生命周期。机长在飞行前很快完成了飞行简报，证明了完整的团队外壳是有益处的，这样的机组比那些完全不做简报或简报质量不高的团队更有优势。最好的情况是，机长不仅鼓励机组人员，而且在航行过程中积极地与机组人员一同分析、讨论这次航班的特点，把团队外壳打磨到极致。机长把一群能力极强的飞行员转化为执行力极强的机组团队。金内特的发现表明，机组人员的初次会面是实现这一目标的最佳时机。

大多数团队并不具备像驾驶舱机组人员那样精细复杂的结构，但团队领导者在任何形式的团队启动会上的行为，其作用同金内特研究的机长的行为是一样的。因此无论团队刚起步时多么不成熟，团队领导者都能够向团队外壳注入活力，帮助团队开始自我运作。如果启动会获得成功，团队领导者将帮助团队从一份成员名单转化为一个真正意义上有边界的社会系统。团队分配到的正式任务将经过研究评估，重新定义为成员能够实际上手且与原先稍有不同的任务。团队创建者制定的团队规范也将经历测试评估，这个过程有时很明显，但更多时候是通过成员潜移默化的行为实现的，规范最终逐渐演化并成为团队自己的。

中间阶段

如果说一个团队生命周期的初期是形成团队边界、提升集体参与度的好时机，那这个时期难道不应是团队成员为即将开始的工作制定绩效策略的好时机吗？这是多年前珍尼特·韦斯（Janet Weiss）、肯·布鲁索（Ken Brousseau）

和我的想法，我们多年前曾尝试在一个实验研究中证明这一点。具体来说，当时我们建议团队在任务开始之前，探索一下完成任务的其他方法，这比团队立即投入工作更有价值，当然这仅限于在当前最清晰和理所当然的方法不是最佳选项的情况下。

当时，我们设计了一个团队任务：建造简单的电子设备，并以两种不同的方式设置任务。在一种设置中，最清晰和理所当然的工作方式就是实际上最有利于团队绩效的方式；在另一种设置中，这种工作方式会降低团队效率，造成绩效水平的下降。此外，我们指示部分团队直接投入工作，不讨论工作的其他方法；其他团队则被要求先讨论详细方法再开始工作。

结果不出我们所料：在完成任务的方式是最优策略的情况下，"一头扎进工作"的团队表现优于"先讨论工作策略"的团队；在完成任务的方式不理想的情况下，"先讨论工作策略"的团队表现更好。但这项研究最重要的发现或许隐藏在我们研究报告中的讨论部分，那就是，现实中团队几乎不可能在工作开始时真正去讨论绩效策略。只有将策略干预设定为"初始任务"，并明确要求团队在完成任务时检查任务过程的每个步骤，这样我们才能引导团队对其绩效策略进行深入讨论而非敷衍了事。在工作刚开始时就进行策略干预是不恰当的，因为当一个新团队启动一项新任务时，团队自然不会去讨论策略。团队成员需要积累一些任务的实际经验，然后才能就如何以最佳状态完成工作进行积极的讨论。

团队生命周期处在中间阶段时，团队成员之间的关系和成员对工作的态度可能会经历震荡。这个节点特别适合进行指导性干预，邀请成员思考团队的绩效策略。在这类节点上、其他工作间隙或工作压力较低的时期，指导性干预鼓励团队成员深入思考他们到目前为止的工作以及未来将面临的挑战，这样有助于他们调整下一阶段的工作计划。

第 6 章 条件 5：专家指导

组织心理学家安妮塔·伍利（Anita Woolley）的研究为上述论断提供了有力支撑。她设计了一个实验性建筑任务：用乐高积木建造一座大学宿舍。团队事先知晓了他们创建的建筑结构的评估标准，包括坚固性、美学指标，以及涉及楼层面积、楼层数等的技术指标，其中坚固性指的是成品将经受建筑史上独一无二的"跌落测试"评估。她设计了两种指导性干预措施，一种旨在改善团队成员的人际关系，另一种旨在帮助团队制定合适的任务绩效策略。每个团队只接受一次指导，节点在工作起始阶段和中间阶段。

伍利的研究发现如图 6-2 所示，绩效策略干预在团队接近工作周期的中间阶段时特别有用。绩效策略干预在工作开始时实施，在成员还没有积累任务经验之前进行，是没有任何帮助的。有一点请注意，关注成员人际关系而非任务过程的干预，无论何时实施，都不会对团队绩效产生影响。这是个重要的发现，我们下文会很快讨论这一点。

现在，让我们离开实验室，回到飞机驾驶舱。刚才总结的研究发现与机长对机组人员的指导之间有什么相关性吗？这类机组的"中间阶段"是在什么时候？在这个节点，机长应该怎么做才能让机组在起始阶段通过飞行简报形成的良好团队基础上更上一层楼呢？事实上，在机组的生命周期中，自然会有部分工作负荷较低的时段，比如在高空的长时间巡航阶段以及在多日航班的过夜时段。尽管我知道关于这个问题没有系统性研究，但仅凭我自己对驾驶舱机组人员的观察表明，在如何利用这些时间方面，不同的机长之间存在很大差异。有些机长忽略团队生命周期的中间阶段和其他低工作负荷时段带来的指导机会，反而利用这些机会处理私事或闲谈。有些机长会经常在低负荷工作阶段提出问题或进行观察，邀请其他机组人员思考航班出发至今的运行情况；如果可能的话，同时思考在余下的航程中该如何操作。即使是这样温和的指导性干预，也有助于加强机组的团队性和提高团队绩效策略与飞行任务要求的匹配性。

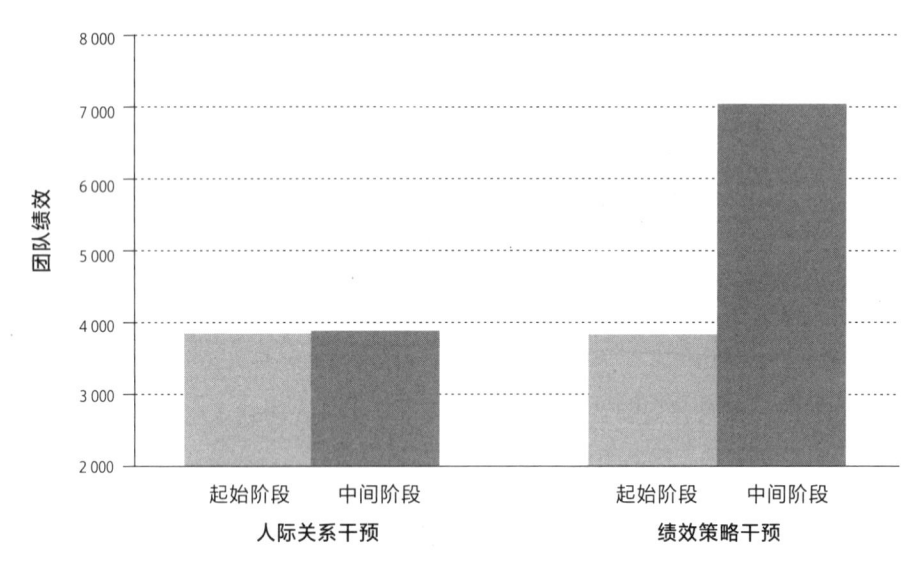

图 6-2　指导性干预类型及其节点分布

资料来源：基于伍利在 1998 年的研究发现。

　　针对绩效策略的干预能帮助团队成员与其所处环境中不断变化的需求和机会保持同频，鼓励其找到方法，谨慎高效地实施所选的绩效策略。以绩效策略为导向的指导还能帮助成员发展全新的、更适合于任务和环境的策略。它甚至可以促使团队采取说服或政治技能，尝试通过协商改变可能阻碍其表现的组织约束。显而易见，绩效策略干预有利于提高飞机驾驶舱机组人员的工作表现。而且，针对绩效策略的恰当、适时的干预几乎对所有任务导向的团队都是有帮助的。例如，在全面质量管理项目中，通常使用的干预措施明确聚焦于提升生产策略的开发。此外，其中的部分技术，比如帕累托分析、控制图、质量成本分析和鱼骨图，在尚未积累现有绩效策略的足够经验之前，是不能直接使用的。这就再次证明，针对绩效策略的干预在任务周期的中间阶段进行比在起始时阶段更合适。

结尾阶段

人们在心事重重、焦虑或匆忙的时候无法很好地学习。如果团队成员正试图弄清楚他们应该做什么，或者他们急于完成工作，那他们很难在构建个人或团队的知识、技能方面有所作为。团队学习需要一定的时间和适度的共同安全感，而当成员正处于任务执行的过程中时，这种条件是很难创造的。

当一项工作完成时，团队成员的焦虑和兴奋感会有所降低，此时为指导性干预提供了特别合适的机会，帮助成员吸取和内化从工作经验中得到的教训。然而即使是这样，团队成员仍有可能不愿利用现有的学习机会。尤其当团队得知自己表现卓越时，比如一个运动队赢得了冠军赛或项目团队的项目建议书已获批准，成员可能更倾向于庆祝成功，而非从经验中学习。通过庆祝来认可团队的卓越绩效，这是难能可贵的，也促进了团队共同的内在工作动机，但如果团队得到的正向绩效反馈仅限于庆祝本身，那么成员就可能不会关注反馈中有一部分可以帮助他们学习在未来如何更高效地合作。篮球队队员当然可以通过把教练扛在肩上、从篮筐上剪下篮网来庆祝胜利，但在之后的更衣室里或在第二天的训练中，球队也应该花些时间来反思从这场胜利中可以吸取的教训。

当然，这里也有不利的一面。遭受失败的团队成员普遍会有挫败感，会因为他们的失败而感到沮丧。如果这种感觉能激励团队在下次的比赛中更加努力，那是有帮助的；但成员们也可能体验到一种强烈的集体冲动，他们会自我保护，回避失败带来的学习机会，把更多的精力花在辩解失败不是他们的过错上，而不是探索从失败中可以学到什么。如果要帮助团队克服这种冲动，并且进入学习模式，教练就需要相当多的技巧。培养团队成员学会如何更好地互相学习、如何从共同的成败中学习，这是非常了不起的教练成果。

让成员产生并讨论对团队绩效水平的解读，只是帮助团队提升其知识和技能的第一步。组织心理学家理查德·科恩（Richard Corn）在对团队归因过程的实地研究中发现，下一步也是更困难的一步，即让上述解读至少与现实相符。科恩在组织中挑选若干任务执行团队作为研究对象，其中一些表现良好，另一些则不然，他请团队成员解释为什么该团队当前是这样的表现。这些成员几乎没有提到在第 4 章和第 5 章中讨论的团队和组织特征，这些特征会在很大程度上影响团队的绩效结果。即使在专门进行经验学习的会议中，团队成员仍然经常需要帮助，才能识别其团队结构或组织环境的各个方面对他们绩效的影响。

尽管罗伯特·金内特和我观察过的大多数飞行员都承认，在航班结束后，在一起思考几分钟可能会产生有用的观点，但我们研究的机组人员中几乎没有人这么做。为什么会这样呢？在一些飞行员看来，围坐在一起讨论从合作中可以学到什么，这肯定让人觉得不自然。此外，大多数航班都是例行公事，机组人员可能没有任何迫切的需求去回顾和思考。但是，根本原因可能是最平淡无奇的。在航程结束后，机组会执行简单的三步程序：第一步，让乘客下飞机，完成航班文书工作；第二步，前往停车场；第三步，回家。如果一位机长建议机组推迟回家时间，花几分钟进行思考，那他一定会失败。我们并不是在强调飞行员反对学习，哪怕是以学习为主要工作的大学教授，如果系主任提议将教学会议延长到约定俗成的下午 5 点半之后，以便一起思考当天的经验教训，教授们同样会提出质疑。

然而，在适当的环境中，事后汇报学习还是有可能的。有一个办法就是使用权威下达命令。例如，军用飞机飞行员肯定和商业航班的飞行员一样，希望在一天工作结束后放松休息，但机组任务汇报完成之前，他们是不会离开的。尽管机组很不情愿地受命留下，但也总能通过共同思考团队绩效得到部分价值。最终，飞行任务后的汇报成为常规的一部分，成为军用飞机飞行员特有的工作方式之一。

正如我在协助露丝·瓦格曼进行施乐公司研究时发现的，即使没有正式规定，汇报学习也可能成为习惯性做法。作为研究的一部分，我有机会参与众多服务部门管理者会议，其中的第一次会议让我印象深刻。当时，我们完成了会议议程，我正准备收拾文件离开时，施乐公司负责主持会议的员工汤姆·鲁迪（Tom Ruddy）开始会后总结。他问道："今天我们做得特别好的是什么？"大家提出了许多建议，然后写在便签条上，并进行了简短的讨论。他又问道："我们需要改进的地方是什么？"人们只勉强提出了一条："教授的社交能力。"我们都笑了，但这也有几分道理。在此之前，我从未参加过这样的会议，会议结束后，与会者还会通过人人接受且实事求是的方式思考经验教训。教授本人也确实还有些东西要学。

其他阶段

虽然团队在起始、中间和结尾阶段特别愿意接受激励、咨询和教育的指导性干预，但这并不意味着教练在团队生命周期的其他时候应沉默或缺位。在这三个关键节点之间的时间段里，团队可能会抵制在其既定方向中做出重大改变。但在这些时间里，教练仍有可能推动团队朝着建设性方向前进，哪怕只是在很小的范围内改变。

以时间为导向的指导性干预，如团队的创建、中间阶段的修正与项目结束后的复盘，塑造了团队的发展轨迹。在这些时间之间采取更小且更具体的指导性干预可以帮助团队充分利用其良好轨迹的潜力，但是这不能扭转那些将团队带向碌碌无为或完全错误方向的做法。我曾经观察过一个学生项目团队，团队的启动过程很糟，在整个过程中，两名团队成员负责定义团队工作目标，但是他们同时疏远了其他成员，使其他成员对项目失去兴趣，不愿参与。一旦团队的工作启动，指导性干预可能会降低团队启动时的损失。但即使能力极强的教练也不太可能改变团队的基本轨迹。只有当团队接近其工作的中间阶段时，改变的机会才会重新出现。

在关键节点之间的时间段里,教练能做的最有效干预是有选择地识别和强化团队的自发行为。在团队生命周期的起始、中间和结尾阶段进行的指导性干预,其目标却是发掘和引导通常不会自发形成的团队行为。在有效条件反射的传统中,教练会关注卓越的团队绩效过程,并在其发生时对其强化,从而提升再次产生卓越绩效的可能性。瓦格曼通过向施乐公司的团队领导者展示如何管理她所谓的"计划中的自发奖励"来训练他们实现这一点。虽然有些团队领导者更喜欢发现并改正错误,但瓦格曼要求他们做相反的事情,即根据自己丰富的知识和经验对自己进行定位,当卓越绩效发生时,对其进行甄别和强化。强化可以既微小又简单,比如口头表扬、酒水、电影票或普通礼券,但影响却是巨大和积极的。

强化是提高团队理想行为频次的极佳方法,但这并不是教练和团队领导者在关键节点之间的时间段里唯一能做的事情。针对团队为什么要实践某些特定行为而精心设计的提问,可能会让成员微调他们的团队绩效策略。如果观察团队中正在发生的事情,以及团队与客户或其他团队交流时发生的情况,教练可能就会发现一些原本被错过的学习机会。仅仅通过观察,教练就可以记录相关数据,当下一次能改变团队发展轨迹的机会出现时,这些数据就是无价之宝。

另外一个特别值得一提的指导时机就是一个新组织成立之时,并且它使用自我管理的团队作为基本执行单位。在这种情况下,团队成员通常是新员工,他们之间鲜有了解,对他们将要做的工作也可能经验有限。通过对新办工厂的大量研究,管理学者理查德·沃尔顿(Richard Walton)发现,最高效的团队领导者在最初阶段会将自己置于团队的边界上:一半在团队内部,一半在团队外部。领导者能够为成员提供日常技术指导,在合适的时候明确组织的价值观,并帮助成员制定与这些价值观一致的绩效策略。但是由于团队领导者保持着一定的距离，团队成员不能指望他无限提供指导，所以这样反而鼓励团队发展自我管理能力。

沃尔顿发现，团队生命周期的前18个月里，最高效的领导者会逐步且坚定地脱离团队的日常活动，因为他们的作用很多已经实现，或者团队已不再需要他们，抑或团队中的临时领导者已能替代他们。虽然团队领导在组织层面仍然对其团队的生产力和发展过程负责，并会帮助团队处理与组织代表之间有时颇具挑战性的谈判，比如关于资源或薪资的安排，但团队自身也将承担越来越多自我管理的责任。对这些团队来说，随着时间推移，领导者的角色及其所处理的问题都以可预测的方式发生变化。针对这些团队指导性干预的节点与临时团队的要求差别很大，但在这两种团队中，适当的指导性干预很大程度上都取决于团队有效性在整个过程中最需实现的功能的变化。

把握干预时机

有效的指导解决了在提供指导的特定时间里团队存在的问题。如果在团队还没准备好的时候进行指导性干预，那么即使实施到位，指导性干预也会失去效用。分析过团队教练的人也证实了这一点。事实上，不合时宜的干预可能弊大于利，因为这可能分散或转移团队的注意力，使其在干预进行时无法关注原本需要关注的问题。

如果团队工作是无限期持续到未来，没有明确的中间阶段或终点，那应该怎么办呢？事实上，这样的团队很少存在。原因令人惊讶，时间在人类体验中具有重要的中心地位。也就是说，即使时间界限并不存在，我们似乎也受驱使去把它创造出来。作为个人，我们也经常通过为自己设定截止日期来实现这一点，比如设定一本书的某一章必须在何时起草，这个日期除了该书作者，没人知道或关心。

团队和组织也有这样的做法。例如，半年学期的节奏看上去似乎很自然，但它完全是社会创造的产物。如果一个大学使用季度学期而不是半年学期，那么虽然它的时间节奏不同，但对这个大学的学生和教师而言也很自然。在完全不同的制度环境中，企业以一定的时间边界为标准，组织管理业务和财务目标，这决定了管理者的思维和行动方式。这里所说的季度不一定与季节相关，任何能够识别的时间段都适用。在半导体制造工厂的案例中，汉克成功通过协商得到了组织对他团队的支持（第5章），生产周期被组织设定为6周。这样的选择没有合理的理由，一年52周的时间都无法被6周整除，那余下的4周看起来就不合适，但工厂里的每个人都表现得好像这6周的周期是天生的。生产团队将每个新周期都视为一个真正的新起点，团队通常会在3周左右评估其绩效目标实施的进展，在最后一周进入专注和紧张的工作模式，努力完成工作目标。

时间标记强有力地控制着人类的生物运行模式，当然，也控制着我们如何理解、组织和管理集体工作。这个事实对团队教练有利，因为教练可以将团队的活动与始终存在的时间标记相互关联，无论它们是自然发生的，还是人为设定的。然而，如我们所见，因为某些类型的指导对处于工作周期特定阶段的团队最有帮助，所以时间节奏也限制了教练何时提供何种干预的自由选择权。

我们现在可以回到本章开始时提出的问题：在赛前、中场休息和比赛后第二天的训练中，篮球教练应该在更衣室发表哪些恰当的讲话？我作为球员的经历加上与众多教练的交谈告诉了我，不同的指导性干预如何在不同的节点上发挥最大的作用。

在比赛前的更衣室里，教练通常关注的问题是如何激励队员。在比赛前，典型的教练会如下这样做：所有球员到达更衣室后，教练将所有访客请走，关上门，然后首发的5名队员围着教练排成半圆形，其他队员在他们身后。当团队边界形成后，教练会讲一下马上就要开始的比赛，告诉大家这场比赛非常具有挑战性，但如果队员们能实现良好的发挥，球队就有机会赢得比赛。接着，教练回顾赛前训练的要点，并回答队员提出的问题。最后，大家将手伸到一起加油鼓劲，接着球队径直走向球场。教练没有任何做作的行为，也没有向队员大叫"给我赢下这场比赛"，队员也没有冲出更衣室大喊大叫。比赛开始前的这段时间就更有条不紊了，这一切造就了一支边界清晰的球队，他们能够充分投入比赛，竭尽全力争取胜利。

中场休息，大家回到更衣室。现在是讨论的好时机，可以根据上半场的战况调整下半场的比赛策略。教练和助理教练讨论后很快制订出下半场的计划，然后走进更衣室。队员们完成休整之后，更衣室的门就又会被关上，教练回顾上半场球队哪些方面做得很好，哪些方面没有发挥应有的水平。接着，教练列出下半场比赛策略上的调整，如果教练希望讨论更有参与度，就会邀请队员提出问题或建议。集体讨论结束后，教练会在队员中间走动，对一些队员加油鼓劲，对另一些队员提出建议或纠正意见。最后，大家再次相互鼓劲，全身心投入下半场比赛。

在第二天的训练中，教练着重于教育队员，帮助他们巩固个人和团队的竞技水平，为球队下一次比赛做准备。如果有比赛录像，此时教练已经和助理教练一起观看完毕，并列出一系列学习要点。如果前一场比赛取得了胜利，教练可以在训练开始前举行一场简短的庆祝活动；如果前一场比赛失败了，教练可能会允许队员在训练开始前发泄一下。如果球队侥幸获得了一场超出他们能力的胜利，教练可能会从训练一开始就很认真、快速地打消队员潜在的庆祝冲动。无论训练如何开始，大家都会迅速回顾从前一场比赛中获得的经验教训，巩固和应用这些经验教训，从而提高团队的能力，为下一次比赛做准备。

这样的教练模式很好地利用了篮球运动固有的特殊机会；我认为，冰球运动无法很好地支持理想的教练模式，因为冰球比赛分为三局，没有为中间阶段的教练行为提供机会。确实，在场上比赛正在进行时，许多优秀的教练会在场边大声地纠正、指导、鼓劲和表达沮丧情绪。然而，这些行为充其量只是外围干预，只是对已定型的比赛轨迹做出微调的尝试。如果教练试图改变正在进行中的比赛的既定计划，或更糟糕的是试图在场边控制比赛的进行，那他往往就会发现自己将面临很大的麻烦，就像企业一线的监督者没有提供指导，反而去规定团队的每一个动作那样，他可能会深陷泥潭。

请注意，上文关于篮球教练的一般性描述既没有提到教练的具体行为，也没有提到教练特有的领导力风格。这是有意为之的，因为这个过程的关键点在于实现激励、咨询和教育的教练功能，而不是通过特定的行为或风格来实现这一点。刚开始当篮球教练的人有时会认真地学习像加州大学洛杉矶分校的约翰·伍登（John Wooden）和普林斯顿大学的皮特·卡里尔（Pete Carril）这样的伟大教练，希望通过模仿他们的行为风格来取得同样的成功，这是行不通的。无论是在篮球还是在企业领域，最好的教练会结合当时的环境、球队的状态，以及球员自身技能、喜好和风格，实践对教练个人而言最有意义的行为和风格。没有哪一种"正确"的方法可以用来实现那三种教练功能，也没有行为诀窍可以遵循，但是有一个方法肯定是错误的，那就是尝试一种不属于自己的教练风格。

关注任务而非人际关系

虽然我不知道教练应该表现出哪些特定的行为或风格，但对教练行为的关注点还是很清楚的。我们到现在已经很清楚，教练行为应该聚焦于团队的任务执行过程，而不是成员的互动或人际关系。大多数关于团队教练的文章都认为，指导性干预应该促进团队成员之间顺畅和谐的关系。这种强调是错误的，因为人际互动过程对团队绩效塑造有积极作用是一种逻辑谬误。

当观察一个绩效存在问题的团队时，我们经常会同时观察到人际关系问题：成员之间的冲突、领导力方面的挣扎、沟通的不畅等，这些都困扰着团队。于是，我们很自然地推断出这些困难造成了绩效问题，因此，提高团队绩效的最好方法就是解决这些问题。尽管这个推论貌似合理，而且与外行普遍的经验一致，但它既不符合逻辑，也不正确。事实上，两者的因果关系通常是相反的：团队绩效的水平影响成员互动的特征，而不是先前推论的那样。或者说，团队绩效至少影响了成员对彼此之间互动的看法。社会心理学家巴里·斯塔（Barry Staw）在实验中故意向团队提供了不实的绩效反馈，然后要求团队成员客观地描述团队的运作模式。那些被误导认为自己绩效良好的团队相信，与那些自认为表现较差的团队相比，自己团队的内部互动更和谐，沟通也更理想。

通过研究旨在提高成员互动质量的干预措施的效果，人们也对指导人际关系的方法产生了怀疑。这方面已经有大量的研究，管理学者罗伯特·E.卡普兰（Robert E. Kaplan）在一篇评论文章的标题中贴切地总结了上述研究发现。① 此外，那些记录了绩效提高的干预研究，如名义群体法和德尔菲法，几乎总是涉及通过将成员之间的互动最少化来尽可能减少人际关系问题，因为这些问题会分散团队专注力，导致团队无法集中精力完成任务。事实上，德尔菲法完全停止了成员之间的面对面互动。据我所知，伍利的研究是唯一直接比较以人际关系为中心的干预和以任务对中心的干预对团队绩效不同影响的实验研究。前文中提到，她发现后者的影响明显大于前者。

---

① 文章的标题是《缺乏明显证据表明过程咨询提高了任务绩效》(*The Conspicuous Absence of Evidence That Process Consultation Enhances Task Performance*)。

尽管当教练观察到团队成员陷入人际冲突或者权力争夺时会跃跃欲试，希望扭转乾坤，但人们几乎没有理由相信这类干预会成功厘清纷繁复杂的人际关系，让任务重返正轨。也许更理想的做法是，解决可能导致人际关系问题的团队结构或环境条件，并辅以本章所叙述的时机恰当、以任务为导向的指导。

然而，即使团队拥有合适的结构和支持，也不可避免地会遇到一些棘手的人际关系问题。尽管团队成员在经历和尝试解决这些问题时可能会感觉痛苦，但它们不一定对团队有害或不利于其绩效。相反，研究表明，虽然某些人际互动模式经常被团队成员视为问题，而且外部观察者也这么认为，但这些行为模式实际上可以促进团队绩效和成员学习。正如我们在第4章里叙述的，基于任务的冲突是其中一种模式，而那些持有"离经叛道"观点的成员直言不讳表达自己的观点也是一种模式。有经验的教练知道，有时最好的做法是顺其自然，让紧张的气氛持续一段时间，而不是立即介入，试图控制问题或让其他成员再次关注该名成员最负面的行为表现。

协作互助，发挥共享教练的力量

在这一章中，我一直在讨论团队的指导，好像这是由一个人完成的。也许与某人被指定为"团队领导者"或"团队顾问"一样，"教练"也是具体的某个人或多个人。但在实践中，指导行为通常是由很多人参与的，不同的人在不同的时间或出于不同的目的提供指导，特别是在成熟的自我管理的团队中，团队成员自己会担负这个职责。重要的是团队能够得到恰当的指导，而不是由谁来提供指导，以及教练担任的是什么职务。

奥菲斯室内乐团很好地证明了在团队成员之间进行共享教练的潜在优势。我们在前文中提到，这个由26人组成的乐团是在没有指挥的情况下进行排练和表演。虽然这个乐团没有指挥，但它的领导力比有些拥有著名指挥家的乐团强得多。对于乐团选择演奏的每首曲子，乐团成员都会选出一位小提琴手担任首席小提琴手。这名成员负责管理这首曲子的排练过程，他安排每次排练，回应成员们出于各自解读的建议，决定何时必须搁置成员之间的尖锐分歧从而继续排练，牵头研究如何处理演奏中的过渡，这些在传统的管弦乐团中是由指挥决定的。

在这个不同寻常的管弦乐团中，团员实践了大量的共享领导力和同伴指导，但这绝不是"一人一票的民主"。如第 3 章所述，奥菲斯室内乐团的成员对谁在每首曲子的排练中有特殊发言权是很挑剔的。例如，只有部分小提琴手能被选为首席小提琴手，所有人都清楚，哪些成员在哪些音乐问题上的建议需要认真对待。乐团成员认为大家的水平不是相等的，事实上他们的能力也确实各有千秋。每一名成员都能为整个团队带来特殊的才能和兴趣，当然每个人也有一些相对不感兴趣和实力较弱的领域。奥菲斯室内乐团的成员认识到这个事实，并不折不扣地借助其实现共同目标。作为一个自我管理的团队，乐团勇于承认、尊重和发挥成员之间的个体差异，这是其最大的优势之一。这是我遇到过的共享领导力和同伴指导的成功案例。

在奥菲斯室内乐团中，同伴指导之所以能够发挥如此大的作用，原因之一是，那些指导他人的成员和那些被指导的成员一起在乐团中演奏。本章探讨的三种指导类型，即激励、咨询和教育，要想通过遥控来实现，即使并非不可能，也是非常困难的。好的教练帮助团队成员学习技能、获得奖励，从而成为优秀的自我管理者，但如果教练不在团队成员身边，这一点也是很难发生的。

观察杰出的教练是一种乐趣。除了激励、教导团队成员，向团队成员提供咨询，人们总是会在优秀教练的行为中发现他们希望在自己团队中培养的行为。为了说明这一点，我将描述一个最初似乎与团队或教练没有任何关系的事件，但这个事件仍然显示了教练行为具有榜样的力量。作为我们对四国专业交响乐团研究的一部分，就在两德统一前几个月，尤塔·奥尔门丁格和我访问了莱比锡，访问了格万德豪斯管弦乐团（Gewandhaus orchestra），并采访了乐团的演奏者和负责人。那天下午晚些时候，正在接受我们采访的一位乐团负责人礼貌地打断了我们的谈话。"对不起，我们现在必须结束了，"他解释道，"现在是我参加民主示威的时候了。"当然，我们也跟着他一起去了。当我们到达歌剧院广场时，那里似乎挤满了数以万计的莱比锡市民，当天他们齐聚于此，就像大多数日子里一样，以这种方式来表达对民主理想的承诺。

不久，歌剧院的阳台出现了6个人，当天活动的负责人解释道，他们每个人都将简要阐述自己对德意志民主共和国政治未来的看法。第一组发言人主张以民主选举取代现政权的官员，他们的发言得到群众的鼓掌和欢呼。然后，现政权的一位代表走到麦克风前，想告诉大家为什么放慢脚步、保持一定的体系连续性也不失为一个好主意。他当即被喝倒彩，等到人群安静下来继续演讲，接着又被喝倒彩，就这样来来回回了三次。

就在这时，活动的负责人从即将发言的人手中接过麦克风，等待人群安静下来。然后，他以轻柔且明显发自内心而非照本宣科的声音告诉大家：他所理解的民主意味着要倾听别人想说的话，哪怕你已经知道自己不会同意他的观点。他就说了这么多，然后把麦克风还给了之前那位代表，那位代表接着向安静的人群做演讲，这些人刚刚上了一小堂民主课。刚才发言的这位活动负责人是一位民主运动的主要活动家，他几乎反对这位现政权代表所说的一切。但是，他却保证了这位代表有发言权。通过这个微小的动作，这位领导人精准地示范了他和他的同事所倡导的那种民主理想。这种示范的指导作用在力量和结果方面无疑超过了任何人能够设计的构思最充分、时机最完美的指导性干预。

> 对一个团队而言,适时的指导就像对一辆汽车进行的预防性维护一样,我们经常忘记这样做,但它确实可以降低汽车未来产生故障和我们不得不支付高昂的维修费用的风险。

> 教练并非总是一个人。在成熟的自我管理的团队中,团队成员自己会担负起教练的职责。

第三部分

探索高效团队的最佳实践

LEADING TEAMS

LEADING TEAMS

第 7 章

成为高效团队领导者

LEADING TEAMS

对伟大的领导者来说，
扩展和加强领导力行为
是一件需要终身学习的事。

第 7 章　成为高效团队领导者

当我们想到一个伟大的团队时，脑海中几乎总是浮现出一位伟大的团队领导者。一个外科手术团队完美结束了一场风险巨大、要求很高的手术，主刀医生走出手术室，接受病人家属的感谢。一个生产小组定期刷新工厂的生产记录，组长获得了嘉奖，不久之后还得到了提拔。一架飞机在飞行中遇到了严重问题，机组人员找到解决方法，最终安全着陆，大家都为机长鼓掌。马勒的《复活交响曲》终段和弦在音乐厅回荡，指挥虽然疲惫不堪，但仍面带笑容，转身接受观众的鼓掌。

我们有这样的倾向，那就是将团队产出的成败都归因于领导者。这个倾向非常普遍和强烈，我甚至都想称它为"领导者归因谬误"了。无论是失败的还是成功的团队产出，这个倾向都适用。一个运动队经历连败，标准的补救办法是更换教练。报纸批评管弦乐团表现糟糕时，乐团指挥会遭到严厉斥责。而且，不只是外部观察者或老板会犯这类错误，就连团队成员这些共同产出产品的人也不能幸免。组织心理学家理查德·科恩要求若干不同种类的团队的成员找出影响团队绩效的"根本原因"，这些团队包括社区卫生机构、共同基金公司和军队单位，超过 60% 表现良好的团队会将其成果归因于某人的性格或行为，而且这个人往往是团队领导者；也会有 40% 表现不佳的团队会将原因归咎于个人的性格或行为。

领导者的不作为也常被认为是导致团队出现问题的原因。例如，自我分析团队的成员通常会要求他们的领导者为团队在初期经常经历的困难负责，自我分析团队的宗旨是帮助团队成员从分析自己团队的经验中进行学习。在大多数这样的团队中，领导者会在团队初期的一段时间内保持沉默，确保团队成员自发产生各自特有的全部行为。"领导者归因谬误"的观念如此强烈，以至于领导者本身的沉默也常常被成员视为失败的主要原因。只有经过一定时间后，团队成员才会逐渐开始接受和探索对自身行为的责任。

即使是训练有素、经验丰富的专业人士，在日常工作中执行要求很高的团队任务时，也和其他人一样容易受到"领导者归因谬误"观念的影响。一位顶级交响乐团的演奏者向我描述了乐团的一场非凡出众的演出。他说道，指挥"让我们完成了一场连我们自己都不知道是否有能力完成的演出"。另一位管弦乐团的演奏者在描述一次令人失望的音乐会时抱怨道，指挥"只是让我们严格遵照乐谱演奏"。只有当团队绩效的成败存在明显的理解差异时，"领导者归因谬误"才会消失。

当然，有时团队领导者的行为确实决定着团队的成败。这一事实加上"领导者归因谬误"观点，催生了一系列的测试、调查和教育项目，旨在帮助组织挑选和培养优秀的团队领导者。尽管纪录相当糟糕，但这种趋势仍然存在，接下来我们将讨论团队领导者的甄别方式和培训项目。

高效领导者的特征和风格

很明显，有些人就是比其他人更擅长领导团队。因此，我们有理由去发掘那些天生优秀的领导者和那些总是无法发挥团队成员最大潜能的领导者之间的区别。事实上，数以百计的研究都尝试实现这个目标，这些研究试图通过测量一系列领导者特征，比如智力、社交能力、自信等，来说明哪些特征可以预见领导力水平。早在 20 世纪 50 年代，人们就通过研究发现，凭借一套普遍特征来准确甄别优秀和糟糕的领导者，这是不可能成功的。人们发现，许多个人特征与领导者的水平有关，尤其与什么样的人将被选来担任领导岗位有一定的联系。但是，将这些特征一一罗列的实际意义很有限，一方面是因为特征实在太多了，多项特征不如少数几项明确；另一方面是因为获得的定性关系的数据规模太小了。

与几十年前的研究相比，当代的研究并未更有效地分析出优秀团队领导者的特征。但是，"领导者归因谬误"的思维方式与希望也都不会轻易消失，人们普遍认为领导者的个人特征在某种程度上决定了他在领导团队过程中的效率，这些信念持续指导着相关的研究和实践。这种想法的影响力，或许也是最好的例证就是，许多管理者和普通员工都愿意接受这样的说法，即领导者的情绪智力，也就是情商，是团队和组织有效性的关键决定因素。具有讽刺意味的是，许多归类在情商标签下的技能是可以通过学习获得的。但"智力"这个词作为标签的一部分却意味着，无论情商高的领导者拥有什么特质，情商至少是一项长期的个人特征，甚至可能是天生的。糟糕的是，通常被称为"智商"的分析智力已被广泛认为是与生俱来的，而现在可以通过学习获得的领导力和人际交往能力也被贴上了同样的标签。我想，接下来，是不是会有人提出，一个人的遗传禀赋决定了其能否成为一名高效的团队领导者。

然而，上述悲观的结论却包含潜在的积极意义。如果个人特征并没有起到关键作用，那么也许任何人都可以通过学会正确的行为方式来成为优秀的团队领导者。如果人们可以确定某些领导力风格比其他风格更适合领导团队，那么领导者无论其个性或个人特征如何，就都可以通过训练展现出这样的领导力风格。这正是我曾观察过的一家航空公司机组人员培训课程中采取的方法。每个接受培训的飞行员都要参加笔试，笔试成绩会展示其在团队中的独特风格。然后，讲师会讲解某些风格比其他风格更能提高机组的效率。例如，讲师会告诉学员，机长应同时促成飞行任务的完成和人际关系的和谐，应避免一言堂或极端民主的领导风格。学员还被告知，当副驾驶和随机工程师专注于各自的工作时，他们也应该果断执行机长的指令，但不能过度执行或心存不快。讲师们希望，当学员执行他们的日常飞行任务时，课堂上教授的领导力风格将会起到良好的效果。

尽管和其他参加领导力风格测试的人一样，飞行员认为这些测试很有趣，也能提供丰富信息，但我对这些测试仍然心存忧虑。第一个问题是，研究表明，没有任何一种领导力风格能在所有情况下都有效。在与能干、值得信任的同事一起制订团队工作计划时所需的领导力风格，如果在一支刚组建的团队中存在，一旦该团队遇到紧急情况，需要快速果断反应，可能就会一败涂地。因此，对领导力风格的研究已经从寻找一种最好的风格转向在不同情况下应该采用哪种风格的权变模型（Contingency Model）。这些模型明确了现实场景和被领导团队的属性，这些属性决定了什么样的领导者行为可能最有效，而且提供了基于研究成果，领导者在各种情况下应该采取何种行为方式的建议。随着研究的深入，越来越多的权变模型被发掘，并用来缓和领导者行为和团队产出之间的关系，这种模型势必会变得相当复杂。此时，问题就出现在这复杂的权变模型上了，因为模型越完整、越复杂，就越需要领导者具备可能超越人类能力的实时认知处理能力。

关于领导力风格的第二个问题来源于我们日常的假设，即领导者的行为是团队成员行为和团队动态的起因。而事实上，在很多情况下，领导力风格可能既是成员行为的结果，又是原因。例如，如果一个领导者负责管理的下属团队既能干又有合作精神，那么这个领导者可能会采用一种体贴、参与式的领导力风格。但是，如果团队成员显然没有能力完成工作，而且在与领导者的互动过程中表现出敌意，那么领导者就可能表现出更结构化、更命令性和更专横的风格。团队领导者的风格不是固定的，正如家长与孩子互动的风格往往更多取决于孩子当时的表现那样：当孩子表现不佳时，家长会更严格；当孩子乖巧地提议晚餐后大家讨论如何重新安排睡前约定时，家长会表现得更民主。这种表述比认定某种一成不变的家长表达方式的效果更好，领导者的行为通常受团队成员的行为驱动，同时也受到他自己偏好的领导力风格的影响。

最后还有一个问题，那就是如何将新学到的领导力风格从培训环境转移到工作场所。领导者几乎总喜欢旨在改善其领导风格且运行良好的培训项目，他们会觉得自己得到了帮助。但是，培训的环境明确鼓励参与者尝试新的行为风格，加强对现有风格的改进。当参与者离开支持性培训环境，回到原来的工作场域，同事可能在如何应付领导者的"老"风格方面游刃有余，而对于领导者的新风格却感觉难以接受。在领导者学到的新鲜但略显脆弱的新风格与其日常工作环境的要求和期望发生冲突时，新风格几乎总是以失败告终。

事实上，新学到的风格最有价值的时候，比如非常重要的工作需要在相当大的精神压力或时间压力下完成时，正是这种风格最不可能出现的时候。一个人通常会在压力之下变得高度兴奋，此时他会切换到最擅长的行为模式，呈现出他在当时情况下的主导反应。主导反应不太可能被领导力培训课程中教授的内容所取代，因为它们根深蒂固。让我们回到飞行员培训案例，即使是班上最优秀的学员，在遇到令人高度紧张的情况时，比如在飞行中遇到引擎起火或发电机全部失灵，也可能会转换到他们曾经尝试并被验证为可靠的行为。达美航空公司（Delta Airlines）的机长鲁本·布莱克（Reuben Black）讲述的一个故事说明了这一点。几年前，一位讲师要求学员记住飞机上加热器着火时应采取的 13 个步骤。学员很难记住这些步骤，但讲师坚持大家要牢记于心。最后，一位经验丰富的机长抓住了问题的本质，他一下子爆发道："当我害怕的时候，你怎么能指望我记住这一切呢？"确实，该如何做到呢？

这是怎么回事？一方面，我们都倾向于将团队共同成果的责任过多地归因于团队领导者。尽管这种倾向在某种程度上被夸大了，但毫无疑问，团队领导者的所作所为会极大地影响团队有效性。另一方面，无论是关于伟大领导者的特征，还是他们的典型行为风格，研究人员一直无法提供有用的知识。

我们需要在识别和衡量团队领导者的正确个人特征和行为风格方面更努力一些，以便能够选择和培训他们吗？我相信，管理学者克里斯·阿吉里斯（Chris Argyris）[1]也和我一样，对现有的领导者选拔和培训技术的有效性持悲观态度。他提出，任何领导者有效性的实质性改善，都需要从根本上重塑领导者的"实用理论"（theory in use）。这些理论是人们在计划和落实行动时遵循的认知模式和行为程序。如果人们希望在领导者的行为风格上实现持久的改善，阿吉里斯的策略是：从根本上重新编制他们的个人认知模型。这可能很有道理，但是否有另一种方法来培养称职的团队领导者呢，一种不必根本改变领导者的个人行为和互动风格的方法？

我相信这种方法是存在的。在本章的其余部分将探讨这种方法，包括改变研究聚焦点，从谁应该是领导者（领导者特征）和领导者应该怎么做（领导者行为风格）转到领导者在团队生命周期的何时做何事。

提升团队有效性的首要关注点

高效领导者首先应专注的是提升团队有效性的基本条件，即本书已经讨论过的团队特征和组织环境。领导者要确保自己已经创建了一个真正的团队。随着时间的推移，这个团队将具有一定的稳定性（第2章）。他要为团队提供一

---

[1] 克里斯·阿吉里斯的著作《组织学习（完整纪念版）》深度揭示企业提高学习力、创建竞争优势的理论、方法和实践。该书中文简体字版已由湛庐引进、天津科学技术出版社于2021年出版。——编者注

个富有感召力的目标（第3章）；要调整团队结构，使其能促进而非阻碍团队合作（第4章）；要调整组织结构和体系，令其能够为团队提供充足的支持和资源（第5章）；要聘请或由自己提供专家指导，帮助团队充分利用良好的绩效状况（第6章）。高效领导者凭借自身探索最适合自己的独特行为风格和策略，以自己的方式来实践上述条件。他小心翼翼地把握时机，在机会出现时果断采取行动，在时机不佳时从不强行干预。

将条件聚焦在同一方向

优秀的团队领导者不会依赖任何单一的方法来提升团队效能。相反，他们通过将我们之前讨论的所有条件聚焦在同一个发展方向，来加强由其亲自指导而产生的影响。我们在前一章中看到，出色的教练可以通过三个方面帮助团队，即建立团队成员应用于实际工作的努力水平、提升绩效策略的任务适宜性，以及帮助团队成员充分利用自身知识和技能。如图7-1所示，这三个绩效过程都可以通过富有感召力的团队目标、赋能的团队结构，以及支持性组织环境得到加强。

富有感召力的团队目标		赋能的团队结构		支持性组织环境		团队绩效过程
激励	+	团队任务设计	+	奖励支持	→	努力
定向注意力	+	行为规范	+	信息支持	→	绩效策略
吸引人才	+	团队的成员构成	+	教育支持	→	知识和技能

图 7-1　团队设计如何塑造团队绩效过程

富有感召力的团队目标能让团队走得更远。它能激励团队成员，促进所有人共同努力；它能引导成员的注意力和行动，为在各种绩效策略中做出正确的选择奠定基础；它也有助于发展全新、独特的适应任务要求和机会的绩效策略。当成员努力实现对团队或团队服务对象影响重大的共同愿景时，富有感召力的团队目标能充分发挥团队成员的才能。

然而，如果团队没有很好的结构，比如任务设计欠佳、团队行为规范缺失或不具制约力，或者团队本身的组成就不理想，即使团队拥有明确的目标也是不够的。在用清晰目标指导团队方面，良好团队结构中的三个部分都起着重要的作用。如果设计良好，任务就能提升团队成员的动力和努力程度。如果能明确促进主动的环境审视和策略规划，行为规范就能让团队更有可能开发和实施完全匹配正在进行的任务的绩效策略。如果一个团队组成良好，那它必然规模较小且成员足够多样，这有利于成员能力的发展和高效利用。

最后，支持性组织环境会为团队的卓越绩效铺平道路。当团队有足够的资源和支持时，成员就能够持续朝他们的共同目标前进，而不必抽出时间和精力去克服组织层面或官僚主义的障碍。一个认可并嘉许优秀团队表现的奖励体系可以促进团队的持续努力。信息体系能够使成员及时了解环境的要求和机会，增加团队发展和部署合适、有效的绩效策略的概率。适时提供培训和技术咨询的教育体系，提升了团队在任务中发挥最强能力的可能性。

如果将团队比喻成河中小舟，团队拥有富有感召力的目标、赋能的团队结构与支持性组织环境有利于让团队顺水行舟，轻松、迅捷地到达目的地。然而，如果上述条件缺失一项或多项，团队可能就像逆流而上，虽然最终仍有可能到达目的地，但这个过程需要更大的工作量，而且与基本绩效条件有利时相比存在更多的不确定性。

确保团队绩效过程正确

我还记得，几年前《纽约客》杂志上的一幅漫画描绘了一个睡眼惺忪的男人坐在床边，看着他贴在卧室墙上的标牌，牌子上写着："先穿长裤，再穿鞋。"团队的目标、结构和组织环境就像长裤,专家指导就是鞋子。遗憾的是,教练有时会被组织要求先去穿鞋,这就相当于去挽救本质上有缺陷的团队。在这种情况下,即使是一流的教练也无法获得任何建设性成果,带来的后果甚至可能会弊大于利,因为这会分散成员的注意力,使他们从原本应该关注的基本任务设计、组织环境等方面分心。

例如,让我们设想在机械化装配线上的团队。在这条生产线上,工作量由机器速度决定,装配过程完全按照既定程序进行,绩效操作简单且可预测。教练应该怎么帮助团队呢?既不是通过鼓励团队成员更努力高效地工作,因为工作量是由设计流水线的工程师控制,而非团队控制;也不是帮助团队成员发展更适合任务的绩效策略,因为完成工作的方式是完全预先制定的;更不是帮助成员们发展或更好地使用其知识和技能,因为工作任务所需的操作非常简单,团队成员才能的提升仅仅意味着更小比例的团队成员整体能力得到发挥。在这种情况下,团队的绩效过程受到严格的约束和限制,因此团队几乎没有任何方法来做出改进。即使是一位伟大的教练,在提高这样的团队的绩效方面也是无能为力的。由于成员犯错的可能性很小,所以这样的团队本质上是无法指导的。

当遇到无法指导的团队时,两个问题浮现出来。绩效状况是否能从根本上进行重构,从而使团队能够对绩效过程进行有意义的控制?如果这一点无法实现,那么团队本身是否应该存在?对于某些类型的工作,通过团队实施是完全不合适的设计,而在某些组织条件下,团队永远无法成功。在这种情况下,"强制建立"一个团队不是好主意。

就像露丝·瓦格曼在一项关于自我管理的外勤服务团队的研究中所记录的那样,即使绩效状况不像上述的那样对团队不友好,团队设计的质量也会对领导者实施指导性干预的效果产生重大影响。对于每个研究的团队,瓦格曼都会进行独立的评估,包括团队的设计、领导者的指导行为、团队的自我管理水平及其客观绩效。她预测，在团队自我管理水平和团队绩效结果方面，团队的设计比领导者的指导性干预更能产生影响。她是正确的。在影响团队自我管理水平方面，团队设计的影响力是指导性干预的 4 倍，在团队绩效方面的影响力几乎是指导性干预的 40 倍。很显然，在塑造团队绩效过程和结果方面，团队设计的特征确实比领导者指导性干预具有更强的作用效果。

瓦格曼研究中最有趣的发现可能是，她对比了"优秀"教练与"糟糕"教练对团队自我管理水平的影响。优秀教练可能会帮助团队发展任务相关的绩效策略，糟糕教练则发现团队的问题，告诉他们应该如何解决。图 7-2 显示了教练水平与团队自我管理水平之间的关联。优秀的教练能够有效地帮助设计良好的团队充分利用他们的有利环境，但对设计糟糕的团队几乎没有影响。而另一方面，糟糕的教练会严重损害设计糟糕团队的自我管理能力，使已经很困难的情况继续恶化，但对具备有利结构和支持性组织环境的团队而言，其自我管理水平没有受到太大影响。

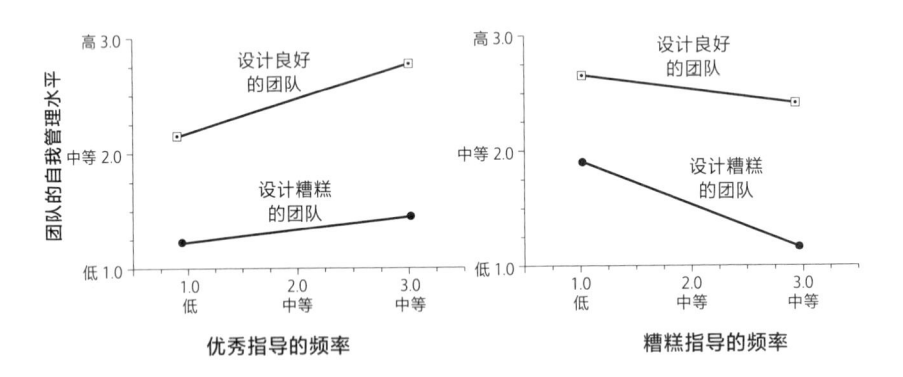

图 7-2　团队设计与领导者指导如何共同影响团队的自我管理水平

资料来源：经允许转载，R. Wageman, How leaders foster self-managing team effectiveness: Design choices versus hands-on coaching, Organization Science, volume 12. Copyright 2001, The Institute for Operations Research and the Management Sciences, 901 Elkridge Landing Road, Suite 400, Linthicum, Maryland 21090-2909 USA。

人们常说：富人更富，穷人更穷。在这里，我们似乎看到了另一个例子：设计良好的团队从优秀教练那里获得最大的帮助，设计糟糕的团队被糟糕的教练越拖越垮。优秀的教练对团队来说是非常有价值的，他可以帮助团队挖掘潜在的良好表现，但无法消除由糟糕的团队目标、有缺陷的团队结构和缺乏支持的组织环境造成的影响。因此，**高效团队领导力的关键是，先确保团队的绩效状态是健全的，然后帮助团队成员尽可能地利用对其有利的环境。**

为提升团队有效性创造条件

问题：伟大的领导者会如何创造条件来提升团队有效性？
回答：运用在他们能力范围内的任何方式。

在这个简短的问答中隐藏着一些重要信息。这些信息可以指导领导者提高所有组织性团队的有效性。所以，让我们把这个问题和答案分解开，逐字逐句地探索其中的奥秘。

专注于创造有利的绩效条件

当你读到"伟大的领导者"这个词时，你会想到什么？"领导者归因谬误"是否又发挥了作用，让你想起了作为正式领导者的某个人的形象？我认为，团队领导力可以是，而且最好的情况下应该是源自共享行动。任何人只要能明确团队的目标、改善团队结构、保证组织对团队的支持、提供专家指导以改善团队绩效，就是在发挥团队领导力。外部管理者可能很适合以下事务，比如为团队设定与更广泛的组织目标相关的目标或者确保组织对团队的资源支持。而与团队成员合作更密切的团队领导者可以更好地完成其他事情，比如根据具体情况调整团队的目标，微调团队的组成，帮助团队成员学习如何更好地利用团队现有的组织支持。团队中的普通成员最可能提供同伴指导，这种指导方式可以聚焦和细化团队的绩效过程，帮助团队成员以最小化的过程损失获得协同收益。因此，问题不在于由谁来领导团队，而在于团队能得到多少。只要是专注于创造条件提高绩效的领导力，就多多益善。

当我们计划改变世界某些地方的行动，我们几乎总是从因果关系的角度思考问题。用锤子敲钉子，钉子就钉进木头里了。赞美一个同事，那个人就会很高兴，甚至可能会更喜欢你。有人高速超你的车，你闪三下远光灯，超车司机几乎肯定就会减速。当然，如果发现刚刚超车的可能是一辆没有标记的警车时，你可能会特别郁闷。

因果思维是如此普遍且有用，以致于有时候会误导我们做出不恰当的或自我限制的行为。如我们在前文中看到的，领导者的行为风格通常被认为是下属行为的主要原因之一，但其本身取决于下属的称职程度和合作水平。在这种情况下，领导者行为风格和下属行为之间的因果关系是相反的，也就是下属行为影响领导者的行为风格。这一点是有用的信息，但它引出了一个更关键的问题：如果不是领导者的行为风格，那又是什么决定了下属的行为？这对那些实际为团队提供领导力的人的行为又有什么影响？

本书的主要目的之一是，通过展现团队行为是由符合绩效环境特征的任务和组织条件塑造的，以及这种塑造方式不可见和不明显的特点，来向读者提供替代传统团队领导力的因果模型。因此，当领导者不再频繁直接干预，不再让团队每时每刻都保持良好的进度，而更多地把注意力放在创造和保持能提升绩效的组织条件上时，领导者对团队的帮助往往是最大的。即使领导者亲自实施专家指导，这种领导者的行为风格看上去对团队行为产生了直接和即时的影响，实际上它的目的也是完成更广大和普遍的使命，即渐渐地增强团队良好的自我管理能力。

第 7 章 成为高效团队领导者

领导者总是按照某种模式行事,即使这些模式不明显甚至是错误的,但也表明了什么样的行动可能产生什么样的结果。用专注于创造有利绩效条件的模式取代以往的因果模式,这是一个重大的方向变化,这种模式关系到团队生命周期的各个阶段的领导者行为。无论是创建新团队、帮助遇到绩效问题的团队解决问题,还是帮助已经绩效良好的团队做得更好,下列辅助诊断的问题均适用:这个团队是真正的团队吗?它能长期保持成员稳定,需要成员通过相互帮助来实现共同目标吗?团队的目标是否清晰、重要且具有挑战性?团队的结构,包括其任务、成员组成和行为规范,是否能推动良好的绩效过程?包括奖励体系、信息体系和教育体系在内的组织环境是否为团队提供了完成工作所需的支持?是否有专家为团队提供专业指导,帮助团队成员将绩效过程中的低效状态降到最低,实现团队合作的协同效应?

无论是对团队负有正式责任的领导者,还是在非正式场合帮助团队的其他人,包括团队成员自己,都可以在团队生命周期中反复参考上述问题清单。几乎总会有一个或多个答案将指出团队结构或组织环境方面存在的问题,或将发掘未充分利用的机会,从而让团队提升绩效。

事实上,将团队的绩效人为"变"好的方法是不存在的。如果让团队创造属于自己的现实状态并掌控自身命运,影响会比我们通常认知的程度更深、时间更短。当一个团队步入特定的发展轨道后,其自身的行动会通过创造更多的现实状态去指导成员随后的行为,这可能会激发团队成员能力和承诺不断正向递增的循环,也可能会让团队以下行螺旋方式走向集体失败。一旦团队成员形成了对世界的共同看法,形成了一套行为惯例,领导者就很难改变团队的基本方向和前进动力。领导者能做的是确保团队创建之初就走在正确的轨迹上,拥有足够的支持性组织环境,团队成员可以得到有助于其尽可能发掘潜力的专家指导,这是领导者的重要工作。如果要求领导者做更多的事情,领导者不一定能够很好地完成。而且,在一定程度上,要求领导者做得过多反而会阻碍团队自身发展，阻碍团队成为真正自我管理的绩效单位。

主动权衡三个有效性标准

贯穿全书，我们的讨论始终基于团队有效性的三个标准（第1章）。在这种观点中，高效团队产生的产品、服务或决策能被那些接收或使用方完全接受；随着时间的推移，团队作为绩效单位的能力会越来越强；团队成员在工作中获得的是更多能力的提升和成就感，而非挫折和希望幻灭。如果一个团队在上述三个标准中的任何一个上都长期明显低于标准，那么这个团队就不会被视为高效团队。

不幸的是，团队有时会陷入某种行为模式，变得过于专注于这三个标准的其中一个或两个，从而忽视了其他标准的影响。在研究过程中，我看到过这样的案例：高效团队三个标准中的某一项极其受重视，因此团队的长期有效性受到了影响。当然，最常见的情况就是团队专注于满足客户的需求，这几乎占用了整个团队的注意力和精力。团队成员专注不懈地完成工作，即使他们觉察到自己忽视了团队及自身的健康状态，也会把这些事情往后推，想着"再等等，等我们有空的时候再说"。但"再等等"可能永远也等不来，等来的是团队及成员精疲力竭，或是发生操作事故。此时，团队可能无法恢复元气，因为团队消耗的资源没有得到补充。毫无疑问，这种现象在互联网泡沫时期导致了一些公司倒闭，这些公司的成员极端奉行"24/7全天候工作"的原则，工作过程耗尽了他们的共同资源，造成他们最后没有剩余的资源来应对更多的危机，哪怕只是相对较小的危机。

组织心理学家埃迪·格林布拉特（Edy Greenblatt）在一处人们可能最意想不到的环境中观察到了类似的现象，那就是在度假胜地工作的团队成员，他们所做的事情通常被我们定义为"玩耍"。这些工作人员天天带领客人进行各类娱乐活动，从跳舞到潜水，从唱歌到航海。为了一直给客人呈现快乐笑脸，工作人员的工作热情需要保持高涨，这是他们必须完成的工作要求，也是日复一日、周而复始的任务。在这样快乐的假期环境中，工作引起的倦怠程度远比人们想象的高得多。尤其是那些专注于取悦客人的团队成员，他们忽略了寻找方法来自我恢复，更不用说如何充实他们个人和团队的资源储备了。

有时，这种失衡会表现在相反的方向上。团队领导者可能过于关注团队的培训和建设，反而忽视了团队的目标和客户。我曾经参观过一家初创工厂，那里的管理者对其项目感到非常自豪。这些项目培训新员工，帮助他们掌握最先进的生产技术，同时建立强大的自我管理的团队来操作这些技术。团队的培训和建设项目确实给人留下深刻的印象，而且让人产生真实的希望，那就是这个项目最终可以推广到其母公司的现有工厂中，那里原先的管理模式更传统。但这家工厂的管理者和员工都被其人力资源战略上的创新过度吸引，而迷失了对工厂宗旨的遵循，那就是以尽可能低的成本为公司的客户生产高质量的产品。在一定程度上，工厂对员工和团队的大量持续投资，导致劳动力成本高于预算，但是生产目标却无法实现。在工厂启动大约一年后，由于经济衰退对母公司产生了极其严重的影响，这家新工厂关闭了。工厂管理者长期过度专注于团队有效性的第二和第三个标准，我们永远都无从知晓，他们在提升工厂员工和团队上的巨额投资最终是否会为公司客户和股东带来回报。

对团队而言，积极管理其有效性的三个标准之间的平衡能带来诸多好处。首先，团队受到隐性成本影响的概率降低，如果团队关注任一方面而忽视其他方面，这些隐性成本几乎肯定会发生。其次，在计划团队要做的事情时，成员可能会更仔细地考虑，因此降低了团队成员只对最突出或最直接的要求做出反应的风险。团队成员将始终关注团队目标，这降低了当成员更多地关注工作流程而非工作目标时，团队出现运行不畅的风险。随着时间的推移，团队肯定会成为更灵活、更高效的自我管理的执行单位。

团队领导者在帮助团队管理这些平衡方面具有独特的优势，原因有以下几点。首先，相比于团队成员，团队领导者通常在组织层面拥有更紧密的关系网，包括与其他组织单位和客户的联系。因此，团队领导者能够在成员开始忽视任一利益相关方的时候给予提醒。其次，理想情况下，团队领导者不必忙于应对团队日常工作中遇到的要求和压力，因此更有可能关注到团队是否出现了过分强调某一个标准的倾向。最后，团队领导者的角色通常具有一定的特殊权威性，他可以就团队工作重点提出问题，从而提供一种建设性干预的机会，这种干预仅在最成熟的自我管理的团队中才会出自团队成员。

即便如此，帮助团队认识到，要想取得长期利益，就需要主动调整团队有效性三大标准之间的平衡，还是非常具有挑战性的。因为团队成员可能并不总是欢迎这些干预措施，或者因为他们不明白，关于如何分配注意力和精力这个问题的干预对他们有好处。然而，这项挑战是值得接受的，因为处理得当可以显著加强几乎所有组织性团队的自我管理能力。

组建团队，没有最佳方法

不久以前，我需要从波士顿去纽约参加一场研究会议。我有很多方式过去：坐飞机、坐火车、坐公共汽车，甚至自己开车 5 个小时左右。每种交通方式在成本、便利性、受天气影响延误的可能性，以及途中工作的可能性方面都有各自的优势和劣势。尽管如此，任意一种选择最终都会让我到达纽约。这个事实证明了系统理论家所称的个人选择的等效性（equifinality）。根据等效性原则，一个开放系统，比如个人、团队或组织，可以有许多不同的行为方式，但都能实现相同的结果。在我这个例子中，结果就是到达纽约。

最后，我是开车去的。开车比其他选项经济一些，但要花费更多的时间，而且途中工作的可能性几乎没有。一位同事对我的选择感到惊讶，他认为这个选择"真蠢"。但是我喜欢开车,而且重要的是,我更喜欢说走就走的灵活性和选择路线的自由性。所以,我选择了很适合我的方式去纽约。我的同事做出不同的选择,但他也会到达纽约。这就是所谓的等效性。

在写这些内容的时候,我开始思考接下来我将召集的一个新研究小组的首次会议。我该如何运用会议开始的前几分钟呢?我是不是应该先告诉成员这个研究项目的主要目标?或者,我不应该急着进入项目目标,而是先邀请每个成员简短地谈谈自己的研究兴趣?抑或,我应该事先准备项目介绍资料并分享给他们,然后询问他们的想法和疑问?我应该用正式且任务导向的语气,还是用更随意、侧重人际关系导向的语气进行交流呢?

我再次强调,这些问题没有正确答案,组建团队时也没有最佳方式。重要的是,创造条件,帮助团队很好地启动。正如我们在前文中看到的,这些条件包括三个活动:帮助团队接受其最紧迫的任务,并确保团队所有人都理解这项任务与团队长期目标之间的联系;将团队凝聚成一个绩效单位,这样所有团队成员都能理解并接受对于项目所负的责任;建立基本的团队行为规范,以指导成员在团队生命周期起始阶段的行为。上述这些举动都是我在首次会议上必须完成的事项,但在如何完成这些事上,我有很大的自由度。

事实上,我在首次会议上的实际行为很大程度上受到当时环境的影响。当会议按时开始时,是否每个人都已到场?所有成员彼此之间都认识吗?他们对这个项目的热情有多大?我的行为也将取决于自己偏好的运作风格。我是更乐于担任积极自信的领导角色,还是更喜欢先征求他人的意见,然后进行总结和整合?我是偏好以实事求是的风格来领导他人,还是喜欢用幽默来活跃气氛?我是那种能在团队中激发共同热情的人吗?或者我更擅长帮助每个成员发掘工作中最感兴趣的特定方面?林林总总的考虑因素实在太多,无法一一提及。而且,现实情况也确实太复杂了,即使是用最复杂的决策树工具,也无法事先预设。这些因素将共同塑造我在研究小组会议中的实际行为。当然，为了给优秀的团队创造条件，我可以用许多不同的方式，但没有任何一种特定的领导方式能最好地实现这些条件。

即使在领导者的职责是由技术或既定程序决定的环境中，等效性原则也同样适用。航空公司飞机上的驾驶舱就是这样的环境。因为驾驶舱内的机组人员在正规程序上稍有偏差就会引发严重的不良后果，所以机组的领导者，也就是机长的大部分行为都是高度标准化的。例如，机组人员可以确信，每位新机长在航班开始前会进行形式各异的简报，因为这是大多数航空公司所要求的。然而，机长在简报过程中实际做什么，主要取决于机长自己。我们在第6章中已经看到，机长完成简报的方式会影响机组的互动模式，这种模式将贯穿机组的整个生命周期。但是，那些被同行视为优秀团队领导者的机长，在航班前简报中的表现是否与那些被视为普通领导者的机长有所不同呢？

为了找到答案，研究人员罗伯特·金内特与航班标准工作人员交谈，为了保证最高的专业标准，这些工作人员会定期与航空公司飞行员一起飞行，金内特请这些工作人员指出他们认为优秀的机长和边缘化的机长。然后，他从这两类机长中各选出若干人，在不知道入选机长被列为哪个类别的情况下，观察机长在两个不同的航班场合下对两组不同的机组人员做简报的情况。金内特记录了从飞行员和空乘人员到达简报区域那一刻开始的一切，包括他们坐着或站着的位置、领导者讲话的内容和风格、其他人的参与程度、简报持续时长等。

金内特对数据的第一次分析显示，这两类机长在简报的时长、风格和内容上存在巨大差异。然而，他再经过仔细观察后发现，所有被列为优秀的机长都以他们独特的方式完成了以下三点。首先，他们确定了自己作为机长的领导者地位。他们的简报风格既不自由散漫，也不是完全固执己见。他们直言不讳地表达自己的权威和能力，清晰地说明他们对机组人员的要求，也毫不拖泥带水地指出，他们需要从其他人那里获得信息和帮助。其次，他们明确了机组人员的界限，尤其要确保所有机组人员，包括飞行员和空乘人员，都认识到他们对航班飞行和乘客飞行体验负有共同的责任。最后，他们明确地指导机组人员的行为规范，也就是对机组人员如何行事和互动的期望标准，尤其是他们之间的沟通和协调方式。

值得注意的是，不同于其他类型团队的杰出领导者，机长在简报中关于任务本身没有给予太多关注。在航空公司的运营中，个人和团队的任务都经过定义，流程已经设计得非常详细，因此机长几乎不需要明确或强调机组人员的任务。即便如此，优秀的机长也经常以其独特的方式特别强调，团队每个人都要将安全放在首要位置。

团队领导者的各种风格不仅在团队成立时，而且在他建立和保持其他提升团队有效性的条件时发挥作用，包括明确团队的目标、设置正确的团队结构、获得支持性组织环境，并确保团队在适当的时间得到合格的专业指导。请回想一下，半导体制造团队的经理汉克是如何与人力资源、维护和工程部门的高管合作，获得团队的支持性环境的。汉克没有权力从工厂其他部门强占团队所需的支持，但作为一位能干的领导者，汉克拥有真正的政治敏锐性，他的可信度很高，而且人们普遍尊重他作为荒野猎人的技能。正如我们在前面的章节中看到的，汉克以一种非常独特的方式借助个人资源，为他的生产团队获得了所需的组织支持，这种方式肯定会令大多数管理理论家惊讶。

我曾经观察到，一个大学计算机支持团队的领导者使用了完全不同的策略。我们称呼这位领导者为弗里达，她在大学高层中有着可靠的信誉。也许是因为她的上级领导也是其团队的服务对象，这些领导偶尔也需要处理投诉，例如，教职员工要求立即修复他们的电子邮件故障，所以上级领导非常主动地尽可能帮助弗里达的团队取得成功。当她需要额外的资源或来自大学管理层的支持时，弗里达会准备一份详细的文件，分析她团队的现状和未来可能面临的需求。然后，她会把这些分析结果和行动建议平静地呈给合适的大学领导，他们几乎总会接受她的建议。弗里达想让她的队伍得到什么，她通常都能得到。

汉克和弗里达在各自的背景、角色和行动策略方面有天壤之别，然而，他们都从各自的组织中获得了团队取得良好绩效所需的大部分资源。他们都根据各自的角色和组织环境特点来调整自己的影响力，都采用了最适合自己的领导力风格和策略。所以，领导团队没有所谓的唯一正确方法。

然而，让我在此补充一点。为团队有效性创造条件也存在许多错误的方法、策略和风格。它们往往适得其反，或者带来的短期效益会被长期负面影响抵消。一种错误的方式是误导或欺骗他人，这些人为团队提供工作所需的结构、资源或支持。除了会带来道德问题，采用不诚实策略的人还会损坏自己的名誉，因为其他人会不可避免地发现他们的话不可信。

另一种错误的方式是模仿别人的风格，或者遵循教科书和培训课程中教授的优秀领导者应该如何行事的规定。当有人尝试采用不属于自己的领导力风格时，场面总是令人尴尬。例如，一位初级经理钦佩首席执行官的风格，认为非常有魅力，所以效仿之。但是，他的行为只是成功地让别人注意到他和首席执行官之间的巨大能力差异。这位初级经理能得到的最好建议是，停止对着镜子模仿练习，而是把时间和精力花在认清和磨练自己最好的领导力风格上。同样，如果有人从教科书和管理培训课程中学到了优秀领导者的行为方式，然后尝试在实际工作中表现出同样的行为，这同样令人尴尬。"夏洛特在培训课上发生了什么事？"团队成员之间互相问道，"好吧，我们就等着她恢复正常吧。"事实上，她一定会的。

还有一种错误的方式是，即使现实情况不理想，仍然坚持某种个人偏好的领导方式，坚持个人特有的风格，这样做虽然能让人处于舒适区，但却会不断引发无法预料的不利结果。例如,有些领导者最喜欢所谓的"命令和控制"的领导方式。他们不仅对其领导的团队下达命令,而且对他们的同级甚至老板指手画脚。有时候,"命令和控制"的方式确实是合适的,比如当航空公司遇到像发动机起火那样可能引发灾难性事件的情况时,机长需要果断采取行动。在这种情况下,领导者采用"命令和控制"的风格能加强其权威,他可以说:"我们需要立即采取行动,我来发布命令,大家按照我说的去做,就会取得好结果。"但在其他时候,比如在组建一个团队或探索外部环境变化对团队绩效策略的影响时,这种风格可能会对任务的完成产生不利影响。如果领导者没有意识到其行为未产生预期的效果,或者更糟的是,领导者看到事情进展不顺利,却责怪实际形势或团队成员,不愿意接受自己的行为可能是导致糟糕结果的原因,他就失去了自我改正的机会。

金内特观察到,在他的研究中,那些被同伴视为边缘的团队领导者的机长没有能力或不愿意进行自我纠正。尽管他们和那些被认为是优秀团队领导者的机长在简报风格上各有千秋,但两组人员之间有两个主要差异。首先,无论用什么方式来做简报,边缘的机长都无法创建良好的团队启动所需的条件。其次,边缘的机长都以各自的方式表现出了明显的控制欲过强的问题,这使他们几乎无法利用自己的经验来提高团队有效性。有些机长总是控制欲过度,不寻求其他团队成员的意见,忽略或岔开团队成员提出的所有建议。另一些机长则长期缺乏控制,在做简报时过于放任或民主,以致于机组人员无法准确把握团队的运作方式。最糟糕的是,机长在控制过度和缺乏控制之间摇摆不定,有时甚至让人无法预料。在某些情况下,这几乎造成团队成员无法完成自己负责的工作。金内特的观察记录表明,虽然这些机长的简报做得并不顺利,但他们要么没有意识到是自己的风格造成了不良影响,要么无法或不愿去改变现状。无论结果如何,他们都我行我素。

相比之下,优秀的团队领导者知道属于自己的自在风格,他们知道自己喜欢做什么，知道自己能轻松做好哪些事情，知道自己在哪方面有困难。随着时间的推移，他们学会了如何发挥自己的特殊优势和偏好，以及如何遏制或规避自己的弱点。他们仔细观察当下的情况，并实时改变自己的行为，借助意料之外的机会，规避可能降低团队成员积极性的障碍。他们可能从未听说过等效性原则，但他们的行为却实践了这个原则。而且最重要的是，他们始终警惕自己的行为可能未达到预期效果的迹象。对伟大的领导者来说，扩展和加强他们的领导力行为是一项终身学习任务。

高效团队领导者必备的 4 个素质

一些组织为团队领导者提供的随时调整领导方式的空间非常小，所以"伟大的领导者创造条件，以他们力所能及的方式提高团队有效性"这句话没有实际意义。与其类似的是，如果所有绩效过程都由技术或预定的操作程序决定，那么成立团队就没有什么意义。同理，如果一个人没有发挥空间，让其担任团队领导者的角色也就没有什么意义。这就像爵士音乐家和交响乐团的分部演奏者之间的区别：前者有很大的即兴发挥空间，而后者必须严格按照曲谱演奏，并且是在指挥直接且持续的监督下演奏。团队领导者应该更像爵士音乐家。

即使人们能拥有很大的自由度和支持力度，也不是人人都能成为优秀的团队领导者。虽然对研究人员数十年来关于高效领导力特征的发现感到困惑，但根据我和同事对团队的研究，我认为确实有一些个人素质可以用来区分优秀的和疲于应对的团队领导者。**具体来说，我认为高效的团队领导者应该具备以下 4 个素质**：有一定的知识储备，知道如何学以致用，有足够的情绪成熟度来满足领导角色的要求，并且拥有勇气。

知识储备

知识储备是我列出的第一个素质，拥有提升团队有效性的条件的知识和创造这些条件的技能，这些都是"天生"的团队领导者应该具备的。汉克在他的半导体制造工厂成功地组建并支持生产团队，他从未上过管理学或组织行为学的课程，但他心里很明白，他的团队要取得成功必须具备哪些条件，而他尽自己所能去创造这些条件。

幸运的是，对我们这些不具备汉克那种令人钦佩的直觉的人来说，提升团队有效性的条件的相关知识可以通过学习来获取。这本书的目的也在于此，参与大学课程和管理培训研讨会也可以实现这个目标。例如，培训课程会通过高效和低效团队的案例分析，帮助团队领导者认识到高效团队具备清晰、重要且吸引人的目标的重要性；或者会通过分析团队教练的录像带，帮助团队领导者理解专家指导的时机的重要性。类似的教学方法也可以用来教授团队领导者了解本书中讨论的其他条件。如果团队领导者还不知道如何提升团队有效性，他可以去学习。

学以致用

对团队领导者而言，仅仅知道提升团队有效性的条件是不够的，他们还需要知道如何创造和维持这些条件。简而言之，他们需要具备领导团队的技能。有两类能力对团队领导者至关重要，它们是诊断技能和执行技能。

高效的团队领导者会仔细定位自己的干预行为，聚焦于团队互动、团队结构和组织环境，针对这些方面采取行动，从而产生实质性和建设性效果。明智地选择干预目标需要诊断技能。高效的领导者能够在复杂的绩效状态中提取出对于问题诊断具有重要意义的主题，而不是那些暂时存在的干扰因素或对团队行为影响很小的方面。这些主题概括了团队或其组织环境中正在发生的事情，领导者将它们与自己认为应有的状态进行比较，发现团队互动模式或组织特征尚需改变的部分。只有这样，领导者才能完善出合理的干预措施。天生的团队领导者仅凭直觉就能完成上述所有事项，而且看似不费吹灰之力。我们其他人就可能需要按部就班地经历诊断过程，直到我们最终也能自然而然地具备这样的能力。

除了在分辨团队的工作状态和团队动态方面表现出色，高效的团队领导者还擅长采取实际行动，缩小团队现状与理想状态之间的差距。拥有丰富执行技能的领导者比那些只擅长少数项目的领导者更有能力实现这一点。理查德·沃尔顿和我曾经尝试探索对团队领导者效能而言最关键的执行技能。我们得到的结论请见表7-1，尽管这个列表比较长，但它并不完整。团队领导者总是需要学习掌握新技能。持续学习的领导者会不断扩充技能库，从而帮助他所领导的团队。

我在此再次强调，有些人就是天生具备天赋，能在正确时间以正确方式做正确事情，从而帮助他们的团队取得成功。其余的人则需要接受培训来开发执行技能。关于帮助人们发展新技能或打磨现有技能的培训课程，我们已经颇为熟悉。但事实上，技能无法通过读书、听讲座或分析案例来掌握。技能训练包括观察积极的模式，人们会通过行动表现出对所教技能的高度执行能力，还包括反复的实践和反馈。因此，执行技能的培训必须量身定制，虽然这种方式价格不菲，而且耗时费力，但它是造就伟大团队领导者的关键因素。

即使经过全面的培训，也不是人人都能够掌握这种区分优劣团队领导者的执行技能。通过观察高管如何应对这一事实，我们就可以含蓄地揭示一个组织的诸多状况。例如，在汉克的半导体制造工厂中，团队领导者的选择是经过深思熟虑的。只有那些管理者认为几乎肯定能成为高效领导者的人，才会受邀参加所有团队领导者候选人都必须参加的领导力培训课程。即便如此，如果一些人出于各种原因，在课堂上的表现说明其无法掌握领导力技能，这些人就不能被任命为团队领导者。这个做法本身也是组织对卓越领导力要求的一个标志。

表 7-1 团队领导者的执行技能

执行技能	具体解释
想象能力	能够想象出预期的最终状态，并将其清晰地呈现给他人
创新能力	能够想出许多新的方法来完成某件事
谈判技能	能够与同级和上级领导者进行持续的建设性工作，从而获得支持团队所需的资源和帮助
决策技能	能够在不确定的情况下，利用所有可获得的有效信息和数据，在各种行动方案中进行选择
教学技能	能够通过传授经验和言传身教的方式帮助团队成员学习
人际交往能力	沟通、倾听，直面和说服他人，尤其在人们可能高度焦虑的情况下，与他们展开建设性合作
落实能力	能够完成工作。在最基础的层面，知道如何制定清单、关注常规细节、检查和复核遗漏的人或项目，并完成计划。在更高的层面，能够在社会体系中建设性地、果断地管理权力、政治关系和信条，从而完成任务

资料来源：Hackman and Walton (1986). Leading groups in organizations. In P. S. Goodman (Ed.), Designing effective work groups (pp. 72 – 119). San Francisco: Jossey-Bass. 这份材料获得约翰·威利父子出版公司（John Wiley & Sons, Inc.）授权。

相比之下，让我们来看看驾驶商业航班的飞行员的培训。无论是在民用飞行学校还是在军队，飞行技术培训都是高标准、严要求的。那些无法学会安全驾驶飞机技能的人必定会被淘汰，不能成为飞行员。然而，当一名飞行员服役年限足够长时，就可以晋升为机长，从团队成员晋级成为团队领导者，相比之下，这个过程的决策规则就宽松许多了。虽然大多数航空公司的机长晋升课程都包括领导力培训，但我不知道，假如一位合格的飞行员无法展示自己的领导能力，是否会被拒绝晋升为机长。金内特在这方面很有优势，因为他设计的研究要求观察相当数量的航班机长，这些机长虽然在技术上非常称职，但作为团队领导者却不太可靠。但是，航空公司始终坚信，机长若是优秀的飞行员，自然是优秀的领导者。这对于他们所领导的年轻飞行员就相当不利，对那些乘坐他们所开航班的人来说，肯定也没有什么益处。

情绪稳定

有些人无法掌握领导技能可能与其认知能力关系不大，而与他们的情绪因素关系更大。领导团队是一项情绪要求很高的任务，尤其是在处理自己和他人的焦虑时。情绪成熟的领导者愿意也能够以理解事物的方式来处理令人焦虑的事情，而不是为了尽快减少焦虑而回避了之。

称职的团队领导者通常会抑制行动的冲动，比如立即纠正新出现的问题或马上抓住突然出现的机会，他们往往会等待，直到拥有更多的数据或遇到合适的时机，才会进行干预。有时，领导者甚至有必要采取会暂时引起团队焦虑的行动，为之后探索促进团队学习或变革的干预措施奠定基础，这种行动甚至会引发他本人的焦虑。

假设你已经成立了一个项目团队，这个团队有一个月的时间来制订一项重要的组织新政策。整整一个星期过去了，没有任何明显的进展。团队已经提出并讨论了多种方案，但团队成员的意见不统一，你担心团队的士气会渐渐消失。两名团队成员私下单独向你表达了他们对项目进展的担忧，并建议你"做些什么"来让团队运转起来。如果按照这两名成员的要求行事，当然会减少你们共同的焦虑，但却会破坏项目团队作为自我管理的团队的发展。而且，现在进行干预可能为时尚早。因为团队仍在积累经验的阶段，最好是让紧张状态持续一段时间，然后在团队生命周期的中间阶段出其不意地缓解这种紧张状态。

那么，你应该如何回应成员的请求呢？干预的诱惑很大，但你似乎也有很好的理由暂时袖手旁观，让焦虑再持续一段时间。在这个案例中，要做出明智的决策，不仅需要了解受到时间限制的团队的生命周期动态，而且需要有自我管理焦虑和其他情绪的能力。

让我们再来看一个案例。你在一家市政机构领导一个团队，这个团队负责管理住宅物业的评估，并向需要填报税单的房主提供数据。你的团队和这家市政机构的其他几个部门的工作人员一样，在执行工作时几乎完全依赖一个大型数据库。某天早上，你收到一份来自信息技术高级经理的备忘录，通知你市政府已与一家供应商签订合同，将升级其住房信息数据库，新的信息系统将提供更集中的数据管理，从而减少错误。这份备忘录还指出，从下个月的第一天开始到供应商完成升级，数据库将有5天无法使用。而且，自此以后，所有数据修改将交由信息技术部门的成员进行，而不再由最终用户直接完成。读完这份备忘录后，你勃然大怒。因为关于这套全新信息系统以及新老系统如何转换，没有人来咨询过你，而且每个月的第一天正是你的团队最需要数据库的时候，而下个月的第一天，数据库暂时无法使用。最让人恼火的是，如果更改数据需要向信息技术人员提交申请，这将极大地影响你的团队按自己的方式和时间表管理工作。那么，你该如何回应这份备忘录呢？你可以给信息技术经理撰写一份言辞激烈的回复，并抄送给市长和市政官员。这当然能让人心情舒畅，但这样做能否确保团队在工作中继续拥有所需的信息技术工具和支持呢？

当人们需要尽快处理事情时，会产生冲动，或者当人们感觉被他人威胁或侵犯时，反击的冲动几乎难以抗拒。但对团队领导者而言，良好的情绪成熟度会让他克制这类冲动，找到处理焦虑和情绪的方法，做到既不否认冲动的现实存在，也不让它主宰自己的行为。

拥有勇气

在安东尼·德·圣·埃克苏佩里（Antoine de Saint-Exupéry）的著作《小王子》中，那颗小行星上的国王发现了一个成为成功领袖的"绝妙方法"：他先了解臣民想做什么，然后就命令他们做这件事。现在的政治候选人似乎也从这位国王那里获得了这样的暗示：民意测验专家告诉他们人民想要什么，候选人就会承诺什么。这样的策略可能会帮助某人当选、持续获得下属的青睐，甚至保住自己的工作，但绝非领导力策略。

领导力包括将一个体系从现在的位置提升到更好的状态，这意味着领导者必须经常远离众人的舒适圈，将自己置于可接受状态的边缘，而不是站在集体共识的中心。例如，为了帮助团队解决和改变非正常状态，团队领导者可能需要挑战现有的团队规范、破坏既有常规，但是这样做很可能会招致部分成员的愤怒。为了改善团队的组织支持或增加团队可利用的资源，团队领导者可能需要改变团队所属组织的现状，这样做可能会失去其同级和上级的尊重。为了使团队从传统目标转移至新目标，新目标能更好地反映外部现实变化或新修订的组织价值观，团队领导者可能会引发强烈抵制，以至于将自身工作置于危险之中。上述行为都需要勇气。

领导者对于迎接这些挑战的准备程度各不相同。海·麦克伯公司（Hay Mc Ber）的资深顾问吉姆·布鲁斯（Jim Burruss）曾向我分享，他曾经与两位高管团队领导者深度合作，其中一位领导者加入了一个不但需要人员精简，而且需要重新定位的团队。人员精简势必涉及裁撤团队成员，但团队的重新定位又提供了吸引人的全新前景。这位团队领导者通知他的高管团队，他计划立即同时启动这两条线上的工作。他一边通知众多员工，他们目前的岗位将不复存在，一边告知他们可自主申请重组团队的新岗位。高管团队的成员担心这位领导者的做法对团队而言可能过于激进了。领导者听完他们的话，还是决定继续实施。后来他自己说，当时最糟糕的情况就是他会失败，然后失去工作。

第二位领导者需要让他的团队经常为他撑腰。他的高管会这样告诫他："你必须在这个问题上表明立场。"这位领导者在听完高管的讨论后，便会同意他们的建议。但是当高管团队成员之后再和这位领导者交谈，并提到其已经同意采取的行动可能会带来的负面影响时，他就会暂停行动，"再考虑一下"这个问题。布鲁斯说，实际上，这个团队需要的强有力行动从未发生过。

最终在上述案例中，表现果敢的团队领导者保住了工作，并取得了成功，那位无法鼓起勇气的团队领导者则没有成功。但通常情况下，结果是相反的。那些行为勇敢的领导者确实比那些畏首畏尾的领导者更可能为团队和组织带来重大且具建设性的变化，但他们往往会付出巨大的个人代价。

刚才讨论的 4 个素质在不同程度上通过培训都能获得提升，并且是按顺序排列的。提升团队领导者对提升团队有效性条件的认知是相对简单的。磨练他们的诊断技能和执行技能则更具挑战性，但只要有足够的时间和精力，这是完全可以实现的。培养团队领导者的情绪成熟度相对困难，或许我们更适合将其视为终身成长的目标，而非通过培训就能实现的事情。拥有勇气可能在这 4 个素质中最具个人特性。虽然每个人的勇气各不相同，但我无法想象一个人能如何帮助团队领导者，让他们有比现在更强的意愿去和自己的团队、同级和上级一起勇敢行动，从而提升成为卓越团队的概率。

由于在培养潜在团队领导者的情绪成熟度和勇气方面缺乏行之有效的教育策略，所以当前确保其具备这些素质的最佳策略可能是仔细选择那些已经显示出自己具备上述品质的人来担任领导者。简单地从团队中选出某个人作为团队领导者，或选择一位表现出最强任务完成能力的成员作为领导者，这些做法往往会导致错误的人选占据团队中的关键角色。按照这种思维方式，选择团队领导者的过程将更多地依靠行为能力的直接依据，而非采用标准的个性测试或现成的语言和分析能力测试。

对那些习惯于主要从人格特征或行为风格方面考虑领导者素质的人来说，我在此提出的以个人素质作为高效团队领导者的关键指标可能看起来很奇怪。我在此本着思辨的精神分享上述观点，以便抛砖引玉。尽管如此，但我多年来观察到的优秀团队领导者，哪怕不是全部，至少也是大部分都具备以上素质，这是不争的事实。这些素质难以衡量，但却可能非常重要，对于如何选择、评估和培训团队领导者的这些素质，我们有必要给予全新的思考。

专注职能而非个人风格

上文中的那个问答，即"伟大的领导者会如何创造条件来提高团队有效性？""在他们能力范围内的任何方式"，对组织实践有着重要的影响。团队领导者的主要工作是竭尽所能确保提供并保持提升团队有效性的条件。这个团队是真正的团队，还是仅仅以团队命名的一群个人的集合？团队是否有清晰、吸引人且重要的目标？团队的结构是否能促进而非阻碍团队合作？团队的组织环境是否能提供团队在工作中需要的支持？团队是否有足够的专家指导来帮助成员克服困难并抓住新出现的机会？

正如我们所看到的，有些条件最好是在团队首次会面之前创建，有些条件的最佳提供时机是在启动会议时，有些条件是在团队工作的中间阶段提供，还有一些条件是在某项重要工作完成之后提供。在决定何时创造或加强有利条件、如何更好地实现这个目标，以及实现这个目标的难度方面，历史因素和机缘巧合发挥着重要作用。有时，当团队形成时，大多数条件已经具备，对这些条件进行微调不会形成太大的领导力挑战。有些情况下，比如在一个已建立多年的组织中，支持和控制个人工作的组织环境早已成形，这就可能需要巨大的努力和创造性来建立合格的团队合作所需的基本条件。

我们也看到，完成这类领导力任务没有最佳的策略或风格，也没有一个人主要负责去完成它。团队领导力的职能包括设计和有效执行最有可能创造和维持团队有效性条件的行动。任何帮助实现这一点的人，包括外部管理者和没有正式领导头衔的团队成员，事实上都是在行使团队领导力。关键在于领导力的职能得以实现，而不在于由谁来实现，更无所谓他们是如何实现的。

团队成员和组织管理者的领导技能越丰富，团队得到的能促进其效能的有利条件就越多。这就像开车和坐火车的区别，如果我开车遇到一条路堵塞了，总有其他的路可以到达目的地。然而，火车只有一条轨道，如果轨道上有障碍物，列车则在障碍物清除之前不能前进。如果团队依靠任何个人来领导，那就相当于坐火车。相比之下，请多位具备不同技能的人来帮助团队创造和维持促进其有效性的条件，会为团队带来很大的回旋余地。如果因为有顽固的管理者进行干预或者受技术所限，团队的一项前进策略受阻，并且克服起来代价巨大，那么还有其他的有效策略可选。

真正的领导力工作包括创造、微调和抓住优势以创设提升团队有效性的条件，在真正的领导力工作中做出贡献的成员越多，团队产出就越好。尽管如此，让某个人作为"领导者"，以便促进成员之间的沟通和协调，哪怕是在自我管理的团队中，通常也是不错的主意。担任这个角色的人可以随时轮换，甚至可以由团队成员自己选择，就像在第1章里叙述的美国某国内航空公司空乘团队的做法。但是，确保事情有条不紊地进行，并且信息会传递到需要它的人手中，这些行为通常需要由能总览整个工作流程的人来处理。

本章的主要目标之一是引发对非传统模式的思考，思考领导者如何帮助他们的团队和组织做得更好，这种模式更多地关注领导者履行的职能，而非他们的个性或风格。这种团队领导力模式不同于常规认知。在常规认知中，团队的影响力主要由那位被认定为"领导者"的人施加在团队身上，而不是作用于所有的方向上：向上影响老板，横向影响同级领导者，向下影响团队正式领导者和成员。这种模式也不同于一些领导力理论，这些理论主要专注于优秀领导者的个人特征或最佳领导力风格，也不同于研究人员在研究案例中详细罗列的领导者特征、风格和情境属性。

如果没有任何相伴随的理论说明系统实现其主要目标所需的条件，那就不存在有效的领导力理论。在此，我尝试提供针对团队领导力的思考方式，将我们所知道的提升团队有效性的条件与过去几十年的领导力研究成果相结合。这种思考方式比任何"良好管理原则"或"一分钟问题处方"都更详尽。而且，这种方式相比于权变模型和对领导者个人干预模式进行根本性重置的模型更简单，也更实用，因为它仅有几个关键条件，并且可以以任何方式创造和维持这些条件。

这种方式也比其他方式更乐观。例如，有些模型声称团队领导者无法带来实质性改变，他们只是在更大棋局中受外部力量推动的棋子。还有模型认为，高阶团队领导者应该与正在执行任务的团队保持距离，以免过度影响团队成员的思考。我试图创造的关于领导力的思考方式能够赋能正式和非正式的领导者。而且通过他们的行为，团队有机会发展成有执行力的绩效单位，团队能满足客户的合理预期，随着时间的推移，团队会变得更强，并对其成员的个人学习和福祉做出积极的贡献。

LEADING 高效团队
TEAMS 搭建法则

➤ 富有感召力的目标,赋能的团队结构、支持性组织环境有利于让团队顺水行舟,轻松、迅捷地到达目的地。

➤ 设计良好的团队会从优秀教练那里获得最大的帮助,设计糟糕的团队会被糟糕的教练越拖越垮。

➤ 与卓越的团队领导力更相关的是领导职能,而非领导个性或风格。

LEADING
TEAMS

第 8 章

多视角思考如何让团队更高效

LEADING TEAMS

> 领导者无法让团队变得伟大，
> 但领导者可以创造条件，
> 提升神奇时刻发生的概率。

第 8 章 多视角思考如何让团队更高效

麻省理工学院的经济学家保罗·奥斯特曼（Paul Osterman）对 694 家制造业公司做过仔细调研。结果显示，"团队"是 20 世纪 90 年代最受欢迎的职场创新之一。他发现，在接受调查的公司中，超过一半公司以团队形式来完成工作，有 40% 让大多数员工在团队中工作。美国工作研究院（Work in America Institute）于 1998 年针对 100 家行业领先公司进行了调查，结果证实了奥斯特曼的发现。当被问及对组织最有价值的研究主题时，95% 的受访者认为是"团队合作：创建并维持以团队为基础的组织"。该研究院称，这是其调查研究中最高频的答案。

那么，组织性团队的实际表现如何呢？根据所有关于团队的图书和文章，我们可以得出清晰的答案：团队的表现明显优于个人，而自我管理的、自我调节的、自我指导的或自我授权的团队表现最佳。杰克·奥斯本（Jack Osburn）和他的同事在《自我指导的团队：美国的新挑战》（*Self-Directed Work Teams: The New American Challenge*）一书中引用了部分关于该领域的报告。在这本书中，作者描述了施乐公司的情况：

> 采用团队形式的工厂比采用传统组织形式的工厂产能提高了 30%。宝洁公司有 18 家以团队形式运行的工厂，其生产率提高了 30%~40%……泰克公司（Tektronix）的报告称，自我指导的团队现

在 3 天生产的产品数量，相当于以前一条装配线 14 天生产的产品数量……联邦快递公司在 1989 年减少了 13% 的服务差错，比如账单错误、包裹丢失……谢南多厄寿险公司（Shenandoah Life）通过团队处理 50% 以上的申请和客户服务，减少了 10% 的员工总数。

上述成就令人兴奋，该书封底上的简介更是锦上添花。汤姆·彼得斯（Tom Peters）说："自我指导的团队是提高竞争力的基石。"鲍勃·沃特曼（Bob Waterman）说："自我指导的团队似乎好得令人难以置信：工作效率显著提高，员工更快乐、更敬业、更灵活。而且，员工也兑现了对宝洁、通用电气和福特这样的公司的承诺。"

这些说法是不是有点夸张了呢？如果是的话，我倒也无所谓了。人们对管理实践的热情日益增长，开始追逐潮流，这种潮流就是卖书、开拓咨询业务、推广培训项目，最终成为大师。就这样管理实践的功能总在被夸大。真正让我感到困扰的是，在一本又一本的书中，人们普遍认为，创建伟大的团队很容易。只要放手去做，成果就会开始自然出现。在《自我指导的团队》一书的前言中，时任宝洁公司组织发展经理的戴维·汉纳（David Hanna）将怀疑主义视为成功道路上的最大障碍。"警惕怀疑主义！"他警告说，"自我指导的团队确实有效。"

然而，我想违背我的朋友汉纳的忠告，抱有一点怀疑的态度。我相信报告中关于生产力和服务增长的数字是准确的，但我认为这些数字不一定意味着其呈现出的含义。原因有两个：一个与获得增长的原因有关，另一个与增长的持久力相关。

- **原因**：在组织中采用自我管理的团队形式之后，人们通常将该组织的绩效与传统组织的绩效进行对比，或者可能将前者与采用团队形式之前的组织绩效进行对比。这种对比在理解上存在一些歧义，因为所对比的组织之间不可避免地在许多方面存在差异，比如技术水平、劳动力市场、高管构成等。原本由个人或管理者领导团队完成的工作现在由自我管理的团队完成，其他方面均未发生变化，这种情况几乎不会发生。究竟是团队管理形式的变化引发了增长，还是由其他差异引发的？这都不得而知。

- **持久力**：当组织实施一项全新管理程序时，无论是自我管理的团队，还是其他任何组织，都会仔细观察因程序变化而发生变化的单位。仔细观察任何已经运行一段时间的工作单位，几乎总是会发现其中效率低下和流程不合理的地方。作为改变过程的一部分，一些偶发的问题也会被纠正。与此同时，这就产生了理解方面的歧义。增长和改进究竟是因为团队设计，还是因为更新了低效的工作系统？我相信，任何本身不具破坏性的干预都有超半数的机会能够在短期内实现改进效果，这还仅仅是通过仔细观察工作体系所带来的价值。问题在于，随着新鲜感逐渐消失，低效状态是否会重现于工作体系中，这些短期的改善能否长久维持。而且对于这些问题，至少在没有纵向对比数据和合理设计的研究的情况下，我们也没有确切的答案。

在思考关于任务执行团队绩效的研究文献时，我的质疑越发强烈了。社会心理学家伊万·斯泰纳曾提出了一个简单的团队绩效模型：AP=PP-PL。

简而言之，这个模型的含义是：团队的实际生产力（AP）等于它的潜在生产力（PP）减去过程损失（PL），潜在生产力可以是团队基于成员现有的资源，在理论上能够实现的绩效水平。第一次研究斯泰纳的模型时，我惊讶地发现模型中没有一个变量代表过程收益（PG），即人们相互一起合作时产生的协同效益。我认为，这个模型应该是这样的：AP=PP-PL+PG。

斯泰纳鼓励我去图书馆找证据来支持我提出的这个变量，我也这么做了，却没有成功。当相互作用的团队与名义上的团队做比较时，名义上的团队通常能更胜一筹。所谓名义上的团队就是那些从不相互见面的团队，团队的产出是由那些原本应该互为团队成员的人各自贡献的总和。如果斯泰纳的模型无法预测团队绩效的实证结果，肯定是因为模型仍然过于乐观，实际工作中，团队甚至没有达到他保守的预测水平。那这究竟是怎么回事？实际工作中令人惊叹的团队绩效报告与团队绩效的学术研究表现出的悲观形势该如何协调？团队是否为其所在组织带来了所谓的价值呢？

我对于团队的观察表明，他们经常处于有效性指标水平的两端。也就是说，在设计和领导方面都很糟糕的团队很容易被平稳运行的传统团队超越。而运作良好的自我管理的团队的确能够实现一定程度的协同性和敏捷性，这是无法通过组织规划者预先设计或外部管理者强制执行来实现的。在这类团队中，成员对其客户和彼此之间能做出迅速且有创意的回应，从而造就卓越的任务绩效和不断提高的个人和团队的共同能力。因此，团队在某种程度上类似于音频功率放大器：无论通过设备播放的是有效信号还是杂音，它们都会变得更响。

如果以团队形式来完成工作，整个组织的绩效是否会提高？这是一个没有普遍性答案的问题。团队可以而且有时确实比传统设计的工作单位表现得更好，但它们有时确实也能表现得更糟。此外，即使这个问题有明确的答案，这对如何设计和领导绩效单位的管理选择也不会有很大的影响。正如我们将在本章中看到的，上述选择是受管理偏好和意识形态而非实证研究结果的驱动。系统设计师在评估各种组织设计的成本和收益时，并不像那些管理理论家让我们相信的那样理性或以数据为导向。

影响团队有效性的两大障碍

设想有一个团队，满足本书中所讨论的所有条件。这是一个真正的团队，有很清晰的边界，并且随着时间推移，团队构成相当稳定。团队具备富有感召力的目标，能激励、定位和吸引团队成员。团队的结构特征，包括任务设计、核心行为规范和成员组成，都能够促进而非阻碍合格的团队合作。团队的组织环境通过各种体系、政策和管理实践来积极支持和加强团队的卓越绩效，并能特别贴合团队的需求。而且，在团队成员最需要并做好准备时，他们能得到充分的专家指导。

我和同事们多年来收集到的所有证据都表明，一个具备上述条件的团队很可能会有卓越绩效。但这不是必然事件。我们在本书中探讨的条件只是可能提升团队有效性。总会有一些外部因素会让一个原本设计出色的团队陷入困境，比如飓风将所有库存都卷到了海里，或者会有外部因素拯救一个设计极差、注定失败的团队，比如作为竞争对手的公司刚刚破产了。而且，团队会自我创造现实条件。有时，出于观察者无法察觉的原因，团队获得了出乎意料的支持或遭遇阻碍高效团队合作的因素。由于这是社会系统的运行方式，领导者所能做的就是尽最大的努力，尽可能使用技能，使概率的天平朝着有利的方向倾斜。即使是世界上最好的团队领导者，也无法保证一定会让团队变得高效。

然而，在某些类型的团队和组织中，创造提升有效性的条件要比在其他类型的团队和组织容易得多。比如，对一家创业型企业中的产品开发团队来说，创造有利的条件可能相对简单。产品开发过程适合团队合作，因为这个过程需要协调多个来自不同专业的成员的贡献。产品开发团队通常有一个明确且令人向往的目标，执行一个相对自主的工作任务，并且会收到其工作成果的直接反馈，比如团队创造的产品是否能发挥作用。团队在自身组建或建立适合任务的行为规范方面没有内在障碍。这样的团队通常能够获得其工作所需的信息和技术支持。成功的产品开发团队通常会获得巨大的奖励和认可，有了充足的物质资源，再加上一些助其渡过难关的专家指导，大多数产品开发团队没有理由无法为良好的绩效做好准备。

初创组织，如新工厂或新办公室，也为建立提升团队有效性的条件提供了有利环境。只要那些设计组织性单位的人相对不受上级组织施加的结构或政策约束，他们大多能够设计以团队为基础的工作单位，并创造各项提升团队有效性的条件。因此，许多成功的以团队为基础的初创公司都位于远离公司总部的地方。远离总部给团队带来了自由感，团队可以免受公司体系和政策的制约，而在总部附近的分支机构是无法享受如此待遇的。当然，也有许多成功的以团队为基础的初创公司也曾陷入过困境，因为公司管理者最终发现，公司为了创造良好的团队合作环境而忽视或违反了公司政策。

在许多情况下，或者说在绝大多数情况下，创造提升团队有效性的条件更像是在陡峭的山路上骑车爬坡，而不是从平缓的山上缓缓滑下。为什么会这样呢？这些条件本身并不复杂、并非难以察觉或难以理解，而且敏感的管理者肯定可以从经验中学到这些内容。那么，在成功组建、支持和领导团队的道路上，是否存在更深层次的障碍呢？我观察到两种障碍，一种障碍常见于推崇合作或民主理想的组织，另一种障碍在企业和公共机构中更为常见。

合作社障碍

在美国，人们重视政治上的民主原则，却很少将其运用在工作场所中，这一点一直令我困惑。因此在几年前，我仔细观察了工人合作社，这些组织的章程拥护民主精神，规定所有重要事项都须由全体成员投票决定。我调查过的合作社有些规模很小，以至于整个组织作为单个的团队运行，而另一些则是内部有许多团队的大型组织。

第 8 章 多视角思考如何让团队更高效

我在合作社中发现了许多成功的团队，但也看到了数量惊人的失败团队。这些团队失败的原因很有启发性。通常情况下，合作社成员无休止地争论他们的价值观、使命和共同目标，而那些具有更聚焦的商业战略的竞争对手抢走了他们的客户。这样的组织非常重视合作和团队精神，以至于几乎所有的工作任务都是由团队完成的，哪怕是其中一些个人能更好完成的工作任务。平等主义和人人参与是主导一切的价值观，因此成员们发现很难将真正的权力授予个人。为了使社员的选项最大化，团队组成通常基于个人偏好，而不是对实际工作需要的技能分析。最终，我还发现许多合作社的成员非常不情愿建立并执行可支持团队工作的组织结构和体系。合作社的民主理念与使用自我管理的团队执行工作的理念完全一致，但具有讽刺意味的是，在合作社中，正是这样的理念频繁地阻碍提升团队有效性的条件的形成。

合作社时常遇到的困难也会偶然出现在其他组织中，包括企业和公共机构，在这些组织中，对意识形态的考虑主导了有关组织结构和实践的决策。在这本书中讨论过的所有组织中，最有趣的是美国人民航空公司。这家公司由唐纳德·伯尔和他的同事于 20 世纪 80 年代成立，其中有 5 年的发展经历极富教育意义。出于一些相同的原因，这家公司在组织和支持其众多自我管理的团队时遇到了与合作社一样的问题。

伯尔对人民航空公司的一部分愿景是，创建一个无官僚主义的组织，以往在传统结构的公司中被禁锢或压制的个人和团队的内在力量可以在为客户、同事和股东服务过程中得到释放。因此，伯尔和他的高管团队创造了一系列格言来指导企业愿景，在整个公司内部创建了自我管理的团队，并确保每名团队成员都得到受过良好培训的团队领导者的支持（第 1 章）。

在这家公司的早期，在其组织规模小于 1 000 人的阶段，人民航空公司取得了巨大的成功，它是美国商业历史上发展最快的公司之一。无论是在纽瓦克机场的公司办公室大厅，还是在机场舷梯或航班上，个人和团队之间的配合总是协调自然。顾客排队购买人民航空公司的机票，这家公司成为华尔街的宠儿，包括我在内的社会科学家撰写文章叙述该公司的创新组织形式，探讨其成功的原因。

随着公司的扩张，在公司大厅和航班上，团队成员越来越难以随时协调工作。公司运营方面的问题开始频繁出现且性质严重，许多组织的支持者建议是时候增强组织，构建公司结构和体系来支持自我管理的团队了。但是如果这样做，就会背离人民航空公司得以建立的价值观，也就是释放和引导组织成员具有的远见卓识和领导力方面的超凡力量。

最终，价值观占了上风。伯尔和他的同事并没有建立支持者所倡导的结构和体系，而是加倍努力，确保所有组织成员都深刻理解公司的愿景，同时增配了更多训练有素的领导者来指导和教育组织成员。在公司的困难时期，创始人重申上述原则，那些原则曾为他们带来了初期的成功，他们比以往任何时候都更努力地按照原则行事。

然而，这样做并没有奏效。随着人民航空公司的持续发展，其他航空公司也制订了与其竞争的策略，公司的财务和运营业绩进一步恶化。最后，部分组织成员的幻想破灭了，公司运营也终于走向失败。此时，公司被竞争对手收购也只是时间问题。最终，人民航空公司不复存在。

在合作社和人民航空公司，意识形态的力量是如此强大且根深蒂固。在这两个案例中，秉持强烈的共同价值观使领导者几乎不可能建立团队结构和支持性组织环境，而这些是提升团队有效性的关键条件。这些组织以及许多与之相类似的组织都证明了这个事实：远大的团队目标和大量的专家指导本身不足以确保组织中的团队获得成功。

公司障碍

多年来，许多现有企业和公共机构的组织结构、体系和政策都进行了调整，转向对个体员工执行的工作进行控制和支持。人们可以理解的是，如果只是为了验证团队是否真的能为他们带来所谓的价值，管理者往往不愿推翻早已成形的组织特征。毕竟，经验丰富的管理者已经历了太多源于行为科学的组织创新，包括目标管理、工作丰富化[①]、训练团体[②]、零缺陷管理、工作生涯质量、收益分享、全面质量管理等。毫无疑问，团队自我管理的理论在经过了高光时刻后，也会走向平凡，成为所有其他曾经光芒万丈但现已不再辉煌的团队干预理论的一员，在此之后还会有更多的新理论诞生。

管理者如果想要在不破坏公司利益的前提下建立团队，他可以使用两种完全不同的策略。一种是尝试使用口号和训练来获得团队合作的好处。成员被告知他们现在身处团队中，团队领导者已获得任命，每个人都被派去接受良好的团队过程培训。在这个模式下，团队很容易建立，组织结构和管理者自身的行为都无需改变。但是，正如我们在第2章中所见，这样的团队只是昙花一现。仅改变表面上的东西很难在组织成果方面产生可衡量的进步。

另一种策略是组建真正的团队，即一个完整的执行团队，其成员共同承担某些产品或服务的责任，而且将团队置于现成的组织结构和体系之上。正如一位管理者曾告诉我的，这种实践的基本目的是，在做出其他难以逆转的组织变革之前，看看其表现如何。在这种策略下，人们通常会在全新团队组建的早期观察到令人鼓舞的成果，但是之后团队绩效和成员敬业度逐渐减少，因为团队受到其组织设计中由来已久且对团队不友好的障碍的影响。我相信，当个人试

[①] 工作丰富化是指在工作中赋予员工更多的责任、自主权和控制权。——译者注
[②] 训练团体（T-group）这一方式由被誉为"OD之父"的库尔特·勒温（Kurt Lewin）开创，其让人们有机会深入地体验和学习人际互动和团队动力是如何演化的。著名人本主义心理学家卡尔·罗杰斯（Carl Rogers）曾说，"训练团体"这一概念是20世纪最重要的教育创新。——译者注

图以较小的代价取得团队工作的好处，而不为团队提供其长期发展所需的组织支持时，上述失败是不可避免的。事实证明，在成熟的企业和公共机构中提供团队所需的支持，要比组建团队的管理者或研究团队的社会科学家通常认为的更难。

具有讽刺意味的是，高管团队经常被这类公司障碍困扰，正是这些高管创建了团队所处组织环境的结构和政策。然而，当涉及高管团队自身时，他们往往表现不佳。我们在与海·麦克伯公司合作进行的研究中发现，信息、培训支持甚至基本物质资源的不足，会使执行团队会受到极大损害。而且在整个组织中，相比于一线生产团队和服务交付团队，高管团队较少专注于为自身提供支持性环境。①

我们最近经常能听到这样的论调：领导大型组织的要求已经太高了，以至于期望任何个人单独完成这项任务已不太现实。虽然我对此存疑，但如果这种观点正确，那么执行团队似乎是企业高管可选择的自然且合理的运行方式。但如果要让这样的团队值得高管为其费时费力费钱，那团队必须得到良好的设计、支持和领导。同其他团队一样，高管团队需要有明确的目标、良好的结构、有利的环境和合格的"教练"。

障碍的根源

合作社障碍和公司障碍本质上属于同一枚硬币的两面。这两种障碍的出现都存在主观和客观原因，导致高管无法创立提升团队有效性的条件。合作社障碍出现的主观原因源于组织的意识形态，相较于等级制度、组织结构和官僚主义，合作社对于共同愿景和领导力更具偏好。而公司障碍出现的主观原因是现

---

① 通常，这种状况的出现的原因可能是高管团队的核心目标不清晰。如果团队成员关于团队目标存在不同观点，那么他们将不太可能就其开展工作所需的资源和支持达成共识。

有的组织结构和体系对于团队不友好,而且管理者也不愿干预这种不友好。

这两个障碍很难规避,因为它们根植于关于企业如何运营的4大基本问题的答案中。这些答案对所有组织的结构来说都至关重要,因此很难改变。

- 谁做决定?谁有权决定工作如何开展,并决定如何解决过程中发生的问题?

- 谁来负责?究竟由谁承担对绩效结果的责任?

- 谁会受益?如何将金钱奖励分配给做出贡献的个人和团队?

- 谁会得到学习?如何分配组织成员之间学习、成长和事业发展的机会?

创造提升团队有效性的条件几乎肯定会改变以上4大问题的部分或全部答案,因此肯定会威胁到目前处于优势地位的组织成员的职责范围、特权或偏好。这些人可能会提出很多貌似很好的理由,来解释为什么仅仅为了适应团队工作而改变现有的标准操作方式是不明智或者过于冒险的。随后,为讨论这些问题而举行的会议可能会持续很长时间,但最终不会发生任何重要事件。

在现有企业中,根深蒂固的组织结构支撑着这4大问题的答案,它们是权力结构(谁做决定)、工作结构(谁来负责)、奖励结构(谁会受益)和机会结构(谁会得到学习)。对临时观察者而言,这些结构的影响并不明显。它们作为组织结构的一部分在幕后发挥着作用,无形中塑造了组织的工作方式,促进组织发展的可预见性和连续性。在企业运转一切正常的时候,可预见性和连续性非常重要。但当环境发生变化,需要运行团队时,深层的组织结构可能会成为组建并运行团队的最大障碍之一。

支持性条件形成的 3 种方法

提升团队有效性的条件很简单，而且似乎也很容易实施。然而，正如我们所见，创造这些简单的条件在很多组织中是一项艰巨的任务，这些条件既不能作为某些企业管理者所希望的"附加物"，也不能成为一些合作社组织的成员所希望的过渡到乌托邦的捷径。

在一个已打磨到位、支持和控制个人工作行为的稳定组织中植入能够自我管理的团队，在某种程度上就像把外来物质注入一个健康的生物体系，结果就是体内的抗体会挺身而出收拾入侵者。在这个过程中，生物体可能会有些发烧和不适，但一切最终都将恢复正常。社会制度也是如此，结果就是例行公事地处理微小的困难，没有考虑到它们可能预示着更大组织弊病的可能性。只有当情况变得极其严重，以至于整个体系的生存受到威胁时，领导者才会采取行动，从根本上改变该体系的运行方式。

我要在这里介绍我自己的变革模型，这么做有风险，我可能会遭到研究组织变革过程的同事的怀疑，因为他们已经为计划中的变革提出了思维缜密的实用指南。我的模型专门用于在组织中运用团队，它只有两个步骤：做好准备和静静等待。

做好准备

当一扇通常关闭的门打开时，你必须准备好，毫不迟疑、大步流星地走进去。组织之门会打开，但持续时间不会太久。这就意味着那些希望为组织的工作方式带来根本改变的人必须做好准备，以便时机成熟时迅速采取行动。我希望已说服你，创建和支持团队必然涉及根本性变革。

准备工作非常多，包括学习、思考、阅读、参观以团队形式运行的其他组织、参加管理研讨会，以及做任何可做的事情，以便扩展和加深关于创建、支持和领导团队的最佳方式的知识。而且，准备工作需要想象力，设想可以创造什么、团队将做什么事情、团队将如何组建和领导，以及我们在本书中探讨的所有其他问题。最后，准备工作还涉及政治行动，包括与他人分享团队的工作模式和团队能够实现的工作成果：团结那些支持同一愿景的组织成员；采取主动的方式，确保团队与权势方和可能持怀疑态度的各方人员利益一致，这些人的支持对于建立和维持团队十分必要。

如果一个人还没有思考他希望实现的成果，还没有幻想过能被人理解并重视的最终理想状态，还没有聚拢可以帮助将愿景转化为现实的关键人员和团队，那么当机会出现时，这个人也很难抓住机会。当准备工作妥当完成时，带来改变的人员网络就已成形并准备就绪。然后，一旦时机成熟，这个人员网络就会被激活，改变的过程就会真正开始。当天气不佳时，人们不会起航去进行计划好的航海旅行。相反，人们会确保船已准备好，船员已准备好，所有人都明白既定航线和目的地。然后，当天气变晴时，人们就能说："好，我们现在可以出发了。"接着，船在一小时内就能起航离港。

静静等待

西格蒙德·弗洛伊德（Sigmund Freud）曾经说过："懂得等待的人无须让步。"为了立即带来改变而接二连三地妥协会侵蚀个人意志，使人面目全非。这就是为什么有时候运行团队实现起来需要做出如此多的妥协，以至于人们最终得到的工作单位尽管被称为团队，但事实上与已经存在的组织没有太大区别。而等待时机成熟的做法至少存在可能性，在根本性上改变工作的解释和实施方式。

对那些渴望改变工作组织的人来说，工作组织具备的一大特点就是，他们无须等待很长时间，组织就会发生破坏系统稳定的事件，进而为组织变革提供机会。这类事件也许是某位高管离职；组织进入快速增长期或紧缩开支状态；组织内两个部门合并；组织收购另一个组织，或者被另一个组织收购；经济危机似乎即将降临到企业身上；或者一项新技术诞生，迫使组织放弃原有的标准操作方式。所有这些，以及更多其他事件，都为组织变革提供了机会。如果"球"飞到空中，有备而来的领导者就会以更好的方式把它们接住。

所有的体系都会有规律地在相对稳定期和动荡期之间来回摆动，而变革正是发生在动荡期。学习和变革从来都不是循序渐进、持续不断的，不是每一小步都伴随着另一小步前进。相反，一段似乎没有发生什么事情的漫长时期之后就会有一段快速多维变化的时期，然后会是另一段没有任何可见变化的时期。这种模式被称为"间断平衡"，这种特质在物种进化、人类发展、成人学习和组织变革之中都存在。睿智的领导者发现，在平衡时期的变革行为几乎不会产生大的影响，所以他们会观察并等待间隔期出现。他们知道，在动荡时期，重大组织干预会有更大的成功概率，即使是很小的变革也可能带来不成比例的巨大影响。

与准备工作一样，等待也是一种工作。人们可能觉得好像什么也没有发生，或更糟的情况是没人采取任何建设性行动来阻止组织的进一步恶化。**焦虑的领导者无法忍受等待，他们会过早启动变革，最终无法实现愿望。而通晓变革特点的领导者擅长等待。**

施加压力

有时，领导者认为等待动荡期的时间过长，就会自己制造些事件，引发混乱，希望通过制造出足够的不稳定性因素来给变革创造机遇。当戏剧导演安妮·博加特（Anne Bogart）在排练中遇到艺术问题时，她偶尔会这样做：

> 在彩排中，总会有那一刻，我必须喊出："我就知道！"然后开始走向舞台。在这个过程中会酝酿危机，有些事情必然会发生：可能带来灼见，也可能带来创意。我走向舞台对演员来说就像掉进了危险的深渊。行走产生了危机，创新必然产生，创意必然闪现。我通过在排练时制造危机来摆脱自己的模式，我完全摆脱我自己、我的局限和犹豫，大胆去创造。创造的潜力存在于不平衡和下坠的过程中。当排练开始分崩离析时，创造也就可能实现了。

组织管理者很容易受到鼓动，效仿博加特的做法，勇敢地领导和行动，加速动荡期的到来，让变革尽早发生。但是，当他们采取明显的行动时，等于在组织内发动"政治叛乱"，使该体系实际无法继续沿用现有模式。

类似的例子比比皆是。在第 7 章中描述的高管团队领导者取消了大量职位，然后允许在职者申请组织重整后的新职位。其他领导者可能会选择实施大规模的预算削减，尽管对外宣称是为了节省成本，但大幅削减预算更重要的功能可能是迫使每个人重新思考如何各尽其责。这就是希悦尔公司（Sealed Air Corporation）采用的团队管理手段，他们故意增加公司的债务负担，用所得资金向股东支付数额可观的股息。经济学家卡伦·弗鲁克（Karen Wruck）表示，这家公司在财务状况非常健康时采取这一行动，迫使管理者想方设法改善内部控制体系，否则他们几乎肯定不会去考虑整个问题。裁员也可以起到同样的作用。先发制人地放弃长期以来作为组织特征一部分的某项技术、某条产品线，甚至所处的地理位置，这样做也能产生同样的效果。波音公司的总部离开了西雅图——曾经貌似永远不可能的事情真的发生了。人们不禁会想，波音公司将总部搬迁到芝加哥，至少在一定程度上是希望能为组织内部带来动荡，让人们主动对波音公司的经营方式进行新的思考。

严酷的变革策略会使组织体系几乎无法延续其传统的运行方式，这必然会带来严重的动荡，因此必定能带来进行建设性变革的机会。但是，正如许多政治和组织变革者的惨痛经历那样，这些变革策略绝对无法确保变革的发生会为组织、大众，以及发动变革的领导者带来好结果。哪怕变革取得了成功，人们（包括那些领导变革的人）还是会在其中受到伤害。

勇于承担变革的代价

我们观察到，在许多组织环境中，创造积极支持团队的工作条件必须通过变革，而非循序渐进。这就是汉克的故事的最终结果，他是前文讨论过的那家半导体制造工厂的生产经理。请回想一下，汉克非常成功地说服了比他级别高得多的管理者改变薪酬、设备维护和工程方面的规定和做法，实现了对其生产团队工作的更好支持。尽管这些团队的绩效持续保持良好，但最终其进步速度慢慢减缓。汉克仍然对他们保持相对严格的控制，对他认为最重要的事项保有决策权。

戴维·阿布拉米斯和我最终在工厂完成了我们的研究，研究表明，尽管汉克的创意有很多值得钦佩的地方，但这些团队并非真正的自我管理的团队。后来，汉克借助半导体行业经济低迷引发的动荡，做出重大决策。他宣布，生产团队现在将被称作"资产管理团队"，他们将被赋予权力，管理其所有资源，从而实现共同目标。

过渡到资产管理团队是困难的，因为当决策权和对成果承担的责任发生改变时，过渡总是困难的。无论汉克在会议上向团队解释多少次，一些团队成员似乎还是无法理解他们现在是在真正经营自己的业务。其他成员虽然能很好地理解这件事,但并不想参与其中。当责任只是在汉克身上,而没有落在他们自己身上时,他们的日子相对要舒服得多。当人们不得不接受这样的事实,即他们现在必须自己做主,如果事情进展不顺,他们将不得不承担责任时,上述反应并不罕见。

最终,变革还是"发生"了,团队接受并开始行使他们的新职权,汉克所在的圆晶工厂的生产团队的绩效水平达到了全新的高度。事实上,圆晶工厂不仅在半导体制造工厂,而且在整个公司都比其他同类部门实现了更高的盈利。汉克开始接待来自总部的访客,来自其他高科技制造公司的管理者,甚至学者和记者,他们都希望更多地了解他的成就,以及他是如何实现的。无论如何评价,汉克都取得了巨大的成功。

然而,此后不久,我接到了他的电话。"也许你应该再来看看,"他说,"是时候说再见了。他们决定调整我的部门,而主要的调整对象就是我。"原来,公司人力资源部门最近完成了年度员工态度调查,汉克所在区域的员工工作满意度相比于之前的高水平有所下降。这就是汉克被解雇的原因。在多年的组织研究过程中,我经常看到那些员工满意度特别高的部门经理因为生产力不达标而被解雇。但这是我第一次听说有人的团队绩效远超公司最高水平,但他因为员工态度调查得分下降而被解雇。

汉克被解雇是因为他做得过头了。他凭借自己对如何建立伟大团队的直觉理解和高超的政治技巧,成功地将几乎所有提升团队有效性所需的条件都落实到位。他的工作具有革命性,超出了其组织所能容忍的范围。

人会在变革中受伤,尤其是那些领导变革的人,即使他们获得成功。

重新思考与团队有关的一切

学者和组织实践者对团队绩效的影响因素有不同的解读。我们作为学者，希望知道具体是什么因素塑造了团队的绩效水平。为了找出答案，我们将团队的绩效状况逐一分解。我们先思考哪些是对团队有效性而言最关键的因素，然后收集数据以实证检验我们的想法。有时，我们进行对照实验来分离可疑的原因，并评估其影响。有时，我们收集调查、存档数据，使用多元统计来识别影响绩效的主要原因。无论使用何种策略，我们都尽可能做减法，希望找到真正的原因。

组织实践者对梳理各种可能影响绩效的因素相对不太感兴趣。相反，他们随时准备动用一切可用资源，按照自己偏好的方向去影响成果。他们欢迎而非回避变量的混淆和冗余因果关系。科学家不喜欢混淆变量，因为这会让他们无法厘清不同因素的独立因果关系，而冗余因果关系的概念的确在科学工作中尚未被明确说明。

尽管科学家和实践者的偏好各异，但相互并不排斥。没有先验理由可以说明，为什么无法产生社会体系现象的模型，这个模型既在概念上是健全的，能够指导建设性行动，又经得起经验评估和修正。本书中提出的团队有效性模型就是本着上述精神产生的。本书中，我并没有具体说明决定团队有效性的主要原因或列出一长串可能的原因，而是列出了为数不多的几个条件，这些条件虽然无法保证某个团队必将发展成为高效的执行单位，但如果这一团队具备这些条件，就可以增加成功的机会。

创建团队的条件

针对团队制订自身路线所需的条件进行思考，这与传统学术模型非常不同，两者衍生出的行动策略也大相径庭。传统学术模型的目的在于将外部原因同团队成果紧密关联。实践者或多或少会尝试实时管理团队。

创造有利条件的策略和实时主动管理影响因素的策略之间存在差异，这种差异的显著性就如飞行员在飞机着陆时可选的两种方式。一种方式是主动驾驶飞机降落，不断调整航向、下降率和空速，以达到刚好略高于失速速度的状态接近飞机跑道入口，然后准备展开飞机襟翼并平稳着陆。另一种方式是让飞机在远离机场准备降落前就保持稳定，过程中根据需要对航向、动力或飞机设置进行微调，确保飞机处于"最佳状态"。飞行员都知道，第二种方式更安全。当然，当飞行员发现飞机处于第一种情况时，谨慎的做法是在空中盘旋，再尝试降落。

航班要在降落时保持稳定，就得建立基本条件，使事情的自然过程能够达到预期的结果。在这种情况下，预期的结果就是安全着陆。同样的思维方式也适用于人类努力的诸多其他领域。例如，请思考，是不停地修补国家的利率、货币政策和税收政策，还是形成基本面良好的经济环境并让经济自我运行？是对孩子的发展施加事无巨细的管理，还是创造良好的家庭环境，促进家庭中最年轻的成员健康自主地成长？针对像中度烧伤这样的身体损伤的治疗，是通过手术和多种药物介入治疗，还是提升病人的整体健康，让身体自我愈合？是告诉某人"要有创意"，并给他布置大量的创意练习来培养其创造力，还是营造放松且资源丰富的环境，让富有创意的灵感在必要时闪现出来？

在上述所有情形中，更理想的策略都是在建立自然导向预期结果的条件方面分配更多的精力，而在实时过程管理上分配相对较少的精力。同样的思维方式也适用于社会体系的设计和管理，适用于为社会科学理论和领导力实践发掘令人信服的成果的研究。

如果学者和实践者对某一现象感兴趣，而对这一现象产生最大影响的条件保持不变，他们就会对这些条件妥协。我们经常会有这样的行为。例如，实验研究人员经常控制团队的权力、组成结构和组织背景，因为如果不这样做，一股强大且不受控的力量就会改变原本可解读的状态。实践者也会这样做，以避免一些令人生畏的谈判任务，这些任务的谈判内容往往围绕组织结构、政策和实践中的变化，而这些变化又在其他权威人士的职责范围内。思考条件而非原因就是从不同角度思考团队。而且，正如我在本书中介绍的，关于我们如何理解团队方面的简单改变，对于建立和领导团队的实践者和研究它们的社会科学家的行为都有重大的影响。

团队"魔法"

米歇尔·沃尔特（Michelle Walter）是里士满交响乐团（Richmond Symphony）的前执行总监，她讲述了这个乐团为当地年轻人及其父母演奏贝多芬《第五交响曲》的故事。他们中许多人都是第一次来到音乐厅。尽管沃尔特和演奏者之后都无法解释为什么会发生那样的情况，但当天乐团还是出色地演奏了这首交响曲，它无疑是交响乐团曲目中演奏次数最多的作品之一。随着终章的和弦回响渐渐消失，整个音乐厅在四五秒钟内一片寂静，这让人感觉肯定有什么事情发生了。然后，挤满整个大厅、对古典音乐几乎一窍不通的人群突然爆发了雷鸣般的欢呼。

在那一天，里士满交响乐团迎来了一个神奇的时刻。我们都经历过类似的时刻，当一个团队以某种方式聚集在一起，产生了一个非凡的结果，它可能是一次伟大的表现、绝妙的探索，也可能是一场惊人的反败为胜。如果我们能随心所欲地创造魔法，如果我们能以某种方式设计魔法，那就太好了，但事实上我们做不到，正如马克·萨尔兹曼（Mark Salzman）的小说《独奏者》（*The Soloist*）中的主角大提琴手逐渐意识到的那样："伟大的音乐是不可能凭空创造出来的，你只能为它的发生做好准备。在某种程度上，你的准备决定了将会发生什么,但一旦它开始发生,你就不得不遵从它。"

有两种错误的方法会阻碍团队的魔法发生,它们在团队中都很常见。如果我们还是用音乐来类比,第一种错误的方法就像一位指挥大师站在台上,身体和四肢不停舞动,却希望交响乐团呈现伟大的演奏。交响乐团就像指挥大师的个人乐器,被尽情地演奏着。大师级别的团队领导者有这样的传统,他们更喜欢自己去做所有工作,而不必去协调其他人一起努力。但由于这一点是无法实现的,所以他们会退而求其次,亲自管理工作过程的方方面面,密切关注所有正在发生的事情,并向团队成员发出无休止的指示和纠正指令。在那些大师级领导者的团队中,团队的魔法相当罕见。

第二种错误的方法是团队领导者什么都不做,他们认为团队合作的魔力能自然产生,因此领导者能做的最好事情就是置身事外。一位客座指挥家在为一场交响乐团即将到来的流行音乐会排练时采用了这种策略。"你们比我更了解这种音乐,"他说,"所以放手去演奏吧。我会在音乐会上挥舞手臂来取悦观众,你们不要太注意我在做什么。"这个故事不是我编造的,它是我有幸观察到的最纯粹、最漂亮的团队领导者推卸责任的案例。

那么,团队领导者应该如何提升团队出现神奇时刻的概率呢?是不是在大师级领导者和无所作为者之间取中值,控制的力度降到一半或者只在一半的时间内进行控制呢?当然都不是。正如我在本书中所论证的,我们需要从不同的角度来思考团队领导力。领导者无法让团队变得伟大,但领导者可以创造条件,提升神奇时刻发生的概率。而且,领导者可以不时地鼓励团队成员,帮助他们充分利用这些有利条件。

虽然不那么频繁,但以上模式有时也会在音乐厅的指挥台上出现。几年前,我有机会观看俄罗斯指挥家尤里·特米尔卡诺夫(Yuri Temirkanov)指挥美国知名交响乐团演奏马勒的交响曲。这首作品本可以是引发观众挥舞手臂和摇晃身体的壮观表演，但特米尔卡诺夫没有这样做。当时，他向演奏者示意开始演奏，然后双手伸向两侧。交响乐团开始演奏，他倾听着，当需要调整或协助时，他会用眼睛或身体向演奏者发出信号，或者借助手臂和手势引导转换，这就是他所做的一切。他在排练时已经为乐团做了充分准备，一切条件都已就绪，在这场最重要的演出中，指挥只需稍作管理即可。最终，交响乐团为自己也为观众创造了一点魔法。

团队领导者及成员

至此，我希望通过这本书向团队领导者和成员传递的主要信息已相当清晰了。他们的首要任务应该在于建立提升团队有效性的基本条件。当上述条件达成之后，领导者和成员就能根据实际需要进行微小的调整和修正，使团队朝着目标顺利前进。我们已经看到，如果提升团队有效性的有利条件已就位，团队成员就会更容易处理紧急的团队问题，抓住突现的团队机遇，而且成功的可能性也更高。此外，在有利的条件下，团队总有可能创造一些魔法时刻。

我们还观察到，相比于在工作组织中创建并维持这些提升团队有效性的条件，仅仅描述它们要容易得多。当然，在大多数组织环境中，有能力的领导者可以发现或创造方法来建立设计良好的团队。然而，受限于工作领域的技术水平或对团队不友好的组织价值观，领导者有时还是无法组建具备富有感召力的目标、赋能的团队结构，以及支持性组织环境的稳定团队。在这种情况下，即使是高水平的指导，也无法对团队的绩效产生太大的影响。

因此，我建议那些正在考虑建立团队的领导者在行动前停一下，先分析自身所处的组织情况。考虑一下要完成的工作任务、现有的技术和组织限制，以及目前的共同价值观，这些是否提供了基础，有可能创建提升团队有效性的关键条件？如果不具备创建基础，那么到底是否应该使用团队完成这项工作？是

第 8 章　多视角思考如何让团队更高效

否需要先推迟引进团队，转而利用现有的条件，直到组织环境有利于设计和支持团队？

明智的做法并非总是显而易见的。一些团队领导者会选择大步前行，寄希望于时间和自己的政治技巧，在未来逐步安排一切支持团队的必要工作。我本人的想法比较保守，我宁愿完全不使用团队，也不愿冒险引发问题。如果某个人在无法很好设计或支持团队的情况下强制组建团队，这类问题就会经常出现。

即使是在基本有利的环境下，创建、支持和领导团队也需要大量的知识、技能和政治悟性。至少在当前美国的工作环境文化中，即使是对善意和积极的领导者而言，创造并维持提升团队有效性的条件也可能是场艰苦的战斗。正如我在本书中所论述的，要想赢得这场战斗，就需要从根本上改变团队领导者和成员的看法，重新思考团队以及塑造团队行为和绩效的因素。

多年前，我和同事写了一本书，归纳总结了一次密集调研的成果。我们调研了约 33 个不同类型的团队，其中包括体育运动队、产业工人团队、高管团队、狱警团队、航空公司机组人员、音乐团体等。当时，我建议把我们的书命名为《有效运作的群体》（*Groups That Work*），我认为这个书名一语双关，而且朗朗上口。乔西-巴斯出版社（Josey-Bass）的编辑比尔·希克斯（Bill Hicks）告诉我，他很乐意出版这本书，但不能用那个书名，因为在我们的研究资料中，有太多的团队几乎毫无效能。我回去重新看了看手稿，发现他是正确的。33 个团队中可能只有 4 个才是真正高效的团队，其余团队的问题都非常严重，以至于我们的分析主要围绕这些问题产生的原因展开。因此，当这本书最终出版时，最终的副书名变成了《有效运作的团队和无效运作的团队》[*Groups That Work*（*And Those That Don't*）]。除非学者和实践者都能接受变革的风险，颠覆我们构建和领导社会体系的传统模式，否则书名里后加的部分所描述的情况将一直存在。

LEADING TEAMS 高效团队搭建法则

> ▶ 创造能提升团队有效性的条件更像是在陡峭的山路上骑车爬坡，而不是从平缓的山上缓缓滑下。因为在成功组建、支持和领导团队的道路上，存在着更深层次的障碍。

> ▶ 领导者的首要任务应该是创造提升团队有效性的基本条件。当上述条件达成之后，领导者和成员就能根据实际需要进行微小的调整和修正，使团队朝着目标顺利前进。在有利的条件下，团队总有可能创造一些魔法时刻。

致谢
LEADING TEAMS

我在本书中讨论的大部分内容都基于多年的研究成果，而这些都是与一群优秀的博士生和教授共同完成的，我对他们深表感激。在此，我尤其要感谢乔·麦格拉斯（Joe Mc Grath）、克里斯·阿吉里斯和埃德·劳勒。多年来，不论我在研究过程中是否循规蹈矩，他们对我的帮助，让我始终没有偏离高效的研究之路。

我要感谢参与本书所依据的若干研究项目的个人和组织。在此特别感谢美国人民航空公司的唐纳德·伯尔和他的同事，美国行政管理和预算局的戴维·马赛亚森，西格尼蒂克公司（Signetics）的路易丝·伊勒（Louise Illes）和已故的汉克·费尔（Hank Verwer）、朱利安·菲弗（Julian Fifer）、哈维·塞夫特（Harvey Seifter）和奥菲斯室内乐团的音乐家。美国国家航空航天局、海·麦克伯公司、辉瑞公司、哈佛商学院研究部、哈佛大学肯尼迪政府学院的豪泽中心和公共领导力中心，为本书的研究提供了部分资金支持。斯坦福大学行为科学高级研究中心和尤克罗斯基金会为本书的写作提供了设施上的支持。

劳拉·培根（Laura Bacon）、亚当·加林斯基（Adam Galinsky）、安娜·斯科特科（Anna Skotko）和马修·塞涅里（Matthew Segneri）在本书研究和参考书目方面提供了协助；苏珊·舒瓦（Susan Choi）为本书中的图片提供了咨询服务。特别感谢达特茅斯学院塔克学院的露丝·瓦格曼，在准备这本书的过程中，她和我一同研究，并对书稿提出了宝贵的建议和意见。

我还要感谢埃琳·莱曼（Erin Lehman），当我 15 年前第一次来到哈佛大学的时候，我们就开始合作了。她大学毕业后就开始当我的秘书，虽然工作繁重、报酬微薄，但她一直坚持陪着我，她还获得了行为科学博士学位。她的能力、敬业和忠诚已经无可挑剔。

最后，我要深深地感谢我的家人：贝丝、凯瑟琳、劳拉、劳伦、朱迪思和特雷克斯，正是他们的陪伴、支持和耐心，使我有可能完成本书的写作。

未来，属于终身学习者

我们正在亲历前所未有的变革——互联网改变了信息传递的方式，指数级技术快速发展并颠覆商业世界，人工智能正在侵占越来越多的人类领地。

面对这些变化，我们需要问自己：未来需要什么样的人才？

答案是，成为终身学习者。终身学习意味着永不停歇地追求全面的知识结构、强大的逻辑思考能力和敏锐的感知力。这是一种能够在不断变化中随时重建、更新认知体系的能力。阅读，无疑是帮助我们提高这种能力的最佳途径。

在充满不确定性的时代，答案并不总是简单地出现在书本之中。"读万卷书"不仅要亲自阅读、广泛阅读，也需要我们深入探索好书的内部世界，让知识不再局限于书本之中。

湛庐阅读 App: 与最聪明的人共同进化

我们现在推出全新的湛庐阅读 App，它将成为您在书本之外，践行终身学习的场所。

- 不用考虑"读什么"。这里汇集了湛庐所有纸质书、电子书、有声书和各种阅读服务。
- 可以学习"怎么读"。我们提供包括课程、精读班和讲书在内的全方位阅读解决方案。
- 谁来领读？您能最先了解到作者、译者、专家等大咖的前沿洞见，他们是高质量思想的源泉。
- 与谁共读？您将加入优秀的读者和终身学习者的行列，他们对阅读和学习具有持久的热情和源源不断的动力。

在湛庐阅读 App 首页，编辑为您精选了经典书目和优质音视频内容，每天早、中、晚更新，满足您不间断的阅读需求。

【特别专题】【主题书单】【人物特写】等原创专栏，提供专业、深度的解读和选书参考，回应社会议题，是您了解湛庐近千位重要作者思想的独家渠道。

在每本图书的详情页，您将通过深度导读栏目【专家视点】【深度访谈】和【书评】读懂、读透一本好书。

通过这个不设限的学习平台，您在任何时间、任何地点都能获得有价值的思想，并通过阅读实现终身学习。我们邀您共建一个与最聪明的人共同进化的社区，使其成为先进思想交汇的聚集地，这正是我们的使命和价值所在。

CHEERS

湛庐阅读 App 使用指南

读什么
- 纸质书
- 电子书
- 有声书

怎么读
- 课程
- 精读班
- 讲书
- 测一测
- 参考文献
- 图片资料

与谁共读
- 主题书单
- 特别专题
- 人物特写
- 日更专栏
- 编辑推荐

谁来领读
- 专家视点
- 深度访谈
- 书评
- 精彩视频

HERE COMES EVERYBODY

下载湛庐阅读 App
一站获取阅读服务

Leading Teams by J. Richard Hackman

Original work copyright © 2002 Harvard Business School Publishing Corporation.

Published by arrangement with Harvard Business Review Press.

Simplified Chinese translation copyright © 2024 by BEIJING CHEERS BOOKS LTD.

Unauthorized duplication or distribution of this work constitutes copyright infringement.

All Rights Reserved.

本书中文简体字版经授权在中华人民共和国境内独家出版发行。未经出版者书面许可，不得以任何方式抄袭、复制或节录本书中的任何部分。

版权所有，侵权必究。

图书在版编目（CIP）数据

真高管 /（美）理查德·哈克曼
(J. Richard Hackman)著；关苏哲，庄理昂译. -- 杭
州：浙江教育出版社，2024.3
ISBN 978-7-5722-7584-5

Ⅰ. ①真… Ⅱ. ①理… ②关… ③庄… Ⅲ. ①企业管
理—团队管理 Ⅳ. ①F272.90

中国国家版本馆CIP数据核字(2024)第037931号

浙江省版权局
著作权合同登记号
图字:11-2022-264号

上架指导：企业管理

版权所有，侵权必究
本书法律顾问　北京市盈科律师事务所　崔爽律师

真高管
ZHEN GAOGUAN

[美] 理查德·哈克曼（J. Richard Hackman） 著
关苏哲　庄理昂　译

责任编辑：余理阳
美术编辑：韩　波
责任校对：傅美贤
责任印务：陈　沁
封面设计：ablackcover.com
出版发行：浙江教育出版社（杭州市天目山路40号）
印　　刷：唐山富达印务有限公司
开　　本：710mm × 965mm　1/16
印　　张：19.25　　　　　　　　**字　　数**：268千字
版　　次：2024年3月第1版　　　**印　　次**：2024年3月第1次印刷
书　　号：ISBN 978-7-5722-7584-5　**定　　价**：109.90元

如发现印装质量问题，影响阅读，请致电010-56676359联系调换。